E-Book inside.

Mit folgendem persönlichen Code können Sie die
E-Book-Ausgabe dieses Buches downloaden:

62018-ory6p-56r01-1440a

Registrieren Sie sich unter

www.hanser-fachbuch.de/ebookinside

und nutzen Sie das E-Book auf Ihrem Rechner*,
Tablet-PC und E-Book-Reader.

Der Download dieses Buches als E-Book unterliegt gesetzlichen
Bestimmungen bzw. steuerrechtlichen Regelungen, die Sie unter
www.hanser-fachbuch.de/ebookinside nachlesen können.

* Systemvoraussetzungen: Internet-Verbindung und Adobe® Reader®

Brenner/gentschen Felde/Hommel/Metzger/Reiser/Schaaf
Praxisbuch ISO/IEC 27001

Michael Brenner
Nils gentschen Felde
Wolfgang Hommel
Stefan Metzger
Helmut Reiser
Thomas Schaaf

Praxisbuch
ISO/IEC 27001

Management der Informationssicherheit
und Vorbereitung auf die Zertifizierung

3., komplett aktualisierte Auflage

HANSER

Die Autoren:

Dr. Michael Brenner, München
Dr. Nils gentschen Felde, München
Prof. Dr. Wolfgang Hommel, Taufkirchen
Stefan Metzger, Greifenberg
Prof. Dr. Helmut Reiser, Wolfersdorf
Dr. Thomas Schaaf, München

Die vollständige DIN ISO/IEC 27001 sowie Auszüge aus E DIN EN ISO/IEC 27000:2019 sind wiedergegeben mit der Erlaubnis des DIN Deutsches Institut für Normung e.V. Maßgebend für das Anwenden der DIN-Norm ist deren Fassung mit dem neuesten Ausgabedatum, die bei der Beuth Verlag GmbH, Burggrafenstraße 6, 10787 Berlin, erhältlich ist.

Bibliografische Information der Deutschen Nationalbibliothek:
Die Deutsche Nationalbibliothek verzeichnet diese Publikation in der Deutschen Nationalbibliografie; detaillierte bibliografische Daten sind im Internet über http://dnb.d-nb.de abrufbar.

© 2020 Carl Hanser Verlag München, www.hanser-fachbuch.de
Lektorat: Sylvia Hasselbach
Copy editing: Sandra Gottmann, Wasserburg
Layout: die Autoren mit LaTeX
Umschlagdesign: Marc Müller-Bremer, www.rebranding.de, München
Umschlagrealisation: Max Kostopoulos
Titelmotiv: © istockphoto.com/bortonia
Datenbelichtung, Druck und Bindung: Kösel, Krugzell
Ausstattung patentrechtlich geschützt. Kösel FD 351, Patent-Nr. 0748702
Printed in Germany

Print-ISBN: 978-3-446-46170-3
E-Book-ISBN: 978-3-446-46276-2
E-Pub-ISBN: 978-3-446-46371-4

Inhaltsverzeichnis

Vorwort XI

1 Einführung und Basiswissen 1
1.1 Worum geht es in ISO/IEC 27001? 1
1.2 Begriffsbildung 2
    1.2.1 Informationen 2
    1.2.2 Informationssicherheit 2
    1.2.3 Sicherheitsanforderungen und Schutzziele 3
        1.2.3.1 Vertraulichkeit (Confidentiality) 3
        1.2.3.2 Integrität (Integrity) 4
        1.2.3.3 Verfügbarkeit (Availability) 4
        1.2.3.4 Authentizität (Authenticity) und Authentisierung (Authentication) 5
        1.2.3.5 Nichtabstreitbarkeit/Verbindlichkeit (Non-repudiation) 5
        1.2.3.6 Verlässlichkeit (Reliability) 5
        1.2.3.7 Zugriffssteuerung (Access Control) 5
        1.2.3.8 Zurechenbarkeit (Accountability) 6
1.3 IT-Sicherheitsgesetz & KRITIS 6
    1.3.1 Was ist „KRITIS"? 6
    1.3.2 Wer ist in Deutschland von KRITIS betroffen? 7
    1.3.3 KRITIS-Anforderungen – Informationssicherheit nach dem „Stand der Technik" 8
1.4 Datenschutz-Grundverordnung 8
1.5 Überblick über die folgenden Kapitel 10
1.6 Beispiele für Prüfungsfragen zu diesem Kapitel 10

2 Die Standardfamilie ISO/IEC 27000 im Überblick 13
2.1 Warum Standardisierung? 13
2.2 Grundlagen der ISO/IEC 27000 14
2.3 Normative vs. informative Standards 14
2.4 Die Standards der ISMS-Familie und ihre Zusammenhänge 15

2.4.1   ISO/IEC 27000: Grundlagen und Überblick über die Standardfamilie   16

2.4.2   Normative Anforderungen...   16

    2.4.2.1   ISO/IEC 27001: Anforderungen an ein ISMS......................   16

    2.4.2.2   ISO/IEC 27006: Anforderungen an Zertifizierer   16

    2.4.2.3   ISO/IEC 27009: Anforderungen an die branchenspezifische Anwendung von ISO/IEC 27001   17

2.4.3   Allgemeine Leitfäden   17

    2.4.3.1   ISO/IEC 27002: Leitfaden für das Informationssicherheitsmanagement   17

    2.4.3.2   ISO/IEC 27003: Umsetzungsempfehlungen   17

    2.4.3.3   ISO/IEC 27004: Messungen   18

    2.4.3.4   ISO/IEC 27005: Risikomanagement...............................   18

    2.4.3.5   ISO/IEC 27007 und ISO/IEC TR 27008: Audit-Leitfäden   18

    2.4.3.6   ISO/IEC 27013: Kombination mit dem IT Service Management   18

    2.4.3.7   ISO/IEC 27014 und ISO/IEC 27016: Governance und Entscheidungen auf Vorstandsebene   18

    2.4.3.8   ISO/IEC 27018: Leitfaden zum Schutz personenbezogener Daten in öffentlichen Cloud-Diensten als Auftragsdatenverarbeitung..   19

    2.4.3.9   ISO/IEC TR 27023: Gegenüberstellung mit früheren Fassungen   19

2.4.4   Sektor- und maßnahmenspezifische Leitfäden.............................   19

    2.4.4.1   Ausgewählte sektorspezifische Leitfäden   20

    2.4.4.2   Ausgewählte maßnahmenspezifische Leitfäden   21

2.5   Zusammenfassung   21

2.6   Beispiele für Prüfungsfragen zu diesem Kapitel.................................   22

3   Grundlagen von Informationssicherheitsmanagementsystemen   23

3.1   Das ISMS und seine Bestandteile...   23

    3.1.1   (Informations-)Werte...   24

    3.1.2   Richtlinien, Prozesse und Verfahren   24

    3.1.3   Dokumente und Aufzeichnungen   25

    3.1.4   Zuweisung von Verantwortlichkeiten   26

    3.1.5   Maßnahmenziele und Maßnahmen...   27

3.2   Was bedeutet Prozessorientierung?..   28

3.3   Die PDCA-Methodik: Plan-Do-Check-Act   29

    3.3.1   Planung (Plan)...   30

    3.3.2   Umsetzung (Do)...   31

    3.3.3   Überprüfung (Check)...   31

        3.3.3.1   Konformität...   31

        3.3.3.2   Effektivität   32

        3.3.3.3   Effizienz...   32

    3.3.4   Verbesserung (Act)   32

3.4   Zusammenfassung   32

3.5   Beispiele für Prüfungsfragen zu diesem Kapitel.................................   33

4   ISO/IEC 27001 – Spezifikationen und Mindestanforderungen **35**

4.0   Einleitung   37

    4.0.1   Allgemeines   37

    4.0.2   Kompatibilität mit anderen Normen für Managementsysteme   38

4.1   Anwendungsbereich   38

4.2   Normative Verweisungen   39

4.3   Begriffe   39

4.4   Kontext der Organisation   40

    4.4.1   Verstehen der Organisation und ihres Kontextes   40

    4.4.2   Verstehen der Erfordernisse und Erwartungen interessierter Parteien   41

    4.4.3   Festlegen des Anwendungsbereichs des Informationssicherheitsmana-
          gementsystems   42

    4.4.4   Informationssicherheitsmanagementsystem   43

4.5   Führung   43

    4.5.1   Führung und Verpflichtung   43

    4.5.2   Politik   44

    4.5.3   Rollen, Verantwortlichkeiten und Befugnisse in der Organisation   45

4.6   Planung   46

    4.6.1   Maßnahmen zum Umgang mit Risiken und Chancen   46

        4.6.1.1   Bestimmung allgemeiner Risiken und Chancen   47

        4.6.1.2   Informationssicherheitsrisikobeurteilung   48

        4.6.1.3   Informationssicherheitsrisikobehandlung   51

    4.6.2   Informationssicherheitsziele und Planung zu deren Erreichung   53

4.7   Unterstützung   54

    4.7.1   Ressourcen   54

    4.7.2   Kompetenz   54

    4.7.3   Bewusstsein   55

    4.7.4   Kommunikation   55

    4.7.5   Dokumentierte Information   56

4.8   Betrieb   58

    4.8.1   Betriebliche Planung und Steuerung   58

    4.8.2   Informationssicherheitsrisikobeurteilung   59

    4.8.3   Informationssicherheitsrisikobehandlung   60

4.9   Bewertung der Leistung   60

    4.9.1   Überwachung, Messung, Analyse und Bewertung   60

    4.9.2   Internes Audit   63

    4.9.3   Managementbewertung   65

4.10 Verbesserung   66

    4.10.1   Nichtkonformität und Korrekturmaßnahmen   66

    4.10.2   Fortlaufende Verbesserung   67

4.11 Zusammenfassung   67

4.12 Beispiele für Prüfungsfragen zu diesem Kapitel   69

5   Maßnahmenziele und Maßnahmen im Rahmen des ISMS **73**

5.1   A.5 Informationssicherheitsrichtlinien   75

    5.1.1   A.5.1 Vorgaben der Leitung für Informationssicherheit   75

5.2   A.6 Organisation der Informationssicherheit   77

    5.2.1   A.6.1 Interne Organisation   77

    5.2.2   A.6.2 Mobilgeräte und Telearbeit   79

5.3   A.7 Personalsicherheit   80

    5.3.1   A.7.1 Vor der Beschäftigung..   81

    5.3.2   A.7.2 Während der Beschäftigung   82

    5.3.3   A.7.3 Beendigung und Änderung der Beschäftigung........................   83

5.4   A.8 Verwaltung der Werte   84

    5.4.1   A.8.1 Verantwortlichkeit für Werte   84

    5.4.2   A.8.2 Informationsklassifizierung..   86

    5.4.3   A.8.3 Handhabung von Datenträgern   87

5.5   A.9 Zugangssteuerung   90

    5.5.1   A.9.1 Geschäftsanforderungen an die Zugangssteuerung   90

    5.5.2   A.9.2 Benutzerzugangsverwaltung   91

    5.5.3   A.9.3 Benutzerverantwortlichkeiten...   93

    5.5.4   A.9.4 Zugangssteuerung für Systeme und Anwendungen   93

5.6   A.10 Kryptographie   96

    5.6.1   A.10.1 Kryptographische Maßnahmen..   96

5.7   A.11 Physische und umgebungsbezogene Sicherheit   98

    5.7.1   A.11.1 Sicherheitsbereiche..   98

    5.7.2   A.11.2 Geräte und Betriebsmittel   101

5.8   A.12 Betriebssicherheit   105

    5.8.1   A.12.1 Betriebsabläufe und -verantwortlichkeiten   105

    5.8.2   A.12.2 Schutz vor Schadsoftware..   107

    5.8.3   A.12.3 Datensicherung   108

    5.8.4   A.12.4 Protokollierung und Überwachung   109

    5.8.5   A.12.5 Steuerung von Software im Betrieb...................................   111

    5.8.6   A.12.6 Handhabung technischer Schwachstellen   111

    5.8.7   A.12.7 Audit von Informationssystemen   113

5.9   A.13 Kommunikationssicherheit   115

    5.9.1   A.13.1 Netzwerksicherheitsmanagement   115

    5.9.2   A.13.2 Informationsübertragung...   116

5.10 A.14 Anschaffung, Entwicklung und Instandhalten von Systemen   119

    5.10.1   A.14.1 Sicherheitsanforderungen an Informationssysteme................   119

    5.10.2   A.14.2 Sicherheit in Entwicklungs- und Unterstützungsprozessen   120

    5.10.3   A.14.3 Testdaten   123

5.11 A.15 Lieferantenbeziehungen   125

    5.11.1   A.15.1 Informationssicherheit in Lieferantenbeziehungen   125

    5.11.2   A.15.2 Steuerung der Dienstleistungserbringung von Lieferanten.........   126

5.12 A.16 Handhabung von Informationssicherheitsvorfällen............................ 128

    5.12.1   A.16.1 Handhabung von Informationssicherheitsvorfällen und
           Verbesserungen 128

5.13 A.17 Informationssicherheitsaspekte beim Business Continuity Management ... 133

    5.13.1   A.17.1 Aufrechterhalten der Informationssicherheit........................ 133

    5.13.2   A.17.2 Redundanzen.. 135

5.14 A.18 Compliance... 136

    5.14.1   A.18.1 Einhaltung gesetzlicher und vertraglicher Anforderungen 136

    5.14.2   A.18.2 Überprüfungen der Informationssicherheit 138

5.15 Zusammenfassung 139

5.16 Beispiele für Prüfungsfragen zu diesem Kapitel.................................... 140

6   Verwandte Standards und Rahmenwerke 145

6.1   Standards und Rahmenwerke für IT- und Informationssicherheit 145

    6.1.1   IT-Grundschutz-Kompendium 145

    6.1.2   BSI-Standards 146

    6.1.3   ISIS12 147

    6.1.4   Cybersecurity Framework 147

    6.1.5   ISO/IEC 15408 148

    6.1.6   PCI-DSS 149

    6.1.7   VDA ISA (TISAX) 150

6.2   Standards und Rahmenwerke für Qualitätsmanagement, Auditierung und
    Zertifizierung... 151

    6.2.1   ISO 9000 151

    6.2.2   ISO 19011.. 152

    6.2.3   ISO/IEC 17020 153

6.3   Standards und Rahmenwerke für Risikomanagement 154

    6.3.1   ISO 31000.. 154

    6.3.2   COSO ERM 154

6.4   Standards und Rahmenwerke für Governance und Management in der IT........ 155

    6.4.1   ITIL.. 155

    6.4.2   ISO/IEC 20000 156

    6.4.3   FitSM.. 157

    6.4.4   COBIT... 158

    6.4.5   EN 50600 159

6.5   Beispiele für Prüfungsfragen zu diesem Kapitel.................................... 159

7   Zertifizierungsmöglichkeiten nach ISO/IEC 27000 163

7.1   ISMS-Zertifizierung nach ISO/IEC 27001 163

    7.1.1   Grundlagen der Zertifizierung von Managementsystemen................. 163

            7.1.1.1   Zertifizierung.. 163

            7.1.1.2   Akkreditierung 164

    7.1.2   Typischer Ablauf einer Zertifizierung 165

7.1.3	Auditumfang	167
7.1.4	Akzeptanz und Gültigkeit des Zertifikats	167
7.1.5	Aufwände und Kosten für Zertifizierungen	167
7.2	Personenqualifizierung auf Basis von ISO/IEC 27000	168
7.2.1	Programme zur Ausbildung und Zertifizierung von Personal	168
7.2.1.1	TÜV Süd: Qualifizierungsprogramm nach ISO/IEC 27000	169
7.2.1.2	APMG: ISO/IEC 27001 Certification	170
7.2.1.3	ICO: Ausbildungsschema ISMS nach ISO/IEC 27000	170
7.2.2	Das Foundation-Zertifikat des TÜV Süd	171
7.2.2.1	Prüfungsspezifikation	171
7.2.2.2	Vorbereitung auf die Foundation-Prüfung	172
7.3	Zusammenfassung	173
7.4	Beispiele für Prüfungsfragen zu diesem Kapitel	174

A   Begriffsbildung nach ISO/IEC 27000 .... **175**

B   Abdruck der DIN ISO/IEC 27001 .... **193**

C   Prüfungsfragen mit Antworten zur ISO/IEC 27001 Foundation **231**

C.1	Antworten auf die Prüfungsfragen zu den einzelnen Buchkapiteln	231
C.2	Ein beispielhafter Prüfungsfragebogen zur ISO/IEC 27001-Foundation-Prüfung	238
C.3	Antworten auf den Prüfungsfragebogen zur ISO/IEC 27001-Foundation-Prüfung	250

Literaturverzeichnis **257**

Index **263**

Vorwort

Dieses Buch ist sowohl zur gezielten Vorbereitung auf die Prüfung zur ISO/IEC 27001 Foundation-Personenzertifizierung als auch als Nachschlagewerk für die Inhalte dieses Standards konzipiert, der 2017 als DIN ISO/IEC 27001:2017 erschienen ist und die deutsche Version der englischsprachigen ISO/IEC 27001:2013 aus dem Jahr 2013 darstellt. Die DIN ISO/IEC 27001:2017 ist komplett als Faksimile in Anhang B dieses Buches enthalten.

Die ersten Kapitel führen Sie kompakt in die spannende, aber auch komplexe Welt der Informationssicherheit, Managementsysteme und Standards ein, die u. a. durch das IT-Sicherheitsgesetz und die Datenschutz-Grundverordnung kontinuierlich an Bedeutung gewinnt. Nach einem Überblick über die Reihe der ISO/IEC 27000-Standards und die Grundlagen von Informationssicherheitsmanagementsystemen finden Sie in den Kapiteln 4 und 5 alle Anforderungen und Maßnahmen aus ISO/IEC 27001. Sie werden in grau hinterlegten Boxen wörtlich wiedergegeben und zusätzlich erläutert.

Die Schwerpunkte der Erklärungen orientieren sich dabei an den Inhalten der Prüfungen zu den Foundation-Lehrgangskonzepten u. a. von APMG, ICO und TÜV Süd Akademie. Dieses Buch ist aber natürlich auch für die Vorbereitung auf die Foundation-Prüfung aus einem der anderen Qualifizierungsprogramme zum Informationssicherheitsmanagement nach ISO/IEC 27001 verwendbar.

In diesem Buch finden Sie insgesamt 80 Beispiel-Prüfungsfragen. Ihr Format und Schwierigkeitsgrad entspricht dem der ISO/IEC 27001 Foundation-Prüfung der TÜV Süd Akademie mit genau einer richtigen Antwort pro Frage. Die Hälfte der Fragen finden Sie über die Kapitel 2–7 verteilt jeweils am Ende, wo auch die wichtigsten Inhalte nochmals kompakt zusammengefasst werden. Sie können sich damit schon beim ersten Durchlesen darauf vorbereiten, wie Prüfungsfragen zu den Inhalten typischerweise aussehen. Im Anhang finden Sie dann nochmals 40 Fragen am Stück. Dies entspricht dem Umfang der „richtigen" Prüfung. Dadurch können Sie ein Gespür für die 60 Minuten Prüfungszeit entwickeln.

Noch ein abschließender Hinweis zum flüssigen Lesen: Verweise auf *Kapitel* beziehen sich ohne weitere Angabe immer auf dieses Buch. Verweise auf *Abschnitte* beziehen sich immer auf den entsprechenden Standard.

Wir wünschen Ihnen viel Erfolg bei der Prüfung und bei der praktischen Anwendung des Gelernten!

München, im Dezember 2019   *Die Autoren*

1 Einführung und Basiswissen

In immer mehr Umfeldern gewinnt das Thema Informationssicherheit an Bedeutung, was nicht zuletzt mit einem steigenden öffentlichen Bewusstsein für Sicherheit und Schutz von Daten und Informationen zusammenhängt. Auch die mediale Aufmerksamkeit ist einem Unternehmen sicher, wenn sich beispielsweise herausstellt, dass es nachlässig mit seinen Kundendaten umgeht, oder wenn sicherheitsrelevante Vorfälle zu Ausfällen mit großer geschäftlicher Auswirkung führen.

Der Gesetzgeber hat mit dem IT-Sicherheitsgesetz [Bun15] und entsprechenden Verordnungen kritische Infrastrukturen definiert, für diese höhere gesetzliche Anforderungen im Hinblick auf die IT-Sicherheit erlassen und verpflichtet die Betreiber, angemessene organisatorische und technische Vorkehrungen für die IT-Sicherheit zu treffen und dabei den Stand der Technik einzuhalten.

Wenn sich eine Organisation heute vornimmt, einen strukturierten Ansatz zum wirksamen Management der Informationssicherheit einzuführen, kommt sie an der Standard-Reihe ISO/IEC 27000 praktisch nicht vorbei. Bei ISO/IEC 27000 handelt es sich um eine Reihe von Dokumenten, in denen verschiedene Aspekte des Informationssicherheitsmanagements betrachtet werden. Dass es sich um von der ISO (International Organization for Standardization) und der IEC (International Electrotechnical Commission) standardisierte Dokumente handelt, erhöht dabei die Verbreitung, Bedeutung und Akzeptanz dieser Dokumente ganz maßgeblich. Das zentrale und wichtigste Dokument der Reihe ist dabei ISO/IEC 27001.

■ 1.1 Worum geht es in ISO/IEC 27001?

Die Standardfamilie ISO/IEC 27000 befasst sich hauptsächlich mit drei Dingen:

1. Begriffe: Es werden die wichtigsten Fachbegriffe aus der Welt der Informationssicherheit definiert.
2. Grundlegendes Managementsystem: Es wird beschrieben, was eine Organisation tun und sicherstellen muss, um die eigenen Aktivitäten und Maßnahmen im Bereich Informationssicherheit wirksam steuern zu können.
3. Maßnahmen: Es werden 114 Maßnahmen beschrieben, die eine Organisation grundsätzlich umzusetzen hat, um ein hohes Maß an Informationssicherheit gewährleisten zu können.

Dieses Buch bietet einen Überblick über alle drei Aspekte. Während die beiden letzteren in späteren Kapiteln behandelt werden, beschäftigt sich dieses Kapitel zunächst mit dem ersten Aspekt, der Begriffsbildung.

■ 1.2   Begriffsbildung

Die Standardfamilie ISO/IEC 27000 dient also unter anderem dazu, die Verwendung von Fachbegriffen zu vereinheitlichen. Nur so kann erreicht werden, dass diejenigen, die sich mit Informationssicherheitsmanagement beschäftigen, nicht aneinander vorbeireden, obwohl sie eigentlich inhaltlich dasselbe meinen.

Im Folgenden werden die wichtigsten Begriffe und Grundlagen rund um das Thema Informationssicherheit vorgestellt, die zum Verständnis der ISO/IEC 27000 Standards erforderlich sind.

1.2.1   Informationen

In unserer zunehmend vernetzten Welt sind Informationen Werte, die von entscheidender Wichtigkeit für den Geschäftsbetrieb einer Organisation sind. Durch den höheren Vernetzungsgrad sind diese Informationen einer stark zunehmenden Zahl von Bedrohungen ausgesetzt (vgl. auch [OEC15]). Informationssysteme, Netze und Organisationen sind gefährdet durch Cyber-Angriffe (bösartiger Code, Denial-of-Service-Angriffe, Schadsoftware, Hacking, Spam etc.), Sabotage, Spionage und Vandalismus, aber auch Elementarschäden durch Wasser, Feuer sowie Katastrophen und andere Gefahren. Gesetzliche Regelungen (wie z. B. das IT-Sicherheitsgesetz oder Datenschutzgesetze) fordern Schutzmaßnahmen für sensible Informationen.

Der Begriff „Informationen" wird hierbei sehr weit gefasst. Sie können in Form verschiedener Medien vorliegen: geschrieben, gedruckt, elektronisch, als Film etc., und auf unterschiedlichen Wegen übermittelt werden, z. B. per Post, per Funk, elektronisch usw. Unabhängig vom Medium und dem Übertragungsmittel ist die Aufgabe der Informationssicherheit, diese Informationen angemessen vor der zunehmenden Zahl von Bedrohungen zu schützen. Nur so können die Risiken minimiert, der Geschäftsbetrieb gesichert und die Wettbewerbsfähigkeit, Rentabilität sowie die Chancen einer Organisation maximiert werden.

1.2.2   Informationssicherheit

Der Begriff Informationssicherheit wird in den Standards der Reihe ISO/IEC 27000 – und damit auch im Hauptdokument ISO/IEC 27001 – über die drei Aspekte Vertraulichkeit, Integrität und Verfügbarkeit von Informationen definiert. Diese drei Aspekte können als die primären Schutzziele angesehen werden, deren Aufrechterhaltung in Kombination die Informationssicherheit ausmacht. Weitere Aspekte und damit Schutzziele wie Authentizität, Zurechenbarkeit, Nichtabstreitbarkeit und Verlässlichkeit können ebenfalls betrachtet werden (vgl. Anhang A). Die Schutzziele werden nachfolgend im Einzelnen vorgestellt und genauer erläutert.

1.2.3 Sicherheitsanforderungen und Schutzziele

Die Gefährdung wichtiger Informationen lässt sich alleine mit Beispielen natürlich nur ungenau und unvollständig fassen. In der ISO/IEC 27000 und im Security-Engineering werden deshalb abstrakte Schutzziele bzw. Sicherheitsanforderungen für Informationswerte (zum Begriff der „(Informations-)Werte" vgl. Kapitel 3.1.1) definiert. Die zentralen Schutzziele sind Vertraulichkeit, Integrität und Verfügbarkeit (engl. *Confidentiality, Integrity and Availability*, als Eselsbrücke gerne mit „CIA" abgekürzt) von Informationen. Andere wünschenswerte Eigenschaften, deren Aufrechterhaltung nach ISO/IEC 27000 ebenfalls Gegenstand der Informationssicherheit sein können, sind Authentizität, Zurechenbarkeit, Nichtabstreitbarkeit und Verlässlichkeit (engl. *Authenticity, Accountability, Non-repudiation and Reliability*). Diese Schutzziele, auf denen der Informationssicherheitsbegriff der Standardfamilie ISO/IEC 27000 basiert, werden im Folgenden erläutert.

Zur Beschreibung von Sicherheitsmechanismen, der Verletzung von Schutzzielen oder aber von Angriffen werden im Security-Engineering oft fiktive Personen verwendet. Diese Personen haben definierte Rollen und Namen. Die „Guten" heißen immer Alice und Bob und versuchen in der Regel, miteinander zu kommunizieren. Der „Böse" (engl. *malicious*) heißt Mallet; er versucht, Alice, Bob oder deren Interaktionen oder Kommunikation anzugreifen, abzuhören oder zu stören. Im Folgenden werden Alice, Bob und Mallet in diesem Sinn verwendet, um die Verletzung von Schutzzielen zu verdeutlichen.

1.2.3.1 Vertraulichkeit (Confidentiality)

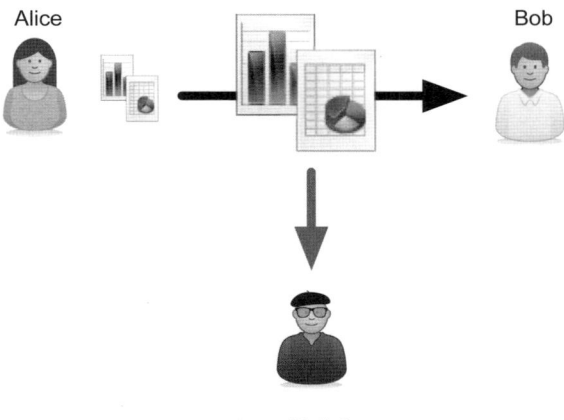

Alice   Bob

Mallet

Abbildung 1.1 Verletzung der Vertraulichkeit durch Abhören

Die Vertraulichkeit bezeichnet die Eigenschaft, dass eine Information für unautorisierte Personen, Entitäten oder Prozesse nicht zugänglich ist und von diesen auch nicht offen-

gelegt werden kann. Die Vertraulichkeit ist beispielsweise verletzt, wenn ein Angreifer eine
Kommunikation abhören kann (vgl. Abbildung 1.1).

1.2.3.2   Integrität (Integrity)

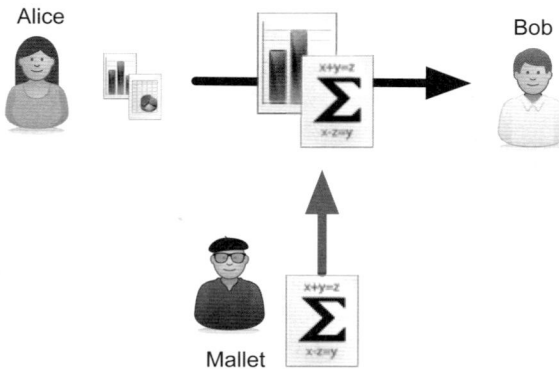

Abbildung 1.2 Verletzung der Integrität

Mit Integrität wird eine Eigenschaft bezeichnet, die Werte im Hinblick auf ihre Richtig-
keit und Vollständigkeit schützt. Eine Integritätsprüfung einer digitalen Information oder
Nachricht erkennt jede Veränderung an der Nachricht. Hierunter fallen alle denkbaren
Manipulationen wie das Einfügen oder Löschen von Zeichen, das Wiedereinspielen einer
Nachricht, das Umordnen von Daten oder Nachrichten sowie Duplikate.
Abbildung 1.2 stellt einen Angriff auf die Integrität der Kommunikation zwischen Alice und
Bob dar. Mallet verändert die Nachricht, die Alice an Bob schickt.

1.2.3.3   Verfügbarkeit (Availability)

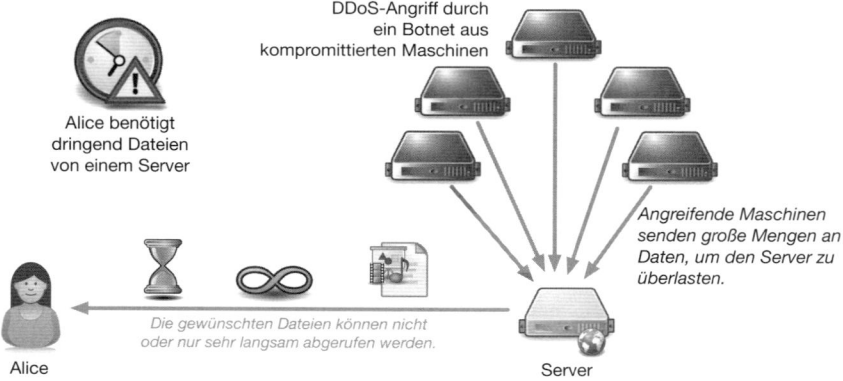

Abbildung 1.3 Verletzung der Verfügbarkeit durch DDoS-Angriff

Die Verfügbarkeit bezeichnet die Eigenschaft einer Information oder eines Wertes, für
einen berechtigten Nutzer verfügbar und nutzbar zu sein, sobald der Nutzer dies ver-

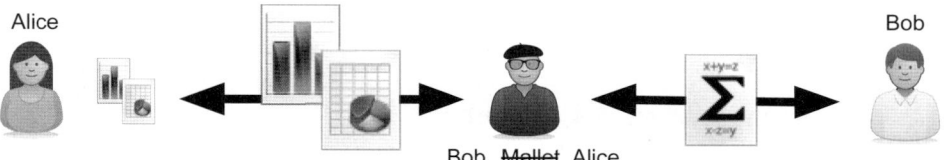

Alice

Bob

Bob ~~Mallet~~ Alice

Abbildung 1.4 Verletzung der Authentizität durch einen Man-in-the-Middle-Angriff

langt. Die Verfügbarkeit wird z. B. durch Elementarschäden oder Katastrophen bedroht. Die prominentesten Angriffe auf die Verfügbarkeit von Diensten oder Ressourcen sind wie in Abbildung 1.3 dargestellt Denial-of-Service (DoS-) oder Distributed-Denial-of-Service (DDoS-) Angriffe.

1.2.3.4 Authentizität (Authenticity) und Authentisierung (Authentication)

Der Vorgang der zweifelsfreien Ermittlung und Prüfung einer Entität bzw. einer geforderten Charakteristik einer Entität wird als Authentisierung bezeichnet. Dementsprechend bezeichnet Authentizität die Eigenschaft einer Entität, das zu sein, was sie vorgibt zu sein. In der Benutzerverwaltung wird über verschiedenste Mechanismen ein Nutzer zweifelsfrei mit einer digitalen ID (z. B. einer eindeutigen Benutzerkennung) verbunden. Bei der Authentisierung wird diese Verbindung zwischen digitaler ID und Nutzer geprüft (z. B. durch Eingabe eines Passwortes, das nur der Nutzer kennt). Nach dieser Prüfung kann man davon ausgehen, dass die digitale ID authentisch ist.

In Abbildung 1.4 wird ein Man-in-the-Middle-Angriff dargestellt. Mallet unterbricht die Kommunikationsbeziehung zwischen Alice und Bob und gibt sich gegenüber Bob als Alice und gegenüber Alice als Bob aus. Er fälscht gewissermaßen seine Identität. Damit ist die Authentizität nicht mehr gewährleistet. Steht Alice und Bob nur der verwendete Kommunikationskanal zur Verfügung, so ist dieser Angriff nur sehr schwer zu erkennen.

1.2.3.5 Nichtabstreitbarkeit/Verbindlichkeit (Non-repudiation)

Mit Verbindlichkeit bezeichnet man den Vorgang, mit dem der Eintritt eines Ereignisses oder einer Aktion sowie die verursachende Entität zweifelsfrei belegt werden können. Damit können Kontroversen geklärt werden über das Eintreten oder Nichteintreten eines Events oder einer Aktion und die Beteiligung von Entitäten daran. Beispielsweise kann ein Nutzer die Auslösung einer Aktion später nicht leugnen.

1.2.3.6 Verlässlichkeit (Reliability)

Die Eigenschaft, ein konsistentes und bestimmungsgemäßes Verhalten zu zeigen und konsistente Ergebnisse zu liefern, wird als Verlässlichkeit bezeichnet. Beispielsweise würde eine Verschlüsselungssoftware für E-Mails, die jede dritte Nachricht unverschlüsselt überträgt, die Sicherheitsanforderung nach Verlässlichkeit nicht erfüllen.

1.2.3.7 Zugriffssteuerung (Access Control)

Nach ISO/IEC 27001 stellt die Zugriffssteuerung sicher, dass der Zugang zu Werten (Assets) nur autorisiert erfolgen kann und Einschränkungen auf Basis von Geschäfts- oder Sicherheitsanforderungen möglich sind. Die Zugriffssteuerung setzt ein Berechtigungskonzept technisch um; nur Berechtigte dürfen auf IT-Systeme und Informationen zugreifen.

1.2.3.8   Zurechenbarkeit (Accountability)

Die Zurechenbarkeit realisiert die Verantwortlichkeit einer Entität für ihre Aktionen und Entscheidungen. So müssen z. B. sicherheitsrelevante Aktionen demjenigen, der die entsprechende Aktion ausgeführt hat, zurechenbar sein. Die Zuweisung von Verantwortlichkeiten und die Übernahme von Verantwortung für Assets sind Grundsätze des Standards (vgl. Kapitel 3.1.4), die sich aber nur umsetzen lassen, wenn es Mechanismen gibt, um eine Zurechenbarkeit technisch umzusetzen.

■ 1.3   IT-Sicherheitsgesetz & KRITIS

Im Jahr 2015 wurde durch den Deutschen Bundestag das IT-Sicherheitsgesetz (IT-SiG) [Bun15] beschlossen, das in erster Linie Änderungen an bestehenden Gesetzen, darunter dem BSI-Gesetz (BSIG), umfasst. Im Kern bedeuteten diese Änderungen die Abkehr vom Prinzip der Freiwilligkeit für den Bereich sogenannter kritischer Infrastrukturen. Dabei handelt es sich gemäß der Definition aus der KRITIS-Strategie des Bundes um Organisationen oder Einrichtungen mit wichtiger Bedeutung für das staatliche Gemeinwesen, bei deren Ausfall oder Beeinträchtigung nachhaltig wirkende Versorgungsengpässe, erhebliche Störungen der öffentlichen Sicherheit oder andere dramatische Folgen eintreten würden.

Betreiber solcher kritischer Infrastrukturen werden nach dem Gesetz verpflichtet, angemessene organisatorische und technische Vorkehrungen zur Vermeidung von Störungen der Verfügbarkeit, Integrität, Authentizität und Vertraulichkeit ihrer informationstechnischen Systeme, Komponenten oder Prozesse zu treffen. Den Nachweis darüber haben die Betreiber durch Sicherheitsaudits, Prüfungen und/oder Zertifizierungen zu erbringen, indem sie dem Bundesamt für Sicherheit in der Informationstechnik (BSI) eine Aufstellung der durchgeführten Audits oder Zertifizierungen übermitteln. Darüber hinaus müssen Betreiber kritischer Infrastrukturen erhebliche IT-Sicherheitsvorfälle melden. Das BSI agiert als Zentralstelle für IT-Sicherheit und wertet Meldungen der Betreiber kritischer Infrastrukturen aus.

1.3.1   Was ist „KRITIS"?

Unter dem Schlagwort KRITIS versteht man übergreifend die Anforderungen, die sich aus dem IT-Sicherheitsgesetz und der Verordnung zur Bestimmung kritischer Infrastrukturen nach dem BSI-Gesetz (BSI-Kritisverordnung) für Betreiber kritischer Infrastrukturen ergeben. Dabei beschränkt sich KRITIS derzeit auf die folgenden sieben Sektoren bzw. Branchen:

- Energie
- Wasser
- Ernährung

- Informationstechnik und Telekommunikation
- Gesundheit
- Finanz- und Versicherungswesen
- Transport und Verkehr

1.3.2   Wer ist in Deutschland von KRITIS betroffen?

Während die eigentlichen Gesetzestexte offenlassen, welche Organisationen oder Unternehmen tatsächlich vom IT-Sicherheitsgesetz betroffen sind und somit die KRITIS-Anforderungen erfüllen müssen, wird die BSI-Kritisverordnung konkreter. Sie definiert nämlich spezifische Anlagenkategorien, Bemessungskriterien und Schwellenwerte, aus denen jede Organisation oder Einrichtung aus einer der sieben genannten Branchen ableiten kann, ob sie als Betreiber einer kritischen Infrastruktur gilt oder nicht.

Die BSI-Kritisverordnung ist im Internet frei zugänglich unter https://www.gesetze-im-internet.de/bsi-kritisv. Sie ist wie folgt aufgebaut:

- §1 enthält die für diese Verordnung relevanten Begriffsbestimmungen.
- In §2 bis §8 findet man zu jedem der sieben relevanten Sektoren eine genauere Beschreibung der relevanten kritischen Dienstleistungen.
- In §8 wird festgelegt, dass die Verordnung und die enthaltenen Festlegungen (zu den kritischen Dienstleistungen, Anlagenkategorien und Schwellenwerten) alle zwei Jahre erneut evaluiert werden sollen.
- Zuletzt folgen die Anhänge 1 bis 7, die wiederum zu jedem der sieben relevanten Sektoren und den zuvor beschriebenen kritischen Dienstleistungen die Anlagenkategorien, Bemessungskriterien und Schwellenwerte tabellarisch auflisten.

Beispiel 1: Im Sektor Wasser ist eine kritische Dienstleistung die Versorgung der Allgemeinheit mit Trinkwasser. Diese umfasst gemäß §3 der BSI-Kritisverordnung die Gewinnung, Aufbereitung, Verteilung sowie Steuerung und Überwachung von Trinkwasser. Gemäß Anhang 3 sind relevante Anlagenkategorien unter anderem Gewinnungsanlagen, Aufbereitungsanlagen, Leitstellen sowie das Wasserverteilungssystem (z.B. Rohrnetz mit Druckregulierstationen). Für die Anlagenkategorie der Gewinnungsanlagen ist das relevante Bemessungskriterium die gewonnene Wassermenge in Millionen Kubikmeter pro Jahr, und der Schwellenwert wurde hierfür mit 22 festgelegt. Gewinnt ein Wasserversorger (z.B. Stadtwerk, Wasserwerk) also mehr als diese 22 Millionen Kubikmeter Trinkwasser pro Jahr in eigenen oder zumindest durch ihn verantworteten Anlagen, so gilt er als Betreiber einer kritischen Infrastruktur.

Beispiel 2: Im Sektor Transport und Verkehr ist eine kritische Dienstleistung die Versorgung der Allgemeinheit mit Leistungen zum Transport von Personen und Gütern. Diese umfasst gemäß §8 der BSI-Kritisverordnung den Luftverkehr, Schienenverkehr, die Binnen- und Seeschifffahrt, den Straßenverkehr, öffentlichen Personennahverkehr (ÖPNV) sowie die Logistik. Gemäß Anhang 7 ist eine relevante Anlagenkategorie beispielsweise ein System zur Passagierabfertigung an Flugplätzen. Das relevante Bemessungskriterium ist die Anzahl der Passagiere pro Jahr, und der Schwellenwert wurde hierfür mit 20 Millionen festgelegt. Werden also an einem Flughafen mehr als 20 Millionen Fluggäste pro Jahr abgefertigt, so gilt der Betreiber als Betreiber einer kritischen Infrastruktur.

1.3.3 KRITIS-Anforderungen – Informationssicherheit nach dem „Stand der Technik"

Nachdem nun also seit Inkrafttreten der BSI-Kritisverordnung klar sein sollte, wer genau vom IT-Sicherheitsgesetz betroffen ist und die KRITIS-Anforderungen erfüllen muss, bleibt noch die Frage: Was genau müssen Betreiber kritischer Infrastrukturen tun und worüber müssen sie Nachweise erbringen? Die wesentliche Anforderung besteht darin, dass die Vertraulichkeit, Integrität, Verfügbarkeit und Authentizität nach dem „Stand der Technik" aufrechterhalten werden müssen. Der Stand der Technik ist ein Rechtsbegriff, der in verschiedenen Rechtsgebieten Verwendung findet und höhere Ansprüche stellt als etwa die anerkannten Regeln der Technik. Übertroffen wird er noch vom Stand von Wissenschaft und Technik.

Unter dem Stand der Technik werden die technischen Möglichkeiten verstanden, die zum gegenwärtigen Zeitpunkt den gewünschten Effekt gewährleisten können und sich dabei auf wissenschaftliche und technische Erkenntnisse stützen. Die Erfüllung anerkannter Standards, die etwa von Standardisierungsgremien oder Branchenverbänden herausgegeben werden, kann juristisch gesehen die begründete Vermutung nahelegen, dass in dem jeweiligen Gebiet der Stand der Technik erreicht wurde. Im Zusammenhang mit der Informationssicherheit bzw. dem Management der Informationssicherheit gilt dies entsprechend auch für die Etablierung eines Informationssicherheitsmanagementsystems (ISMS) auf Basis der Standardfamilie ISO/IEC 27000.

Das BSI weist allerdings in seinen KRITIS-Orientierungshilfen darauf hin, dass eine Zertifizierung nach ISO/IEC 27001 allein noch nicht automatisch ausreichend ist, um den Anforderungen des IT-Sicherheitsgesetzes vollständig zu genügen. Das liegt beispielsweise daran, dass auch in einem nach ISO/IEC 27001 zertifizierten ISMS Akzeptanzschwellen für Informationssicherheitsrisiken vom Betreiber festgelegt werden könnten, die die Akzeptanz erheblicher Risiken für die Versorgungssicherheit erlauben würden – was der Zielsetzung von KRITIS widerspricht. Aus diesem Grund können sowohl Betreiber kritischer Infrastrukturen als auch ihre Branchenverbände eigene bzw. branchenspezifische Informationssicherheitsstandards (B3S) festlegen und ihre Eignung vom BSI feststellen lassen. Das BSI führt auf seinen Webseiten eine Übersicht über die B3S, deren Eignung festgestellt wurde und die daher zur Nachweisführung über den Stand der Technik herangezogen werden können. Praktisch alle bisher eignungsgeprüften B3S basieren in der einen oder anderen Form auf Inhalten und Anforderungen aus der Standardfamilie ISO/IEC 27000.

■ 1.4 Datenschutz-Grundverordnung

Die Europäische Union hat mit der Datenschutz-Grundverordnung (DSGVO) [DSG16] das Datenschutzrecht EU-weit vereinheitlicht. Die DSGVO, die am 25. Mai 2018 in Kraft getreten ist, bildet den gemeinsamen Datenschutzrahmen in der Europäischen Union und gilt unmittelbar für alle Mitgliedsstaaten. Nationale und föderale Gesetze, wie z.B. das Bundesdatenschutzgesetz oder Landesdatenschutzgesetze, sind weiterhin möglich, müssen aber mit der DSGVO vereinbar sein.

Die DSGVO übernimmt viele Prinzipien aus der Vorgängerrichtlinie (95/46) oder dem Bundesdatenschutzgesetz. Der zentrale Begriff der *Personenbezogenen Daten* in Art. 4 ist sehr weit gefasst: *„personenbezogene Daten" [sind] alle Informationen, die sich auf eine identifizierte oder identifizierbare natürliche Person [...] beziehen; als identifizierbar wird eine natürliche Person angesehen, die direkt oder indirekt, insbesondere mittels Zuordnung zu einer Kennung wie einem Namen, zu einer Kennnummer, zu Standortdaten, zu einer Online-Kennung oder zu einem oder mehreren besonderen Merkmalen identifiziert werden kann, die Ausdruck der physischen, physiologischen, genetischen, psychischen, wirtschaftlichen, kulturellen oder sozialen Identität dieser natürlichen Person sind.*

Neu in der DSGVO sind die in Art. 5 aufgeführten Grundsätze für die Verarbeitung personenbezogener Daten:

a) Rechtmäßigkeit, Verarbeitung nach Treu und Glauben, Transparenz

b) Zweckbindung (Verarbeitung nur für definierte, eindeutige und legitime Zwecke)

c) Datenminimierung („dem Zweck angemessen und erheblich sowie auf das für die Zwecke der Verarbeitung [...] notwendige Maß beschränkt")

d) Richtigkeit („sachlich richtig und erforderlichenfalls auf dem neuesten Stand [...]; es sind alle angemessenen Maßnahmen zu treffen, damit personenbezogene Daten, die im Hinblick auf die Zwecke ihrer Verarbeitung [...] unrichtig sind, unverzüglich gelöscht oder berichtigt werden")

e) Speicherbegrenzung („nur so lange [...], wie es für die Zwecke, für die sie verarbeitet werden, erforderlich ist")

f) Integrität und Vertraulichkeit („in einer Weise verarbeitet werden, die eine angemessene Sicherheit der personenbezogenen Daten gewährleistet, einschließlich Schutz vor unbefugter oder unrechtmäßiger Verarbeitung und vor unbeabsichtigtem Verlust, unbeabsichtigter Zerstörung oder unbeabsichtigter Schädigung durch geeignete technische und organisatorische Maßnahmen")

Der letzte Grundsatz – ebenso wie Abschnitt 2 (Art. 32 bis 34) der DSGVO – fordern explizit die Sicherheit personenbezogener Daten durch technische und organisatorische Maßnahmen „unter Berücksichtigung des Stands der Technik" sicherzustellen. Technische und organisatorische Maßnahmen zum Schutz von Daten sind ein Hauptaspekt der ISO/IEC 27001. Ein Nachweis des Stands der Technik kann z.B. durch eine Organisationszertifizierung nach ISO/IEC 27001 erfolgen.

Eine weitere Neuerung der DSGVO ist die in Art. 35 eingeführte Datenschutz-Folgenabschätzung. Falls eine Verarbeitung personenbezogener Daten „aufgrund des Umfangs, der Umstände und der Zwecke der Verarbeitung voraussichtlich ein hohes Risiko für die Rechte und Freiheiten natürlicher Personen zur Folge" hat, so ist eine Datenschutz-Folgenabschätzung durchzuführen. Dabei handelt es sich um einen klassischen Risikomanagementprozess, wie er ab Abschnitt 4.6.1 erläutert wird.

Die Grundlagen, Prinzipien und Prozesse der ISO/IEC 27001 lassen sich gewinnbringend auch bei der Umsetzung der Datenschutzgrundverordnung nutzen.

■ 1.5   Überblick über die folgenden Kapitel

In Kapitel 2 wird ein grundlegender Überblick über die Standardfamilie ISO/IEC 27000 und ihre Struktur gegeben, bevor im darauffolgenden Kapitel die Grundlagen eines Informationssicherheitsmanagementsystems dargestellt werden. Der Standard ISO/IEC 27001 wird in den Kapiteln 4 und 5 ausführlich erläutert und kommentiert. Die Mindestanforderungen, d. h. die Abschnitte 1 bis 10 des Standards, finden sich in den Kapiteln 4.1 bis 4.10. Die Anhangteile A.5 bis A.18 von ISO/IEC 27001, die Maßnahmen und Maßnahmenziele enthalten, werden in Kapitel 5 ausführlich erklärt. Die folgenden Kapitel erläutern verwandte Standards und Rahmenwerke sowie die verschiedenen Zertifizierungsmöglichkeiten nach ISO/IEC 27000. Im Anhang des Buches finden Sie 40 Prüfungsfragen mit entsprechenden Musterlösungen, die vom Schwierigkeitsgrad her der ISO/IEC 27001 Foundation-Prüfung entsprechen.

■ 1.6   Beispiele für Prüfungsfragen zu diesem Kapitel

Nachfolgend finden Sie Beispiele für Prüfungsfragen, die sich thematisch mit den in diesem Kapitel erlernten Inhalten auseinandersetzen. Die richtigen Antworten inklusive Erläuterungen und Verweisen befinden sich in Anhang C.1 ab Seite 231.

Prüfungsfrage 1.1:
Was versteht ISO/IEC 27000 unter dem Begriff Vertraulichkeit (engl. _Confidentiality_)?

A)   Den Abschluss einer Vertraulichkeitsvereinbarung (Non-disclosure agreement).

B)   Die Geheimhaltungsverpflichtung aller Mitarbeiter, die Zugriff auf das ISMS haben.

C)   Die Vertraulichkeit schützt die Werte im Hinblick auf ihre Richtigkeit und Vollständigkeit.

D)   Eine Information ist für unautorisierte Personen, Entitäten oder Prozesse nicht zugänglich.

■

Prüfungsfrage 1.2:
Was versteht ISO/IEC 27000 unter dem Begriff Verfügbarkeit (engl. *Availability*)?

A) Die Eigenschaft einer Information oder eines Wertes, für eine berechtigte Person cder Entität zugreifbar und nutzbar zu sein.

B) Die Eigenschaft einer informationsverarbeitenden Einrichtung, genügend Ressourcen für eine Aufgabe zur Verfügung zu haben.

C) Die Eigenschaft einer Information oder eines Wertes, vor Manipulation geschützt zu sein.

D) Die Eigenschaft einer Information oder eines Wertes, vor Offenlegung geschützt zu sein.

Prüfungsfrage 1.3:
Was versteht ISO/IEC 27000 unter dem Begriff Nichtabstreitbarkeit (engl. *Non-repudiation*)?

A) Die verbindliche Regelung interner Sicherheitsaudits.

B) Nichtabstreitbarkeit bezeichnet die Eigenschaft eines Wertes, für einen berechtigten Nutzer verfügbar und nutzbar zu sein.

C) Als Nichtabstreitbarkeit bezeichnet man den Vorgang, mit dem der Eintritt eines geforderten Ereignisses oder einer Aktion zweifelsfrei einem Verursacher zugerechnet werden kann. Dieser kann den Vorgang nicht leugnen.

D) Die Eigenschaft, ein konsistentes und bestimmungsgemäßes Verhalten zu zeigen und konsistente Ergebnisse zu liefern.

2

Die Standardfamilie ISO/IEC 27000 im Überblick

Im ersten Kapitel wurde dargestellt, welche Teilaspekte zum Themengebiet der Informationssicherheit gehören. In diesem Kapitel betrachten wir nun zunächst, welche Ziele mit Normierung und Standardisierung grundsätzlich verfolgt werden. Dieses Basiswissen ist hilfreich, um Ziele, Inhalte und Aufbau des Standards ISO/IEC 27001 zu verstehen. Danach werden einige Grundlagen wie die Unterschiede zwischen normativen und informativen Standards erläutert und etwas näher auf die einzelnen Dokumente der Standardfamilie (oder Standardreihe) ISO/IEC 27000 und ihre Zusammenhänge eingegangen. Die Inhalte von ISO/IEC 27001 vertiefen wir in den nächsten Kapiteln[1].

■ 2.1 Warum Standardisierung?

Allgemein betrachtet versteht man unter Standardisierung Vereinheitlichung und Harmonisierung. Bestimmte, als erwünscht oder essenziell erachtete Merkmale werden zu einer Norm bzw. einem Standard erhoben. Wie bereits in der Einleitung angedeutet, ist es oft notwendig, auch Fachbegriffe im Rahmen der Standardisierung zu vereinheitlichen, damit alle beteiligten Personen dasselbe darunter verstehen. Standardisierung begegnet einem in vielen Bereichen, beispielsweise:

- Standardisierung von gemeinsamen Messverfahren, die Definition von Maßen für Temperatur, Gewicht und Geschwindigkeit und insbesondere auch die Verwendung einer gemeinsamen Uhrzeit oder Sprache.
- Standardisierung von Produkten, also beispielsweise die Vereinheitlichung von Größen, Abmessungen oder Formen. Zu nennen sind hier etwa einheitliche Papierformate wie DIN A4 oder die Größe und Form eines Steckers.
- Standardisierung von Kommunikationsprotokollen, welche die Kodierung, Dekodierung und Interpretation von Steuersignalen, die für eine Kommunikation notwendig sind, vereinheitlichen und somit eine herstellerunabhängige Kommunikation ermöglichen.

    Nennenswerte Beispiele sind das Hypertext Transfer Protocol HTTP oder H.323 und SIP, welches das Telefonieren über das Internet-Protokoll (Voice over IP; VoIP) beschreibt.

---

[1]   Verweise auf *Kapitel* ohne weitere Angabe beziehen sich immer auf dieses Buch. Verweise auf *Abschnitte* beziehen sich immer auf den entsprechenden Standard.

Es gibt aber auch Standards für Managementsysteme. Diese versuchen, einheitliche Vorgaben dazu festzulegen, wie Organisationen bestimmte Aspekte ihres Managements gestalten. Sie definieren also beispielsweise, welche Prozesse, Verfahren und grundlegenden Management-Werkzeuge von der Organisation eingesetzt werden sollten, um bestimmte Ziele zu erreichen. Die entsprechenden Standards – prominentestes Beispiel ist wohl die ISO 9000 – formulieren meist konkrete Anforderungen, die eine Organisation erfüllen muss, um etwas, das sie erreichen will (z. B. Qualitätssicherung), auch wirksam managen zu können.

■ 2.2   Grundlagen der ISO/IEC 27000

Wenn von „ISO/IEC 27000" die Rede ist, kann damit Folgendes gemeint sein:
1. die gesamte ISO/IEC 27000-Standardfamilie, die aus mehreren verschiedenen Dokumenten besteht, von denen die wichtigsten nachfolgend vorgestellt werden;
2. das Dokument ISO/IEC 27000:2018[2] *Information technology – Security techniques – Information security management systems – Overview and vocabulary.*

ISO/IEC 27000 kann sich also sowohl auf die Standardfamilie als Ganzes als auch auf das erste Dokument innerhalb dieser Reihe von Standards beziehen. Meistens ist jedoch die erste dieser Bedeutungen gemeint. Alle Dokumente der ISO/IEC 27000-Standardfamilie haben miteinander gemeinsam, dass sie sich mit dem Management der Informationssicherheit beschäftigen und zu diesem Zweck Hilfestellung beim Aufbau eines entsprechenden Managementsystems – eines sogenannten Informationssicherheitsmanagementsystems (ISMS) – liefern. Dazu mehr in Kapitel 3.

■ 2.3   Normative vs. informative Standards

Man unterscheidet bei Standards zwischen denen, die verbindliche Anforderungen enthalten, und denen, die nur empfehlenden Charakter haben. Erstere – bei ISO/IEC-Standards leicht zu erkennen an der häufigen Verwendung des Wortes „muss" (im Englischen „shall") im Text – nennt man häufig auch *normativ;* Letztere – geprägt durch Formulierungen mit „sollte" (im Englischen „should") – werden oft als informativ bezeichnet.
Zusammenfassend:
- Ein *normativer* Standard enthält Vorgaben und Anforderungen („normative Elemente"), die verbindlich umzusetzen sind.
- Ein *informativer* Standard stellt im Gegensatz dazu einen Leitfaden dar, der nur empfehlenden Charakter hat.

Ein normativer Standard wird oftmals durch einen oder mehrere informative Standards ergänzt. Diese geben dann meist Empfehlungen zur Umsetzung der, in aller Regel äu-

---

[2]   Bei ISO- und ISO/IEC-Standards steht die Zahl, die der Standardnummer nach einem Doppelpunkt folgt, für das Erscheinungsjahr dieser Version des Standards.

ßerst kurz und prägnant gehaltenen, Anforderungen aus dem normativen Standard. In der ISO/IEC 27000-Standardfamilie ist beispielsweise ISO/IEC 27001 der zentrale normative Standard, d. h. enthält verbindliche Anforderungen. ISO/IEC 27002 hingegen ist ein informativer Standard, der Erläuterungen und Vorschläge zur Umsetzung für einen Teil von ISO/IEC 27001 (Anhang A) bietet.

■ 2.4 Die Standards der ISMS-Familie und ihre Zusammenhänge

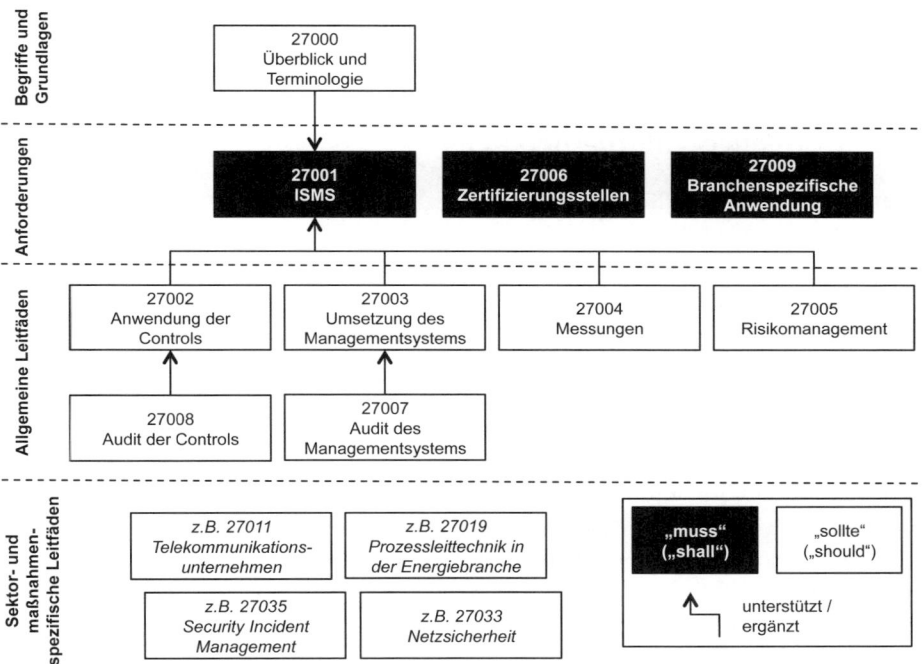

Abbildung 2.1 Die Familie der ISMS-Standards (ISO/IEC 27000-Reihe)

Zur ISO/IEC 27000-Standardfamilie gehören mittlerweile über 30 Dokumente, von denen im Folgenden nur die wichtigsten vorgestellt werden.

Abbildung 2.1 stellt eine Auswahl der ISO/IEC 27000-Dokumente dar und illustriert ihre Zusammenhänge und Abhängigkeiten. Dabei wird zwischen verschiedenen Ebenen bzw. Bereichen unterschieden, denen sich diese Dokumente zuordnen lassen: ISO/IEC 27000 (das Dokument) befasst sich mit Begriffen und Grundlagen, die für die gesamte Standardfamilie gelten. ISO/IEC 27001 gehört zu den normativen Standards bzw. Anforderungsstandards, die konkrete Anforderungen enthalten. Die allgemeinen Leitfäden, allen voran ISO/IEC 27002, bieten Empfehlungen für die Umsetzung der Kerninhalte von ISO/IEC 27001. Zusätzlich existieren zahlreiche spezifische Leitfäden, die sich mit Umsetzung der ISO/IEC 27001 in ausgewählten Branchen oder der Ausgestaltung bestimmter Maßnahmen bzw. Erreichung bestimmter Maßnahmenziele befassen.

2.4.1 ISO/IEC 27000: Grundlagen und Überblick über die Standardfamilie

ISO/IEC 27000:2018 [ISO18] liegt in englischer Sprache als veröffentlichter Standard, die deutsche Übersetzung bislang (Stand August 2019) nur als Entwurf vor. Das Dokument ISO/IEC 27000 trägt den Titel „Overview and vocabulary" (Überblick und Terminologie) und liefert Definitionen zu 77 ISMS-Begriffen (vgl. Anhang A dieses Buches), eine allgemeine Einführung zu Managementsystemen für Informationssicherheit, zentralen ISMS-Prinzipien und Konzepten sowie schließlich einen Überblick über die ISO/IEC 27000-Standardfamilie. Damit bildet ISO/IEC 27000 ein gutes Fundament, auf dem die anderen Teile der Standardfamilie aufbauen können.

2.4.2 Normative Anforderungen

Es gibt innerhalb der ISO/IEC 27000-Familie drei Standards, welche normativen Charakter haben: ISO/IEC 27001, ISO/IEC 27006 und ISO/IEC 27009.

2.4.2.1 ISO/IEC 27001: Anforderungen an ein ISMS

ISO/IEC 27001:2013 [ISO13a] ist der Standard, der für Organisationen, die eine Zertifizierung anstreben, unmittelbare Relevanz hat. Das heißt: Bei einem Zertifizierungsaudit wird die Konformität zu ISO/IEC 27001 bewertet. Damit ist ISO/IEC 27001 innerhalb der ISO/IEC 27000-Standardfamilie der zentrale Standard. Er behandelt vor allem die allgemeinen Anforderungen an ein ISMS (Normabschnitte 4 bis 10) sowie Maßnahmenziele und Maßnahmen im Informationssicherheitsmanagement (Anhang A).

Mit DIN ISO/IEC 27001:2017-06 existiert auch eine von der DIN herausgegebene Fassung der ISO/IEC 27001 [DIN17], die auf der englischen Ausgabe des Standards von 2013 basiert – wobei für die deutsche Fassung noch zwei kleine, 2014 und 2015 herausgegebene Korrekturen (Corrigendum) berücksichtigt wurden. Diese Fassung ist im Anhang B dieses Buches als Faksimile enthalten.

ISO/IEC 27001 ist das zentrale Thema dieses Buches und auch der Schwerpunkt der Prüfungen zur Erlangung des *Foundation Certificate in ISMS according to ISO/IEC 27001*, der Einstiegszertifizierung im Rahmen des Qualifizierungs- und Zertifizierungsprogramme für Personen zur ISO/IEC 27000-Standardfamilie (vgl. Kapitel 7.2).

2.4.2.2 ISO/IEC 27006: Anforderungen an Zertifizierer

ISO/IEC 27006 (*Requirements for bodies providing audit and certification of information security management systems*) [ISO15a] legt die Anforderungen fest, deren Erfüllung bei der Akkreditierung (vgl. Kapitel 7.1.1.2) einer Zertifizierungsstelle zu überprüfen ist, wenn diese Zertifizierungsstelle das Ziel hat, auch ISMS nach ISO/IEC 27001 zu auditieren und zertifizieren.

ISO/IEC 27006 ergänzt und konkretisiert die in ISO/IEC 17021 festgelegten Anforderungen für Zertifizierungsstellen um Aspekte, die spezifisch für die Auditierung und Zertifizierung von ISMS sind.

2.4.2.3   ISO/IEC 27009: Anforderungen an die branchenspezifische Anwendung von ISO/IEC 27001

Neben ISO/IEC 27001 und ISO/IEC 27006 gibt es mit ISO/IEC 27009 (*Sector-specific application of ISO/IEC 27001*) [ISO16d] noch einen weiteren normativen Standard in der ISO/IEC 27000-Standardfamilie. ISO/IEC 27009 legt Anforderungen fest, die bei der Entwicklung branchenspezifischer Standards auf Basis von ISO/IEC 27001 zu beachten sind. Dieser Teil des Standards richtet sich also an Organisationen oder Gremien, die selbst Standards im Bereich Informationssicherheit entwickeln. Dieser Anforderungsstandard hat für die praktische Anwendung von ISO/IEC 27001 bzw. für Einführung und Betrieb eines Informationssicherheitsmanagementsystems so gut wie keine Relevanz.

2.4.3   Allgemeine Leitfäden

Um die Einführung eines ISMS und die Erfüllung von Anforderungen der ISO/IEC 27001 mittels ergänzender Informationen und Vorschlägen zur praktischen Umsetzung zu erleichtern, stellen ISO und IEC mehrere allgemeine Leitfäden zur Verfügung.

2.4.3.1   ISO/IEC 27002: Leitfaden für das Informationssicherheitsmanagement

Der *Code of practice for information security controls* ISO/IEC 27002 [ISO13b] hat gut den dreifachen Umfang von ISO/IEC 27001. Er liefert zu allen im Anhang A von ISO/IEC 27001 genannten Maßnahmen klare „Good Practices" für deren praktische Umsetzung.

ISO/IEC 27002 ist neben der ISO/IEC 27001 und ISO/IEC 27000 der wohl am häufigsten verwendete Teil der Standardfamilie. Er basiert im Kern noch auf der ersten Fassung des britischen Standards BS 7799, der 1995 erschien. Der erste Teil von BS 7799 mit seinem Katalog an Maßnahmen[3] wurde im Jahr 2000 in den informativen Standard ISO/IEC 17799 überführt, der später wiederum die Basis für ISO/IEC 27002 wurde.

ISO/IEC 27002 ist somit der Teil der ISO/IEC 27000-Standardfamilie mit der längsten Historie, was sich bis heute in der eigenwilligen Nummerierung von Anhang A der ISO/IEC 27001 widerspiegelt (vgl. Kapitel 5).

2.4.3.2   ISO/IEC 27003: Umsetzungsempfehlungen

Die *Information security management systems guidance* ISO/IEC 27003 [ISO17a] enthält, wie ISO/IEC 27002, Empfehlungen zur praktischen Umsetzung von ISO/IEC 27001. Allerdings liegt der Schwerpunkt hier nicht auf den Maßnahmen aus Anhang A, sondern auf der Umsetzung der Anforderungen aus den Abschnitten 4 bis 10 der Norm. Zu den An-

---

[3]   Das allgemeine Managementsystem, das den Einsatz der *Information Security Controls* steuert, wurde 1998 im zweiten Teil des Standards (*BS 7799 Part 2*) berücksichtigt.

forderungen dieses Teils – oft als das Kern-Managementsystem für Informationssicherheit bezeichnet – liefert die ISO/IEC 27003 Erläuterungen und Umsetzungsempfehlungen.

2.4.3.3 ISO/IEC 27004: Messungen

Für die Weiterentwicklung und kontinuierliche Verbesserung (vgl. Kapitel 3.3) eines ISMS sind Sicherheitsmetriken unerlässlich. Es soll also gemessen werden, wie wirksam die Umsetzung der Prozesse, Aktivitäten und Maßnahmen des ISMS tatsächlich ist beziehungsweise zu welchem Grad festgelegte Sicherheitsziele erreicht werden. ISO/IEC 27004 (*Information security management – Monitoring, measurement, analysis and evaluation*) [ISO16a] befasst sich mit den Grundlagen der Bestimmung von Sicherheitskennzahlen (*security metrics*) und listet in den Anhängen auch entsprechende Beispiele auf.

2.4.3.4 ISO/IEC 27005: Risikomanagement

ISO/IEC 27001 fordert im Rahmen der Planung, Umsetzung und Überwachung des ISMS neben zahlreichen anderen Aspekten explizit auch die umfassende Berücksichtigung von Risiken. ISO/IEC 27005 (*Information security risk management*) [ISO11a] gibt Empfehlungen zur Umsetzung eines kontinuierlichen Prozesses für das Management von Informationssicherheitsrisiken. ISO/IEC 27005 ist dabei mit dem allgemeinen ISO-Standard für Risikomanagement, ISO 31000 (*Risk management – Principles and guidelines*), abgestimmt.

2.4.3.5 ISO/IEC 27007 und ISO/IEC TR 27008: Audit-Leitfäden

ISO/IEC 27007 (*Guidelines for information security management systems auditing*) [ISO11b] und ISO/IEC 27008 sind Leitfäden, die interne und externe Auditoren bei der Durchführung von ISMS-Audits auf Basis von ISO/IEC 27001 unterstützen sollen. ISO/IEC 27007 ist dabei auf Audits des Managementsystems an sich fokussiert und wird durch den *Technical Report* ISO/IEC TR 27008 (*Guidelines for auditors on information security controls*) [ISO11e] ergänzt, der sich mit der Bewertung von ISMS-Maßnahmen im Rahmen von Audits befasst.

2.4.3.6 ISO/IEC 27013: Kombination mit dem IT Service Management

Der Leitfaden ISO/IEC 27013 (*Guideline on the integrated implementation of ISO/IEC 27001 and ISO/IEC 20000-1*) [ISO15c] behandelt die nahtlose Integration von ISMS mit Prozessen für professionelles IT Service Management (ITSM) auf Basis der Norm ISO/IEC 20000-1. Diese basiert ihrerseits auf der weit verbreitet genutzten Good-Practice-Sammlung ITIL, die in Kapitel 6.4.1 behandelt wird. Die Anwendung dieses Leitfadens bietet sich insbesondere für Organisationen an, die sich sowohl nach ISO/IEC 20000-1 als auch nach ISO/IEC 27001 zertifizieren lassen wollen.

2.4.3.7 ISO/IEC 27014 und ISO/IEC 27016: Governance und Entscheidungen auf Vorstandsebene

ISO/IEC 27014 (*Governance of information security*) [ISO13c] setzt sich mit denjenigen Fragestellungen der IT-Governance auseinander, die spezifisch für das Thema Informationssicherheit sind. Vorrangiges Ziel ist dabei ein inhaltlicher Abgleich zwischen den Aktivitäten im Bereich Informationssicherheit und der übergeordneten Geschäftsstrategie. Beispielsweise sollen Investitionen in Sicherheitsmaßnahmen effektiv geplant und die Vorstandsebene über Entwicklungen in diesem Bereich auf dem Laufenden gehalten werden. In der Praxis findet häufig eine Kombination mit dem Framework COBIT statt, auf das Kapitel 6.4.4 eingeht.

Der Leitfaden ISO/IEC 27016 (*Organisational economics*) [ISO14d] wendet sich direkt an die Vorstandsebene einer Organisation, die letztlich die Verantwortung für Entscheidungen im Bereich Informationssicherheit trägt. Vor dem Hintergrund beschränkter Ressourcen, die wohlüberlegt auf alle Bereiche der Organisation aufgeteilt werden müssen, wird der Zielgruppe vermittelt, auf welcher Grundlage die unter Umständen weitreichenden Entscheidungen getroffen werden und welche ökonomischen Konsequenzen diese mit sich bringen können.

2.4.3.8 ISO/IEC 27018: Leitfaden zum Schutz personenbezogener Daten in öffentlichen Cloud-Diensten als Auftragsdatenverarbeitung

ISO/IEC 27018 [ISO14a] enthält Empfehlungen zur Umsetzung von Maßnahmen, die helfen sollen, die Einhaltung von Datenschutzvorgaben beim Betrieb von öffentlichen Clouds (*Public Cloud Computing*) – prominente Beispiele für solche Dienste sind Amazon Web Services, Microsoft Azure Cloud und Apple iCloud – sicherzustellen. Der Leitfaden nimmt dabei ISO/IEC 27002 als Basis, ergänzt und erweitert Empfehlungen dieser Norm, wobei die Ergänzungen tatsächlich nur eine relativ kleine Menge der in ISO/IEC 27002 definierten Maßnahmen betreffen.

Einige große Anbieter von Clouddiensten werben mittlerweile mit einer „ISO/IEC 27018 Zertifizierung". Die ISO/IEC 27018 hat jedoch als Leitfaden keinen normativen Charakter. Diese Zertifizierungen können also nicht unter dem Akkreditiv der DAkkS oder einer anderen nationalen Akkreditierungsstelle stehen. Was die jeweiligen Aussteller dieser Zertifikate unter „ISO/IEC 27018 Compliance" verstehen und wie sie das überprüfen, ist also alleine ihnen überlassen. Dementsprechend sind diese Zertifikate schwer vergleichbar und ihr Wert nicht ohne Weiteres einzuschätzen.

2.4.3.9 ISO/IEC TR 27023: Gegenüberstellung mit früheren Fassungen

Die englischen Fassungen von ISO/IEC 27001 und ISO/IEC 27002 erschienen ursprünglich 2005 und wurden 2013 mit einigen größeren Änderungen neu aufgelegt. Für alle Organisationen, die bereits vor 2013 ein zu ISO/IEC 27001 konformes ISMS aufgebaut hatten, stellte sich somit die Frage nach den wesentlichen Unterschieden der beiden Fassungen. Der Leitfaden ISO/IEC TR 27023 (*Mapping the revised editions of ISO/IEC 27001 and ISO/IEC 27002*) [ISO15e] enthält deshalb Gegenüberstellungen der alten und neuen Versionen, aus denen Umordnungen, Umformulierungen, Ergänzungen und Streichungen einfacher ersichtlich sind. Allerdings werden für die einzelnen Änderungen keine Hintergründe genannt und auch die jeweilige Tragweite muss jede Organisation für sich selbst bewerten.

2.4.4 Sektor- und maßnahmenspezifische Leitfäden

Die oben diskutierten Leitfäden sind mit der Zielsetzung entstanden, universell anwendbar zu sein, also unabhängig von Branchenzugehörigkeit und Größe der sie einsetzenden Organisation. In der ISO/IEC 27000-Familie gibt es aber noch zahlreiche weitere Leitfäden, die sich mit recht spezifischen Fragestellungen befassen und daher in der Praxis nur in einem Teil aller Organisationen berücksichtigt werden.

Die bislang erschienenen Leitfäden dieser Art lassen sich grob in zwei Kategorien einteilen:

1. *Sektorspezifische* Leitfäden konkretisieren die Anforderungen bzw. Maßnahmen der ISO/IEC 27001 bzw. ISO/IEC 27002 für die Anwendung in bestimmten Branchen. Sie werden oft auch als fachspezifische Subnormen der ISO/IEC 27002 bezeichnet. Obwohl sie formal nur empfehlenden Charakter haben, werden sie doch oft als Basis für Audits in den entsprechenden Branchen herangezogen. Die Umsetzung bestimmter Empfehlungen wird sogar nicht selten von wichtigen Stellen, z.B. Regulierungsbehörden, gefordert.

2. *Maßnahmenspezifische* Leitfäden setzen sich mit bestimmten technischen Gebieten der Informationssicherheit bzw. einzelnen Technologien auseinander. Diese Leitfäden konkurrieren inhaltlich mit einer Menge anderer, oft noch aktuellerer Literatur und Handlungsempfehlungen. Sie spielen deshalb in der Praxis nicht immer eine große Rolle, werden aber ebenfalls bei Audits in ausgewählten Teilbereichen zunehmend hinzugezogen.

Die Anzahl dieser Leitfäden nimmt stetig weiter zu, sodass nachfolgend nicht alle, sondern nur ausgewählte Beispiele vorgestellt werden können. Manche Leitfäden wurden auch angekündigt, sind bislang aber nicht erschienen, und einige wurden sogar einige Zeit nach ihrer Veröffentlichung wieder zurückgezogen.

2.4.4.1   Ausgewählte sektorspezifische Leitfäden

Zu den sektorspezifischen Leitfäden gehören beispielsweise die folgenden:

- ISO/IEC 27010 (*Information security management for inter-sector and inter-organisational communications*) [ISO15b] behandelt den sicheren Informationsaustausch über Grenzen von Organisation und Ländern hinweg. Der Leitfaden ist deshalb beispielsweise für Behörden, diplomatische Einrichtungen und Unternehmen relevant, die in größerem Umfang schützenswerte Informationen im Rahmen von Zulieferketten oder branchenspezifischen Communities austauschen.

- ISO/IEC 27011 (*Information security for telecommunications organisations*) [ISO16b] spricht Internet-, Telefonie- und Mobilfunkprovider an, die aufgrund der geografischen Verteilung der von ihnen betriebenen Infrastrukturen zusätzliche Risiken berücksichtigen und Schutzmaßnahmen umsetzen müssen.

- ISO/IEC 27017 (*Code of practice for information security controls for cloud computing services*) [ISO15d] und ISO/IEC 27018 (*Code of practice for controls to protect personally identifiable information processed in public cloud computing services*) [ISO14a] richten sich an die Anbieter und Kunden von Cloud-Diensten und gehen dabei explizit auf die Zusammenhänge der Informationssicherheit mit dem Themenbereich Datenschutz und damit verbundene gesetzliche Auflagen ein.

- ISO/IEC 27019 (*Leitfaden für das Informationssicherheitsmanagement von Steuerungssystemen der Energieversorgung auf Grundlage der ISO/IEC 27002*) [ISO17b] wendet sich an Energieversorger und wird beispielsweise bei der Überprüfung durch die Bundesnetzagentur in Deutschland angewandt [Bun16].

2.4.4.2 Ausgewählte maßnahmenspezifische Leitfäden

Für die maßnahmenspezifischen Leitfäden sind bislang die Nummernbereiche *2703x* und *2704x* vorgesehen. Von den bereits erschienenen haben die folgenden Leitfäden eine durchaus nennenswerte Praxisrelevanz:

- ISO/IEC 27032 (*Guidelines for Cybersecurity*) [ISO12a] geht näher auf Netzwerk- und Internet-Sicherheit ein und behandelt dabei auch Schutzmaßnahmen in Organisationen verschiedener Branchen, die zu den kritischen Infrastrukturen gehören.

- ISO/IEC 27034 (*Application Security*) [ISO11d] behandelt in zwei Dokumenten das Thema Software- bzw. Anwendungssicherheit. Dieser Leitfaden ist insbesondere im Rahmen der Softwareentwicklung – innerhalb der eigenen Organisation oder für Dritte – relevant und fordert dabei einen Systems Development Life Cycle (SDLC), der eine herstellerneutrale Kombination aus dem verbreiteten Security Development Lifecycle der Firma Microsoft und dem Prüfansatz der Common Criteria (CC) darstellt, der wiederum produktspezifische IT-Sicherheitszertifizierungen ermöglicht.

Weitere maßnahmenspezifische Leitfäden vertiefen ausgewählte, von ISO/IEC 27001 geforderte Maßnahmen, beispielsweise:

- ISO/IEC 27031 [ISO11c] das Notfallmanagement in Organisationen (Kapitel 5.13)
- ISO/IEC 27033 [ISO10b] das Themengebiet Netzsicherheit (Kapitel 5.9)
- ISO/IEC 27035 [ISO16c] den Umgang mit Informationssicherheitsvorfällen (Kapitel 5.12)
- ISO/IEC 27036 [ISO14b] die Handhabung von Lieferantenbeziehungen (Kapitel 5.11)

Abgerundet wird das Angebot an maßnahmenspezifischen Leitfäden durch Spezialthemen wie die Beweissicherung im Rahmen IT-forensischer Analysen (ISO/IEC 27037) [ISO12b] und das Vornehmen von Schwärzungen in digitalen Dokumenten (ISO/IEC 27038) [ISO14c].

■ 2.5 Zusammenfassung

ISO/IEC 27000 ist eine Standardfamilie, die aus einer immer noch wachsenden Zahl einzelner Dokumente besteht. Einer dieser Standards hat ebenfalls die Bezeichnung ISO/IEC 27000 und ist ein Überblicksdokument über die gesamte Reihe, welches auch die zentralen Begriffe für die anderen Teile der Standardfamilie definiert. Zentraler Bestandteil der Standardfamilie ist die ISO/IEC 27001, die in diesem Buch behandelt wird. Die Ausführungen in der ISO/IEC 27001 sind, wie typisch für Anforderungs- bzw. normative Standards, sehr kurz und prägnant gehalten. Die allgemeinen Leitfäden ergänzen daher gezielt die ISO/IEC 27001. Der bei einer ISMS-Einführung in der Praxis wichtigste Leitfaden ist wohl die ISO/IEC 27002, die als *code of practice* Anregungen zur Umsetzung der in ISO/IEC 27001 Anhang A genannten Anforderungen liefert. Neben den allgemeinen Leitfäden existieren noch diverse branchen- und maßnahmenspezifische Leitfäden.

■ 2.6 Beispiele für Prüfungsfragen zu diesem Kapitel

Nachfolgend finden Sie Beispiele für Prüfungsfragen, die sich thematisch mit den in diesem Kapitel erlernten Inhalten auseinandersetzen. Die richtigen Antworten inklusive Erläuterungen und Verweisen befinden sich in Anhang C.1 ab Seite 232.

Prüfungsfrage 2.4:
Für welche Zielgruppe wurde der branchenspezifische Standard ISO/IEC 27011 entwickelt?

A)   ISO/IEC 27011 definiert verbindlich umzusetzende Anforderungen für öffentliche Einrichtungen.

B)   Zielgruppe dieses Standards sind Unternehmen aus dem Gesundheitssektor.

C)   Der Standard stellt einen Leitfaden für Telekommunikationsunternehmen dar.

D)   Dieser Standard definiert Grundsätze für die Durchführung von Audits und ist damit für Zertifizierungsstellen relevant.

Prüfungsfrage 2.5:
Bei welchem der folgenden Standards handelt es sich *nicht* um einen allgemeinen Leitfaden?

A)   ISO/IEC 27002

B)   ISO/IEC 27003

C)   ISO/IEC 27005

D)   ISO/IEC 27019

Prüfungsfrage 2.6:
Wie verhält sich ISO/IEC 27002 zu ISO/IEC 27001?

A)   ISO/IEC 27002 schreibt konkrete technische Maßnahmen zur Umsetzung der in ISO/IEC 27001 definierten Mindestanforderungen vor.

B)   ISO/IEC 27002 enthält branchenspezifische Erweiterungen von ISO/IEC 27001.

C)   ISO/IEC 27002 wird als Grundlage für Audits durch externe Zertifizierungsunternehmen herangezogen.

D)   ISO/IEC 27002 basiert auf ausgewählten Best Practices, die bei der Auswahl und Implementierung geeigneter Maßnahmen aus ISO/IEC 27001 herangezogen werden können.

3 Grundlagen von Informationssicherheits- managementsystemen

In diesem Kapitel werden die Grundlagen von Informationssicherheitsmanagement-systemen (ISMS) erklärt. Zunächst werden das ISMS an sich und seine Bestandteile betrachtet. Darauf aufbauend werden die Plan-Do-Check-Act-Methodik und ihre Ausprägung in der Normenreihe ISO/IEC 27000 beschrieben.

■ 3.1 Das ISMS und seine Bestandteile

Ein Managementsystem nach ISO/IEC 27000:2018-02 [ISO18] ist ein Satz zusammenhängender Elemente einer Organisation, um Politiken (d.h. Richtlinien), Ziele und Prozesse, Verfahren, Regelungen sowie zugehörige Ressourcen festzulegen, die dazu dienen, die Ziele einer Organisation zu erreichen.[1] Es ist das System, in dem die verschiedenen Maßnahmen zum Management einer Organisation – u.a. Festlegen von Richtlinien, Definition und Umsetzung von Prozessen und Verfahren – zusammenwirken.

Das Informationssicherheitsmanagementsystem (ISMS) kann und sollte als Teil des gesamten Managementsystems einer Organisation angesehen werden. Sein Ziel ist die Sicherstellung einer angemessenen Informationssicherheit, also insbesondere die Aufrechterhaltung von Vertraulichkeit, Integrität und Verfügbarkeit von Informationen innerhalb der Organisation, in der es zur Anwendung kommt. Diese und weitere Teilaspekte der Informationssicherheit wurden bereits in Kapitel 1 erläutert.

Dieses Kapitel widmet sich nun der Frage, welche Elemente die Kernbestandteile eines ISMS ausmachen. Um diese Bestandteile besser zu verstehen, ist es hilfreich, sich die folgenden fünf Teilfragen zu stellen:

1. Was soll durch das ISMS eigentlich geschützt werden?
2. Welche Regeln und Vorgaben werden zu diesem Zweck eingerichtet?
3. Wie wird sichergestellt, dass dieses Regelwerk schriftlich fixiert und seine Einhaltung nachvollziehbar protokolliert wird?
4. Wer ist zuständig für die Planung und Durchführung der erforderlichen Aktivitäten?

---

[1] ISO 9000 definiert ein Managementsystem ebenso als „System zum Festlegen von Politik und Zielen sowie zum Erreichen dieser Ziele" (mit Politik sind in diesem Zusammenhang ebenfalls Richtlinien gemeint).

5. Durch welche konkreten Maßnahmen kann das erforderliche Sicherheitsniveau erreicht werden?

Diese Fragen werden nachfolgend beantwortet.

3.1.1 (Informations-)Werte

Auf die erste dieser fünf Fragen (Was soll durch das ISMS eigentlich geschützt werden?) lässt sich folgende Antwort geben: In erster Linie alle Informationen, die für die Organisation einen Wert darstellen bzw. die Informationen, für welche die Nichteinhaltung der Schutzziele einen Schaden für die Organisation bedeuten würde. Dies sind die Informationswerte (*Information Assets*) der Organisation (siehe auch Kapitel 5.4).

In zweiter Linie sind natürlich auch die Dinge, die mit der Verarbeitung der Information zu tun haben, zu schützen. Dies beinhaltet auch die klassischen Vermögenswerte einer Organisation wie Geräte und Einrichtungen – deren Wichtigkeit sich im Kontext eines ISMS aber nicht in ihrem Beschaffungs- oder Buchwert bemisst, sondern nach ihrer Rolle bei Speicherung, Verarbeitung usw. von Informationen.

Mögliche Kategorien von Werten (*Assets*) sind Informationen, Software bzw. Computerprogramme, physische Vermögenswerte wie Rechner oder Kommunikationsanlagen, Dienste (Services), Menschen und ihre Qualifikationen, Fähigkeiten und Erfahrungen sowie immaterielle Werte wie Reputation und Ansehen. Diese Liste zeigt auf, wie weit dieser Begriff zu verstehen ist.

3.1.2 Richtlinien, Prozesse und Verfahren

Nachdem sich eine Organisation Gedanken darüber gemacht hat, welche ihrer Werte zu schützen sind, muss ein generisches Regelwerk etabliert werden, welches das ablauforganisatorische Fundament für das ISMS bildet. Ein solches Regelwerk ist geprägt durch das Zusammenspiel von wohldefinierten Richtlinien, Prozessen und Verfahren. Diesen Begriffen liegt folgendes Verständnis zugrunde:

- Richtlinie (*policy*): Generelle Zielsetzung und Richtung, formal dokumentiert und zum Ausdruck gebracht durch das Management.
- Prozess (*process*): Satz von in Wechselbeziehungen stehenden Mitteln und Tätigkeiten, die Eingaben in Ergebnisse umwandeln.
- Verfahren (*procedure*): Definierte Art und Weise, einen Prozess oder eine Aktivität auszuführen.

Wie diese Begriffe und die dahinter stehenden Konzepte genauer zusammenhängen, illustriert Abbildung 3.1. Sie zeigt, dass eine Richtlinie als ein definierendes Element in einem ISMS angesehen werden kann, sich also auf der Definitionsebene bewegt und damit den Prozessen und Verfahren übergeordnet ist. Ein Vergleich: Eine Richtlinie in einem Managementsystem hat in etwa den gleichen Stellenwert wie ein Gesetz in einem Staat. Doch das Gesetz allein ist wert- und wirkungslos, solange es nicht angewendet und durchgesetzt wird. Auch die Vorgaben aus einer Richtlinie müssen in kontrollierter Weise umgesetzt werden. Hierzu werden in der Regel Prozesse definiert, die bereits konkret festlegen, welche Eingaben (Inputs) benötigt werden, um bestimmte Teile einer Richtlinie umzusetzen, wie diese Inputs be- oder verarbeitet werden, wer dafür genau zuständig ist und was letzten

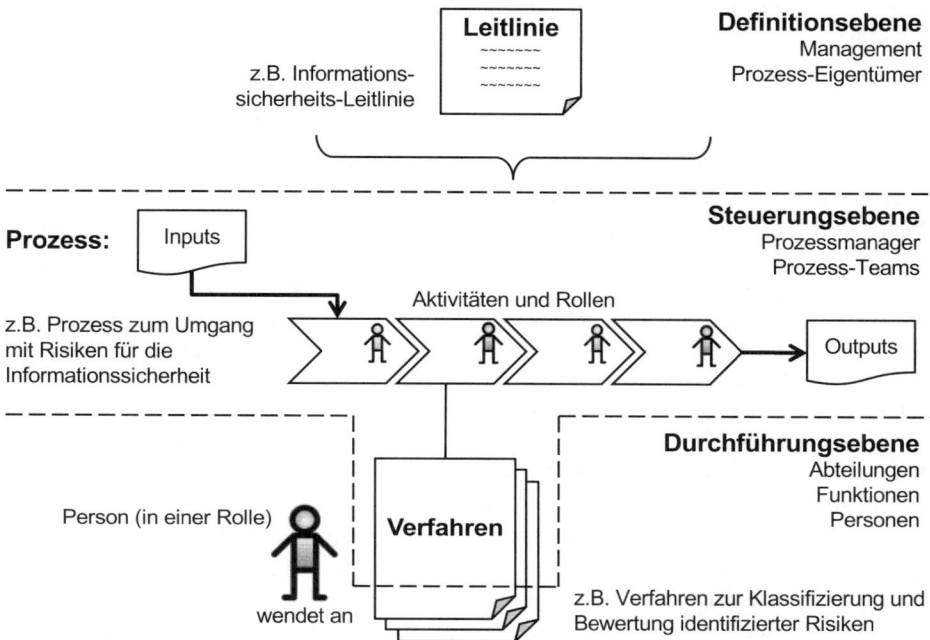

Abbildung 3.1 Zusammenhänge zwischen Richtlinien, Prozessen und Verfahren

Endes das Ergebnis ist bzw. sein soll. Prozesse dienen also dazu, bestimmte zielgerichtete Abläufe und Vorgänge zu steuern, bewegen sich damit auf der Steuerungsebene. Auf der Durchführungsebene werden nun die Instanzen (z. B. Personen, die zu bestimmten Abteilungen gehören) betrachtet, die einzelne Aktivitäten innerhalb eines Prozesses operativ ausführen und dazu bestimmte Verfahrensanweisungen umsetzen.

Diese Begriffe und Zusammenhänge erscheinen zum jetzigen Zeitpunkt vielleicht noch zu abstrakt. In den späteren Kapiteln wird die konkrete Ausprägung dieser Konzepte in einem ISMS, das der ISO/IEC 27000-Reihe folgt, erklärt.

3.1.3   Dokumente und Aufzeichnungen

Dokumentation spielt in jedem Qualitätsmanagementsystem eine bedeutende Rolle. Ein Dokument ist dabei als (irgendeine) Information zusammen mit dem Medium zu verstehen, auf dem sie gespeichert ist, wobei die Art des Mediums (z. B. Papierform oder elektronische Datei) dem Zweck angemessen ausgewählt werden sollte. Beispielsweise empfiehlt es sich wahrscheinlich nicht, die Beschreibung eines Verfahrens für die Umschaltung auf Notstromversorgung im Falle eines Stromausfalls ausschließlich in elektronischer Form vorzuhalten. Umgekehrt ist fraglich, ob Dokumente, die sich häufiger ändern und auf die beispielsweise über das Intranet einfach und schnell zugegriffen werden kann, zwangsläufig auch in ausgedruckter Form vorliegen müssen. Ziel muss es sein, alle relevanten Richtlinien, Prozesse und Verfahren im Rahmen des ISMS (siehe oben) in sinnvoller Weise zu dokumentieren und diese Dokumente auch geeignet zu lenken: Dokumentenlenkung bedeutet, dass der Umgang mit Dokumenten klar und eindeutig geregelt ist (siehe Kapitel 4.7.5).

Doch welches Ziel wird eigentlich mit Dokumentation verfolgt? Können Prozesse denn nicht auch funktionieren, wenn sie nicht dokumentiert wurden? Ist es nicht sinnvoller, wenn ein Mitarbeiter ein Verfahren intuitiv beherrscht statt in einem Dokument nachlesen zu müssen? Hierfür gibt es in der Praxis sicherlich Beispiele. Je komplexer bestimmte Abläufe jedoch werden, je mehr Personen in verschiedenen Rollen in diese Abläufe involviert sind, je häufiger diese Personen wechseln (Personalfluktuation), und je stärker Personen von den Ergebnissen der Arbeitsschritte anderer Personen abhängig sind, umso wichtiger wird es, diese Abläufe und Schnittstellen für alle Beteiligten nachvollziehbar zu dokumentieren. In welchem Detaillierungsgrad dies erfolgt, kann jedoch fallspezifisch sehr unterschiedlich sein. Gerade im Falle der für ein ISMS wichtigen Richtlinien, Prozesse und Verfahren sollte darauf geachtet werden, dass durch die Dokumentation primär ein Mehrwert für die Nutzer dieser Dokumente entsteht – und nicht nur ein unverhältnismäßiger Mehraufwand für diejenigen, die die Dokumente erstellen und pflegen.

Die Dokumentation von Richtlinien, Prozessen und Verfahren ist der erste wichtige Aspekt im Zusammenhang mit der ISMS-Dokumentation. Allerdings sollen natürlich nicht nur die relevanten Vorgabedokumente erstellt werden, sondern ein zweiter maßgeblicher Aspekt ist die Nachvollziehbarkeit und Rückverfolgbarkeit der tatsächlich erfolgten Handlungen. Zu diesem Zweck müssen Aufzeichnungen geführt werden. Unter einer Aufzeichnung versteht man ein Dokument, welches erreichte Ergebnisse beschreibt oder einen Nachweis für erfolgte Aktivitäten darstellt.

Dokumentierte Richtlinien, Prozesse und Verfahren sowie Aufzeichnungen erfolgter Aktivitäten oder erzielter Ergebnisse gelten in Reifegradmodellen als Indikator für eine hohe organisatorische Stabilität und Reife.

3.1.4   Zuweisung von Verantwortlichkeiten

Die besten Absichten und Vorgaben des Managements bringen nichts, wenn sich niemand angesprochen und zuständig fühlt. Die Definition von Verantwortlichkeiten – also die Festlegung, wer wofür im Kontext der Informationssicherheit zuständig ist – ist deshalb zwingend erforderlich. Weil einige Tätigkeiten möglicherweise so umfangreich sind, dass sie eine Einzelperson nicht bewältigen kann, werden üblicherweise *Rollen* definiert und deren Verantwortlichkeiten festgelegt. Wer diese Rollen dann einnimmt – beispielsweise eine Einzelperson, ein Gremium, eine Arbeitsgruppe oder z. B. eine Person pro Fachabteilung, wird in einem zweiten Schritt festgelegt.

Die Definition der Rollen und die Zuweisung der Rollen zu Personen ist nach ISO/IEC 27001 eine Aufgabe des Managements. Dabei darf aber nicht vergessen werden, dass auch diejenigen Personen, die keine Rolle zugewiesen bekommen, für die Informationssicherheit sensibilisiert werden müssen; dies kann beispielsweise durch Informationsveranstaltungen und Fortbildungsprogramme erreicht werden. Es kann durchaus auch vorkommen, dass Externe mit Aufgaben im Rahmen der Informationssicherheit betraut werden; neben Beratern und Sicherheitsspezialisten haben viele kleine und mittelständische Unternehmen beispielsweise externe Datenschutzbeauftragte. Prinzipiell können zugewiesene

Aufgaben im Rahmen der Informationssicherheit auch an andere delegiert werden; dabei muss aber beachtet werden, dass sich dadurch nur der Ausführende für eine bestimmte Tätigkeit ändert, wohingegen die Gesamtverantwortung bei der ursprünglichen Person verbleibt. ISO/IEC 27001 gibt diesbezüglich keine Einschränkungen vor, fordert jedoch, dass die entsprechenden Verfahren formal etabliert werden. Außerdem muss beachtet werden, dass bei Kooperationen zwischen Organisationen ebenfalls *Tätigkeiten*, aber nicht die *Verantwortung* delegiert werden können. Dies deckt sich auch mit der europäischen Rechtsprechung; wenn beispielsweise ein externes Unternehmen mit der Vernichtung großer Mengen an nicht mehr benötigten Papierakten beauftragt wird, bleibt die Gesamtverantwortung für die Einhaltung des Datenschutzes trotzdem beim Auftraggeber (siehe auch Kapitel 5.4.3).

ISO/IEC 27001 schreibt nicht vor, welche Rollen es konkret geben muss oder sollte. Das hängt insbesondere damit zusammen, dass die Norm für alle möglichen Organisationen gelten soll, die Anzahl und die Ausprägung der Rollen aber stark von den Eigenschaften der jeweils konkreten Organisation abhängen, beispielsweise ihrer Größe, der Anzahl an Standorten und der Breite der eingesetzten Informationstechnologie. Generell empfiehlt sich jedoch, zumindest einen Gesamtverantwortlichen für die Informationssicherheit zu benennen; diese Rolle wird häufig auch mit dem englischen Akronym CISO (*chief information security officer*) benannt. Es handelt sich dabei meist um ein Mitglied des Vorstands, das von einem Gremium bzw. Kreis an ISOs (*information security officers*) unterstützt wird, die für die Umsetzung der Informationssicherheitsmaßnahmen z. B. an ihren Standorten bzw. in ihren Abteilungen zuständig sind. Auch das Management und jeder einzelne Mitarbeiter sind zwei Beispiele für Rollen, die im Kontext der Informationssicherheit relevant sind.

3.1.5 Maßnahmenziele und Maßnahmen

Nach der Identifikation der zu schützenden Werte, der Sicherheitsanforderungen und der Risiken, und nachdem entsprechende Richtlinien, Prozesse, Verfahren und Zuständigkeiten festgelegt wurden, müssen passende Maßnahmen geplant und umgesetzt werden. Das Ziel ist dabei, *angemessene* Maßnahmen zu definieren und zu implementieren; es muss also nicht um jeden Preis ein möglichst perfektes Schutzniveau erreicht werden, die Maßnahmen dürfen aber auch nicht unzureichend ausfallen. ISO/IEC 27001 unterstützt die Planung dadurch, dass es eine größere Menge an Maßnahmen zur Auswahl vorgibt. Jede einzelne davon trägt dazu bei, dass die Risiken auf ein akzeptables Niveau reduziert werden können.

Um organisationsspezifische Anforderungen zu erfüllen, können natürlich auch weitere, eigene Maßnahmen entwickelt werden. Häufig bietet es sich auch an, weitere Maßnahmenkataloge wie die BSI IT-Grundschutzkataloge (siehe Kapitel 6) zur Auswahl heranzuziehen. Die Abstützung auf bereits vorhandene Standards und Good Practices ist ein guter Ausgangspunkt und spart eine Menge Arbeit, die erforderlich wäre, wenn man sich in jedem Unternehmen sämtliche Maßnahmen von Grund auf neu erarbeiten müsste. Allerdings muss auch beachtet werden, dass die eigentliche Umsetzung und der laufende Betrieb bzw. die Wartung und kontinuierliche Verbesserung trotzdem einen beträchtlichen Aufwand erfordern.

Da eine dreistellige Anzahl an einzelnen Maßnahmen recht schnell unübersichtlich werden kann und viele Maßnahmen sehr eng mit anderen Maßnahmen zusammenhängen, bietet sich eine Kategorisierung bzw. Gruppierung von Maßnahmen an. ISO/IEC 27001 verwendet dazu Maßnahmenziele – zum Erreichen eines Maßnahmenziels trägt jeweils mindestens eine Maßnahme bei, in der Regel sind es mehrere. Die zur Auswahl stehenden Maßnahmen sind im Anhang A von ISO/IEC 27001 beschrieben. Dieser Anhang ist allerdings keine Nebensache der Norm, sondern sowohl vom Umfang als auch der Komplexität her ganz deutlich ein Schwerpunkt. Insbesondere ist Anhang A auch *normativ* und nicht nur *informativ*, das heißt, dass dort genauso verbindliche Mindestanforderungen spezifiziert werden wie in den vorderen Kapiteln der Norm. Wir gehen in Kapitel 5 ab Seite 73 sehr ausführlich auf die einzelnen Maßnahmenziele und Maßnahmen ein.

■ 3.2 Was bedeutet Prozessorientierung?

ISO/IEC 27000, wie übrigens auch ISO/IEC 20000 oder ISO 9000, verfolgt einen prozessorientierten Ansatz. Der Fokus eines Managementsystems nach einem dieser Standards liegt also auf den Prozessen einer Organisation – und nicht beispielsweise auf deren hierarchischer Strukturierung.

Ein Prozess ist laut ISO 9000 ein „Satz von in Wechselbeziehung stehenden Tätigkeiten, der Eingaben (Inputs) in Ergebnisse (Outputs) umwandelt" (vgl. auch Abbildung 3.1).

Welcher Zweck mit der Prozessorientierung bzw. dem Prozessmanagement verfolgt wird, lässt sich am besten an einem Beispiel erläutern: Abbildung 3.2 zeigt in einem Organigramm ein einfaches Beispiel einer hierarchischen Struktur (der sogenannten Aufbauorganisation) eines IT-Service-Providers. Unterhalb der Leitung besteht diese Organisation aus vier Hauptabteilungen (Verwaltung, Server-Betrieb, Client-Betrieb und Netz-Betrieb), die zum Teil jeweils wieder in Unterabteilungen gegliedert sind. Nehmen wir nun an, zu den wichtigen (weil auch wertschöpfenden) Abläufen bei diesem Service-Provider gehörte die Einrichtung neuer Bildschirmarbeitsplätze. Dieser Vorgang könnte typischerweise so ablaufen:

1. Der Kunde wendet sich an die Abteilung Client-Betrieb und dort die Unterabteilung Desktop-Management mit dem Wunsch nach einem neuen Bildschirmarbeitsplatz, an

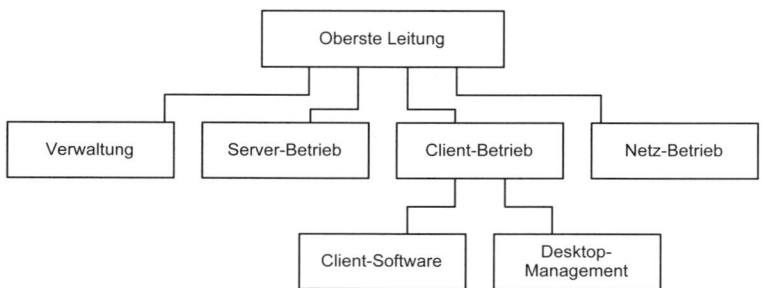

Abbildung 3.2 Aufbauorganisation eines IT-Service-Providers (einfaches Beispiel)

dem bestimmte Anwendungen, z. B. der Zugriff auf das CRM-System (Customer Relationship Management), genutzt werden können.

2. Das Desktop-Management überprüft bei der Verwaltung, ob der Kunde berechtigt ist, einen neuen Bildschirmarbeitsplatz zu beziehen.

3. Das Desktop-Management installiert einen Rechner vor Ort.

4. Die Abteilung Netz-Betrieb schaltet die Verbindung zum neuen Rechner frei.

5. Die Abteilung Client-Betrieb, Unterabteilung Client-Software, installiert über Fernwartung die erforderlichen Programme auf dem Rechner.

6. Die Abteilung Server-Betrieb vergibt die nötigen Berechtigungen.

Dieser Ablauf erstreckt sich über mehrere Abteilungsgrenzen. Wer in der skizzierten Aufbauorganisation ist aber verantwortlich für die Steuerung? Wer wäre z. B., wenn sich die Kunden unzufrieden über lange Verzögerungen bei der Bereitstellung neuer Arbeitsplätze zeigten, dafür zuständig, diesen Ablauf – durch Parallelisierung, Straffung oder Einsatz zusätzlicher Ressourcen – zu beschleunigen? In einer klassischen Aufbauorganisation lautet die Antwort: Niemand. Oder: Die oberste Leitung, die sich aber natürlich nicht um Belange auf dieser Ebene kümmern kann.

Hier setzt das Prozessmanagement an. Es fordert, solche häufig wiederkehrenden, wichtigen, z. B. wertschöpfenden Abläufe als ergebnisorientierte Prozesse zu managen. Im obigen Beispiel würde es dann z. B. einen Prozessmanager geben, der für das Dokumentieren, Überwachen, Steuern und Optimieren des durchgängigen Prozesses verantwortlich wäre.

Auch und gerade die Informationssicherheit ist ein solches Querschnittsthema, welches nicht an typischen Abteilungsgrenzen haltmacht und deswegen mit einem prozessorientierten Ansatz gemanagt werden muss. Die dafür erforderlichen Prozesse unterliegen typischerweise einem bestimmten Lebenszyklus – von ihrer Planung über die Umsetzung und Überprüfung bis hin zur kontinuierlichen Verbesserung. Die wohl bekannteste Lebenszyklus-basierte Methodik zur Anwendung auf Managementprozesse wird nachfolgend vorgestellt.

■ 3.3 Die PDCA-Methodik: Plan-Do-Check-Act

Ein weiteres, sehr wichtiges Prinzip, das dem Standard ISO/IEC 27000 zugrunde liegt, ist das Prinzip der kontinuierlichen Verbesserung und ständigen Optimierung. Motiviert ist dieses Prinzip zunächst durch die einfache Feststellung, dass es nicht ausreicht, ein einziges Mal alle zu schützenden Werte (Assets) zu identifizieren, geeignete Richtlinien, Prozesse und Verfahren zu definieren, Verantwortlichkeiten zuzuweisen und Maßnahmen zu planen. Vielmehr unterliegt das gesamte ISMS – und somit auch alle eben genannten Bestandteile desselben – einer gewissen Dynamik. Sie müssen weiterentwickelt, verbessert und neuen oder geänderten Rahmenbedingungen und Anforderungen angepasst werden.

Eine aus der Disziplin des Qualitätsmanagements bekannte Methodik zur kontinuierlichen Verbesserung ist der Deming-Kreislauf [Dem86], der häufig auch als PDCA-Methodik (Plan-Do-Check-Act) bezeichnet wird. William Edwards Deming (1900-1993), der Urheber

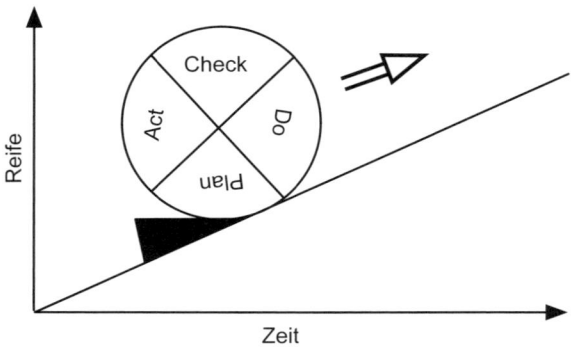

Abbildung 3.3 Plan-Do-Check-Act-Methodik (Deming-Kreislauf)

und Namensgeber dieser Methodik, galt als einer der Pioniere auf dem Gebiet des prozessorientierten Qualitätsmanagements.

Abbildung 3.3 illustriert die vier Phasen des Deming-Kreislaufs als Teil eines Rads, welches sich in ständiger Vorwärtsbewegung befindet, wodurch sich im Laufe der Zeit eine immer höhere Reife einstellt. Dabei ist diese Methodik so generisch und abstrakt, dass sie sich auf nahezu jedes Betrachtungsobjekt anwenden lässt – also etwa auf das ISMS als Ganzes oder auch auf einzelne Prozesse, Verfahren oder Maßnahmen. Die vier Phasen Plan (planen), Do (umsetzen), Check (überprüfen) und Act (handeln/verbessern) laufen dabei zyklisch, also wie in einer Endlosschleife ab: Was geplant wird, muss umgesetzt werden. Was umgesetzt wurde, muss überprüft und ggf. gemessen werden. Aus den Ergebnissen der Überprüfungen und Messungen muss man Handlungsbedarf in Form von Korrektur- oder Verbesserungsmaßnahmen ableiten und diese Maßnahmen ihrerseits wieder planen, – der Kreislauf beginnt von vorn.

3.3.1 Planung (Plan)

Die Planungsphase des PDCA-Zyklus wird zu zwei unterschiedlichen Zwecken durchlaufen:

- Planung eines noch nicht existierenden ISMS
- Planung von Anpassungen eines bestehenden ISMS

In beiden Fällen müssen die neuen bzw. geänderten Bestandteile des ISMS geplant und das Ergebnis dieser Planung dokumentiert werden. Wichtig in diesem Zusammenhang sind klare Zielsetzungen und Zielvorgaben. Werden beispielsweise neue Maßnahmen zur Erhöhung der Informationssicherheit geplant, so könnte ein Ziel dieser Maßnahmen die signifikante Reduzierung der Eintrittswahrscheinlichkeit von Risiken sein. Weitere typische planungsrelevante Aspekte sind Ressourcen (z. B. Personal, Budgets) und Zeitfenster bzw. Zeitpunkte (z. B. Meilensteine und Implementierungstermine). Entscheidendes Merkmal einer guten Planung ist jedoch die gedankliche Vorwegnahme der Handlungsschritte, die in der Phase der Umsetzung (Do-Phase) zu vollziehen sind.

In ISO/IEC 27001 werden die Mindestanforderungen an die Planung des ISMS im Abschnitt 6 (Planung) spezifiziert. Einen Überblick über diesen Abschnitt des Standards liefert Kapitel 4.6.

3.3.2 Umsetzung (Do)

Auf die Planungsphase folgt die Phase der Umsetzung oder auch Implementierung/Durchführung (Do-Phase). Konkret bedeutet dies beispielsweise, dass die Durchführung der zuvor bestimmten Maßnahmen geplant, verwirklicht und gesteuert wird. Pläne müssen umgesetzt und geplante Budgets auch tatsächlich bereitgestellt sowie die Verantwortlichkeiten für einzelne Handlungsschritte konkreten Personen zugewiesen, die Schritte von diesen Personen ausgeführt und in einem sinnvollem Maße aufgezeichnet werden.

In ISO/IEC 27001 werden die Mindestanforderungen an die Unterstützungsmaßnahmen, insbesondere Bereitstellung der erforderlichen Ressourcen in Abschnitt 7 (Unterstützung) die betriebliche Planung und Steuerung, d.h. Umsetzung des ISMS im Abschnitt 8 (Betrieb) spezifiziert. Einen Überblick über diese Abschnitte des Standards liefern die Kapitel 4.7 und 4.8.

3.3.3 Überprüfung (Check)

Wurden ein oder mehrere neue Bestandteile des ISMS umgesetzt bzw. Änderungen an bestehenden Bestandteilen vorgenommen, so folgt die Phase der Überwachung, Messung und Überprüfung (Check-Phase). Diese Phase kann nur erfolgreich sein, wenn auch die mit den implementierten Neuerungen oder Änderungen verbundenen Ziele im Rahmen der Planungsphase klar definiert wurden.

Die Mindestanforderungen an die Überprüfung des ISMS werden im Abschnitt 9 (Bewertung der Leistung) des Standards ISO/IEC 27001 spezifiziert. Einen Überblick über diesen Abschnitt der Norm liefert Kapitel 4.9.

Grundsätzlich wird im Zusammenhang mit der Überwachung und Überprüfung fast immer zwischen drei wesentlichen Aspekten unterschieden: Konformität, Effektivität und Effizienz. Diese werden nachfolgend kurz erläutert.

3.3.3.1 Konformität

Frage: Werden Vorgaben eingehalten?

Bei einer Überprüfung der Konformität wird beurteilt, ob ein Prozess, ein Verfahren oder eine Maßnahme gemäß der Planung durchgeführt bzw. umgesetzt wurde oder ob die tatsächliche Umsetzung von den Planungsvorgaben abweicht. Ob auch die damit verbundenen Ziele erreicht wurden, ist nicht Gegenstand dieser Betrachtung.

Ein einfaches Beispiel aus dem Leben: Eine Autowäsche besteht aus verschiedenen Schritten: Einweichen/Vorwäsche, Hochdruckwäsche, Klarspülen, Heißwachsen und Trocknen. Konformität ist gewährleistet, wenn jede Autowäsche genau gemäß diesen Schritten durchgeführt, die Reihenfolge der Schritte eingehalten und kein Schritt ausgelassen wird.

3.3.3.2   Effektivität

Frage: Werden Ziele erreicht?

Bei einer Effektivitätsprüfung wird beurteilt, ob durch einen Prozess, ein Verfahren oder eine Maßnahme die damit verbundenen Ziele auch tatsächlich erreicht wurden. Dass ein Prozess konform zu den Vorgaben ist, bedeutet nicht automatisch, dass er auch effektiv ist. Ein anderes Wort für Effektivität ist Wirksamkeit.

Am Beispiel der Autowäsche: Vorrangiges Ziel der Autowäsche ist ein sauberes Auto am Ende des Waschvorgangs. Selbst wenn alle Schritte der Autowäsche planmäßig durchgeführt werden (also Konformität gegeben ist), stellt dies noch keine Garantie dafür dar, dass jedes Auto auch wirklich sauber wird.

3.3.3.3   Effizienz

Frage: Werden Ressourcen optimal eingesetzt?

Ein Prozess, ein Verfahren oder eine Maßnahme gilt als effizient, wenn die eingesetzten Ressourcen (z. B. Personal, Finanzmittel, Rohstoffe, Zeit) in einem möglichst optimalen (aber mindestens vertretbaren) Verhältnis zum Ergebnis stehen. Ein anderes Wort für Effizienz ist Wirkungsgrad.

Am Beispiel der Autowäsche: Sie kann als effizient angesehen werden, wenn zum Erreichen des Ziels (also zur Sicherstellung der Effektivität) so wenig Wasser, Reinigungsmittel, Energie und Personal wie möglich eingesetzt werden. Der erforderliche Ressourceneinsatz lässt sich in diesem Fall leicht in die damit verbundenen Kosten übersetzen, die sich wiederum auf die einzelne Autowäsche umlegen lassen. Die durchschnittlichen Kosten pro Autowäsche sind eine geeignete Kennzahl, um die Effizienz zu beurteilen.

3.3.4   Verbesserung (Act)

Die Check-Phase liefert also Informationen zur Konformität, Effektivität und Effizienz des ISMS. Diese Informationen liefern den wichtigsten Input in die Phase des Ergreifens von Verbesserungsmaßnahmen (Act-Phase). Häufig wird in diesem Zusammenhang zwischen korrigierenden (reaktiven) und vorbeugenden (proaktiven) Maßnahmen differenziert. Beide Arten von Verbesserungen werden in der Act-Phase identifiziert.

In ISO/IEC 27001 werden die Mindestanforderungen an die Verbesserung des ISMS in Abschnitt 10 (Verbesserung) spezifiziert. Einen Überblick über diesen Abschnitt des Standards liefert Kapitel 4.10.

◼ 3.4   Zusammenfassung

Weil ein ISMS ein umfangreiches und komplexes System ist, lohnt es sich, seine einzelnen Bestandteile näher zu untersuchen. Im Fokus aller Betrachtungen stehen die sogenannten Assets, also jegliche materiellen oder auch immateriellen Güter, die für eine Organisation von Wert sind. Um diese Assets und die Maßnahmen zu ihrem Schutz in Bezug auf die Informationssicherheit herum muss es Richtlinien, Prozesse und Verfahren geben, so dass beispielsweise klare Zuständigkeiten und Verantwortlichkeiten definiert und auf organisatorischer sowie auf technischer Ebene geeignete Maßnahmen ergriffen werden können. ISO/IEC 27001 basiert auf der PDCA-Methodik, d. h., dass über einen Prozess mit den Phasen Plan, Do, Check und Act eine kontinuierliche Überprüfung und Verbesserung des bereits erreichten Informationssicherheitsniveaus realisiert werden soll. Der Standard beschreibt die Aufgaben in den einzelnen Schritten von der Planung des ISMS über seine Umsetzung bis hin zur Überprüfung und Einleitung von Verbesserungsmaßnahmen. Überprüft wird dabei beispielsweise, ob der gelebte Prozess konform zu seiner Spezifikation ist, ob die gesteckten Ziele erreicht werden (Effektivität) und ob die dazu eingesetzten Ressourcen optimal genutzt werden (Effizienz).

■ 3.5 Beispiele für Prüfungsfragen zu diesem Kapitel

Nachfolgend finden Sie Beispiele für Prüfungsfragen, die sich thematisch mit den in diesem Kapitel erlernten Inhalten auseinandersetzen. Die richtigen Antworten inklusive Erläuterungen und Verweisen befinden sich in Anhang C.1 ab Seite 232.

Prüfungsfrage 3.7:
Ein wichtiges Prinzip, das ISO/IEC 27001 zugrunde liegt, ist der PDCA-Zyklus. Welcher Zweck wird mit diesem Ansatz verfolgt?

A)   Eindeutige Zuweisung von Verantwortlichkeiten, indem Rollen und Aktivitäten des ISMS in einer Matrix zugeordnet werden.

B)   Kontinuierliche Verbesserung des ISMS, indem Prozesse und Maßnahmen geplant, nach ihrer Umsetzung überprüft und Verbesserungsmöglichkeiten identifiziert werden.

C)   Festlegung des Umfangs des ISMS, indem der Anwendungsbereich definiert und eine Erklärung zur Anwendbarkeit erstellt werden.

D)   Abgleich des ISMS mit dem übergeordneten Qualitätsmanagementsystem, indem Schnittmengen zwischen ISO/IEC 27000 und ISO 9001 betrachtet werden.

Prüfungsfrage 3.8:
Wie definiert sich der Begriff Informationswert oder auch Asset?

A)   Alles, was eine Inventarnummer hat.

B)   Alles, was für die Organisation von Wert ist.

C)   Alle Gegenstände, die zum Gesamtanlagevermögen des Unternehmens gehören.

D)   Alles, was durch den Anhang A aus ISO/IEC 27001 abgedeckt ist.

Prüfungsfrage 3.9:
**Was bezeichnet ISO/IEC 27000 mit dem Begriff „dokumentierte Information"
(documented information)?**

A) Beschreibung dessen, was als Ergebnis umgesetzter Maßnahmen erzielt werden soll.

B) Information, die von einer Organisation gelenkt und aufrechterhalten werden muss, und das Medium, auf dem sie enthalten ist.

C) Satz von in Wechselbeziehungen stehenden Mitteln und Tätigkeiten, die Eingaben in Ergebnisse umwandeln.

D) Alles, was für eine Organisation von Wert ist. ∎

 Prüfungsfrage 3.10:
**An welchem Grundprinzip sollte sich die kontinuierliche Verbesserung des
ISMS orientieren?**

A) Am Prinzip der maximalen Wertschöpfung.

B) Am COBIT-Prinzip.

C) Am PDCA-Prinzip.

D) Am Prinzip der sachlichen Nachweisführung. ∎

 Prüfungsfrage 3.11:
Was versteht man gemäß ISO/IEC 27000 unter einem Prozess?

A) Eine Maßnahme zur Veränderung eines Risikos.

B) Die Ausführung eines Computerprogramms durch eine informationsverarbeitende Einrichtung.

C) Ein Satz von zusammenhängenden und sich gegenseitig beeinflussenden Tätigkeiten, der Eingaben in Ergebnisse umwandelt.

D) Eine Gerichtsverhandlung. ∎

4 ISO/IEC 27001 – Spezifikationen und Mindestanforderungen

In den ersten Kapiteln wurden die wichtigsten Aspekte der Informationssicherheit erläutert, in Kapitel 2 wurde ein Überblick über die ISO/IEC 27000-Reihe gegeben, und schließlich wurden die grundlegenden Ziele, Bestandteile und Prinzipien von Informationssicherheitsmanagementsystemen beschrieben.

In diesem Kapitel wird nun die Norm ISO/IEC 27001 ausführlich vorgestellt. Sie gilt als das zentrale und wichtigste Element der ISO/IEC 27000-Reihe, da sie nach der Einleitung (Abschnitt 0 der Norm ISO/IEC 27001) und einer Festlegung des Anwendungsbereichs (Abschnitt 1 der Norm), der Angabe normativer Verweisungen (Abschnitt 2 der Norm) und der Übernahme der Definitionen wichtiger Begriffe aus ISO/IEC 27000 (Abschnitt 3 der Norm) belastbare und auditierbare Mindestanforderungen an ein ISMS spezifiziert.

Diese Abschnitte 4 bis 10 enthalten die Anforderungen an das Managementsystem an sich, welche für eine Zertifizierung unbedingt erfüllt werden müssen. Nach den Anforderungen zu *Kontext der Organisation* (Abschnitt 4) und *Führung* (Abschnitt 5) folgt der Rest der Norm – mit einem kleinen Zwischenstopp – weitgehend der PDCA-Methodik: Abschnitt 6 (*Planung*) befasst sich mit der Plan-Phase, Abschnitt 8 (*Betrieb*) kann der Do-Phase zugeordnet werden; Abschnitt 9 (*Bewertung der Leistung*) und Abschnitt 10 (*Verbesserung*) entsprechen den Phasen Check und Act des Deming-Kreislaufs. Unterbrochen ist dieser in der Gliederung des Standards nur durch Abschnitt 7 (*Unterstützung*).

Darüber hinaus liefert ISO/IEC 27001 im normativen Anhang A eine umfassende Menge an Maßnahmenzielen (*control objectives*) und grundsätzlich umzusetzenden Maßnahmen (*controls*), die im nächsten Kapitel (Kapitel 5) beschrieben und erläutert werden.

Sämtliche Inhalte der Abschnitte 0 bis 10 der deutschen Fassung der Norm ISO/IEC 27001 sind in diesem Kapitel abgedruckt. Dabei entspricht der Aufbau des Kapitels exakt der Struktur von ISO/IEC 27001. So sind beispielsweise die Anforderungen aus dem Abschnitt 4 der Norm (Kontext der Organisation) auch in diesem Buchkapitel im Teilkapitel 4.4 zu finden. Dieser Teil des Buches kann daher als kommentierte Version des Standards ISO/IEC 27001 verwendet werden; die Norm ist zusätzlich im Wortlaut und im Original-Layout in Anhang B abgedruckt.

Die nachfolgende Tabelle zeigt auf einen Blick die Struktur des Standards ISO/IEC 27001 und bildet diese auf die jeweiligen Kapitel in diesem Buch ab:

Abschnitt in ISO/IEC 27001	Thema	Seiten in ISO/IEC 27001	Kapitel im Buch	ab Seite
0	Einleitung	5	4.0	37
0.1	Allgemeines	5	4.0.1	37
0.2	Kompatibilität mit anderen Normen für Managementsysteme	5	4.0.2	38
1	Anwendungsbereich	6	4.1	38
2	Normative Verweisungen	6	4.2	39
3	Begriffe	6	4.3	39
4	Kontext der Organisation	6-7	4.4	40
4.1	Verstehen der Organisation und ihres Kontextes	6	4.4.1	40
4.2	Verstehen der Erfordernisse und Erwartungen interessierter Parteien	6	4.4.2	41
4.3	Festlegen des Anwendungsbereichs des Informationssicherheitsmanage-mentsystems	7	4.4.3	42
4.4	Informationssicherheits-managementsystem	7	4.4.4	43
5	Führung	7-8	4.5	43
5.1	Führung und Verpflichtung	7	4.5.1	43
5.2	Politik	8	4.5.2	44
5.3	Rollen, Verantwortlichkeiten und Befugnisse in der Organisation	8	4.5.3	45
6	Planung	8-11	4.6	46
6.1	Maßnahmen zum Umgang mit Risiken und Chancen	8-10	4.6.1	46
6.2	Informationssicherheitsziele und Planung zu deren Erreichung	10-11	4.6.2	53
7	Unterstützung	11-13	4.7	54
7.1	Ressourcen	11	4.7.1	54
7.2	Kompetenz	11	4.7.2	54
7.3	Bewusstsein	11	4.7.3	55
7.4	Kommunikation	11-12	4.7.4	55
7.5	Dokumentierte Information	12-13	4.7.5	56
8	Betrieb	13	4.8	58
8.1	Betriebliche Planung und Steuerung	13	4.8.1	58
8.2	Informationssicherheitsrisiko-beurteilung	13	4.8.2	59
8.3	Informationssicherheitsrisiko-behandlung	13	4.8.3	60

Abschnitt in ISO/IEC 27001	Thema	Seiten in ISO/IEC 27001	Kapitel im Buch	ab Seite
9	Bewertung der Leistung	13-15	4.9	60
9.1	Überwachung, Messung, Analyse und Bewertung	13-14	4.9.1	60
9.2	Internes Audit	14	4.9.2	63
9.3	Managementbewertung	14-15	4.9.3	65
10	Verbesserung	15	4.10	66
10.1	Nichtkonformität und Korrekturmaßnahmen	15	4.10.1	66
10.2	Fortlaufende Verbesserung	15	4.10.2	67
Anhang A (normativ)	Referenzmaßnahmenziele und -maßnahmen	16–30	5	73
	Literaturhinweise	31	Anhang B	230

■ 4.0 Einleitung

ISO/IEC 27001 beginnt mit einem einleitenden Kapitel 0, in dem zuerst eine allgemeine Einleitung (Kapitel 0.1 „Allgemeines") gegeben wird, bevor in Kapitel 0.2 („Kompatibilität mit anderen Normen für Managementsysteme") die Kompatibilität der ISO/IEC 27001 insbesondere mit anderen Managementsystemen nach ISO/IEC festgestellt wird.

4.0.1 Allgemeines

Mindestanforderung aus ISO/IEC 27001:
Allgemeines
Diese Internationale Norm wurde erarbeitet, um Anforderungen für die Einrichtung, Umsetzung, Aufrechterhaltung und fortlaufende Verbesserung eines Informationssicherheitsmanagementsystems (ISMS) festzulegen. Die Einführung eines Informationssicherheitsmanagementsystems stellt für eine Organisation eine strategische Entscheidung dar. Erstellung und Umsetzung eines Informationssicherheitsmanagementsystems innerhalb einer Organisation richten sich nach deren Bedürfnissen und Zielen, den Sicherheitsanforderungen, den organisatorischen Abläufen sowie nach Größe und Struktur der Organisation. Es ist davon auszugehen, dass sich alle diese Einflussgrößen im Laufe der Zeit ändern.
Das Informationssicherheitsmanagementsystem wahrt die Vertraulichkeit, Integrität und Verfügbarkeit von Information unter Anwendung eines Risikomanagementprozesses und verleiht interessierten Parteien das Vertrauen in eine angemessene Steuerung von Risiken.

Es ist wichtig, dass das Informationssicherheitsmanagementsystem als Teil der Abläufe der Organisation in deren übergreifende Steuerungsstruktur integriert ist und die Informationssicherheit bereits bei der Konzeption von Prozessen, Informationssystemen und Maßnahmen berücksichtigt wird. Es wird erwartet, dass die Umsetzung eines Informationssicherheitsmanagementsystems entsprechend den Bedürfnissen der Organisation skaliert wird.

Diese Internationale Norm kann von internen und externen Parteien dazu eingesetzt werden, die Fähigkeit einer Organisation zur Einhaltung ihrer eigenen Informationssicherheitsanforderungen zu beurteilen.

Die Reihenfolge, in der die Anforderungen in dieser Internationalen Norm aufgeführt sind, spiegelt nicht deren Bedeutung wider noch die Abfolge, in der sie umzusetzen sind. Die Einträge sind lediglich zu Referenzierungszwecken nummeriert.

ISO/IEC 27000 liefert einen Überblick und die Begrifflichkeiten von Informationssicherheitsmanagementsystemen und verweist auf die Informationssicherheitsmanagementsystem-Normenfamilie (einschließlich ISO/IEC 27003 [2], ISO/IEC 27004 [3] und ISO/IEC 27005 [4]), einschließlich deren Begriffe. ∎

4.0.2   Kompatibilität mit anderen Normen für Managementsysteme

Mindestanforderung aus ISO/IEC 27001:
0.2 Kompatibilität mit anderen Normen für Managementsysteme
Diese Internationale Norm wendet die Grundstrukturen, den einheitlichen Basistext, die gemeinsamen Benennungen und die Basisdefinitionen für den Gebrauch in Managementsystemnormen an, die jeweils im Anhang SL der ISO/IEC-Direktiven, Teil 1, „Consolidated ISO Supplement" festgelegt sind, und stellt so die Übereinstimmung mit anderen Managementsystemnormen her, die ebenfalls den Anhang SL anwenden.

Die in Anhang SL festgelegte allgemeine Herangehensweise nützt jenen Organisationen, die sich für den Betrieb eines einzigen Managementsystems entscheiden, um die Anforderungen von zwei oder mehr Normen für Managementsysteme zu erfüllen. ∎

■ 4.1   Anwendungsbereich

Nach den allgemein gehaltenen einleitenden Worten stellt Kapitel 1 von ISO/IEC 27001 insbesondere fest, dass die Norm auf sämtliche Organisationen anwendbar sein soll, ungeachtet ihrer Art und Größe. Zudem wird festgehalten, dass die Kapitel 4 bis einschließlich 10 normativen Charakter haben, so dass eine Organisation, die Konformität mit der Norm für sich beansprucht, ohne Ausnahme sämtliche durch die Kapitel 4 bis einschließlich 10 gegebenen Anforderungen erfüllen muss.

Mindestanforderung aus ISO/IEC 27001:
1 Anwendungsbereich
Diese Internationale Norm legt die Anforderungen für die Einrichtung, Umsetzung, Aufrechterhaltung und fortlaufende Verbesserung eines Informationssicherheitsmanagementsystems im Kontext der Organisation fest. Darüber hinaus beinhaltet diese Internationale Norm Anforderungen für die Beurteilung und Behandlung von Informationssicherheitsrisiken entsprechend den individuellen Bedürfnissen der Organisation. Die in dieser Internationalen Norm festgelegten Anforderungen sind allgemein gehalten und sollen auf alle Organisationen, ungeachtet ihrer Art und Größe, anwendbar sein. Wenn eine Organisation Konformität mit dieser Internationalen Norm für sich beansprucht, darf sie keine der Anforderungen in den Normabschnitten 4 bis 10 ausschließen. ∎

∎ 4.2   Normative Verweisungen

ISO/IEC 27000 ist als Überblicksdokument konzipiert, innerhalb dessen u. a. auch Begrifflichkeiten festgelegt und definiert werden. Es ist zu beachten, dass ISO/IEC 27000 keinen normativen Charakter besitzt, im Rahmen der ISO/IEC 27001 auf ISO/IEC 27000 jedoch normativ verwiesen wird.

Mindestanforderung aus ISO/IEC 27001:
2 Normative Verweisungen
Die folgenden Dokumente, die in diesem Dokument teilweise oder als Ganzes zitiert werden, sind für die Anwendung des Dokuments erforderlich. Bei datierten Verweisungen gilt nur die in Bezug genommene Ausgabe. Bei undatierten Verweisungen gilt die letzte Ausgabe des in Bezug genommenen Dokuments (einschließlich aller Änderungen).
ISO/IEC 27000, *Information technology – Security Techniques – Information security management systems – Overview and vocabulary* ∎

∎ 4.3   Begriffe

Eine besondere Bedeutung erlangt Kapitel 2 aus ISO/IEC 27000, da die dort angeführten Begriffe und Definitionen Anwendung für ISO/IEC 27001 finden.

Mindestanforderung aus ISO/IEC 27001:
3 Begriffe
Für die Anwendung dieses Dokuments gelten die in ISO/IEC 27000 angegebenen Begriffe. ∎

ISO/IEC 27000 definiert insgesamt 77 Begriffe, die allesamt in ihrem deutschen Wortlaut in Anhang A ab Seite 175 abgedruckt sind.

■ 4.4   Kontext der Organisation

Die Zielsetzung von ISO/IEC 27001, für alle Organisationen unabhängig von ihrer Größe und Branche zu gelten, darf nicht darüber hinweg täuschen, dass individuelle, organisationsspezifische Überlegungen zur Umsetzung der Norm angestellt werden müssen. Abschnitt 4 der Norm legt deshalb fest, dass zunächst der Kontext der Organisation etabliert werden muss; er besteht aus vier Unterabschnitten:

- Verstehen der Organisation und ihres Kontextes (Kapitel 4.4.1),
- Verstehen der Erfordernisse und Erwartungen interessierter Parteien (Kapitel 4.4.2),
- Festlegen des Anwendungsbereichs des Informationssicherheitsmanagementsystems (Kapitel 4.4.3),
- Informationssicherheitsmanagementsystem (Kapitel 4.4.4).

Implizit ergibt sich daraus der klassische Ablauf, dass zunächst die Anforderungen ermittelt und bewertet werden müssen, bevor die genaue Zielsetzung für das ISMS festgelegt wird und dieses umgesetzt werden kann.

4.4.1   Verstehen der Organisation und ihres Kontextes

Zum Verstehen der Organisation und ihres Kontextes wird zwischen externen und internen Themen differenziert:

Mindestanforderung aus ISO/IEC 27001:
4.1 Verstehen der Organisation und ihres Kontextes
Die Organisation muss externe und interne Themen bestimmen, die für ihren Zweck relevant sind und sich auf ihre Fähigkeit auswirken, die beabsichtigten Ergebnisse ihres Informationssicherheitsmanagementsystems zu erreichen.
ANMERKUNG   Die Bestimmung dieser Themen bezieht sich auf die Festlegung des externen und internen Kontexts des Unternehmens, wie in ISO 31000:2009 [5], 5.3, beschrieben.

ISO 31000, die Norm zum Risikomanagement, führt dabei näher aus, welche Themen berücksichtigt werden können, ohne einen Anspruch auf Vollständigkeit zu erheben. Als externe Faktoren sind beispielsweise politische und juristische, kulturelle und soziale, technische und ökonomische sowie regionale und internationale Aspekte ebenso zu berücksichtigen wie Trends, welche die Gesamtausrichtung der Organisation beeinflussen, und Beziehungen zu externen Interessengruppen wie Partnerorganisationen und Kunden.

Analog dazu sind als interne Faktoren beispielsweise die allgemeine Unternehmenskultur, bereits etablierte Strukturen und Prozesse sowie die strategische Gesamtausrichtung zu berücksichtigen. Wie für die gesamte IT einer Organisation gilt somit auch für das ISMS, dass eine Ausrichtung an den Gesamtzielen der Organisation zu erfolgen hat. Dabei muss auf eine Integration mit bereits vorhandenen Organisations- und Führungsstrukturen sowie bereits definierten Rollen, Zuständigkeiten und Entscheidungsabläufen geachtet werden. Neu eingeführte Prozesse und Richtlinien müssen an vorhandene geeignet angepasst werden und im Sinne verfügbarer Ressourcen (wie Geld, Zeit, Personen und Wissen) auch real umsetzbar sein.

4.4.2 Verstehen der Erfordernisse und Erwartungen interessierter Parteien

Neben den externen und internen Themen sind auch die relevanten Personengruppen und deren Anforderungen zu ermitteln:

Mindestanforderung aus ISO/IEC 27001:
4.2 Verstehen der Erfordernisse und Erwartungen interessierter Parteien
Die Organisation muss:

a) die interessierten Parteien, die für ihr Informationssicherheitsmanagementsystem relevant sind; und

b) die Anforderungen dieser interessierten Parteien mit Bezug zur Informationssicherheit bestimmen.

ANMERKUNG   Die Anforderungen interessierter Parteien können gesetzliche und regulatorische Vorgaben sowie vertragliche Verpflichtungen beinhalten.

Auch in diesem Bereich sind folglich sowohl von außen vorgegebene Aspekte als auch organisationsinterne zu betrachten. Während auf ausgewählte branchenspezifische Regelungen in anderen Normen der Normenreihe ISO/IEC 27000 eingegangen wird, müssen insbesondere die gesetzlichen Anforderungen ermittelt und geeignet berücksichtigt werden. In Deutschland sind diesbezüglich beispielsweise das IT-Sicherheitsgesetz und die Datenschutzgesetzgebung zu berücksichtigen. Insbesondere für multinationale Organisationen oder solche mit Kunden und Anwendern in verschiedenen Ländern kann sich die Komplexität drastisch erhöhen – zum Teil müssen aufgrund länderspezifischer Vorgaben auch zueinander konfliktäre Anforderungen geeignet abgebildet werden. Auch Partnerorganisationen, Zulieferer und Kunden haben im Kontext organisationsübergreifender, häufig global geprägter Geschäftsprozesse Anforderungen, die in den Anwendungsbereich des ISMS einfließen müssen.

Da sich das ISMS auf alle Organisationsangehörigen auswirkt, die in seinem Anwendungsbereich tätig sind, müssen auch die sie repräsentierenden Interessengruppen identifiziert und in die Anforderungsermittlung einbezogen werden. Hierzu sind beispielsweise die Organisationsleitung und das mittlere Management, Geschäftsprozessverantwortliche, interne IT-Dienstleister und die Beschäftigten der Fachabteilungen zu involvieren. Insbesondere bei Gruppen, die sich in ihrer täglichen Arbeit sonst nur wenig mit Informationssicherheit explizit auseinandersetzen, ist der Aufwand für die Bestimmung der Anforderungen mit Bezug zur Informationssicherheit nicht zu unterschätzen, aber eine ausschlaggebende Investition für die spätere Akzeptanz des gesamten ISMS.

4.4.3   Festlegen des Anwendungsbereichs des Informationssicherheitsmanagementsystems

Auf Basis der ermittelten Themen und Anforderungen sowie des Zusammenspiels mit anderen Organisationen muss anschließend der ISMS-Anwendungsbereich festgelegt werden:

Mindestanforderung aus ISO/IEC 27001:
4.3 Festlegen des Anwendungsbereichs des Informationssicherheitsmanagementsystems
Die Organisation muss die Grenzen und die Anwendbarkeit des Informationssicherheitsmanagementsystems bestimmen, um dessen Anwendungsbereich festzulegen.
Bei der Festlegung des Anwendungsbereichs muss die Organisation:

a) die unter 4.1 genannten externen und internen Themen;

b) die unter 4.2 genannten Anforderungen; und

c) Schnittstellen und Abhängigkeiten zwischen Tätigkeiten, die von der Organisation selbst durchgeführt werden, und Tätigkeiten, die von anderen Organisationen durchgeführt werden

berücksichtigen.
Der Anwendungsbereich muss als dokumentierte Information verfügbar sein. ■

Da sich eine mögliche Zertifizierung des ISMS nach ISO/IEC 27001 auf den definierten Anwendungsbereich beschränkt, kommt seiner schriftlichen Fixierung eine zentrale Bedeutung zu. Der Anwendungsbereich kann die gesamte Organisation, bestimmte Teile davon – beispielsweise einzelne Standorte – oder auch nur einzelne Abteilungen umfassen. Er muss durch die Festlegung von Grenzen in sich abgeschlossen sein, das heißt, die Einschränkung des Anwendungsbereichs darf nicht die Wirksamkeit des ISMS insgesamt infrage stellen. Somit ist auf eine klare Trennung zwischen dem, was Bestandteil des ISMS ist, und dem, was nicht dazu gehört, zu achten. Aus den Grenzen ergeben sich nachfolgend auch klare Verantwortlichkeiten und Maßnahmenziele sowie die damit verbundenen Maßnahmen.

Bei einem bereits bestehenden ISMS können sich im Laufe der Zeit selbstverständlich Änderungen am Anwendungsbereich ergeben. Sie sind zwangsweise dann erforderlich, wenn sich die identifizierten externen und internen Themen, die Anforderungen der Interessengruppen oder die Schnittstellen zu anderen Organisationen derart verändern, dass sich daraus ein anderer Anwendungsbereich ergibt. Möglicherweise hat sich die Organisationsleitung aber anfangs auch entschlossen, ein ISMS zunächst nur für einen Teilbereich einzuführen und sukzessive zu erweitern. Auf Basis der bislang gesammelten Erfahrungswerte könnte dann eine Ausdehnung des Anwendungsbereichs, beispielsweise auf einen weiteren Standort oder die gesamte Organisation, erfolgen. Ebenso kann es vorkommen, dass der bisherige Anwendungsbereich zu groß gewählt wurde, um dauerhaft aufrechterhalten werden zu können, so dass eine Refokussierung vorzunehmen ist.

4.4.4   Informationssicherheitsmanagementsystem

Auf Basis des abgesteckten Anwendungsbereichs ist schließlich das ISMS zu realisieren:

Mindestanforderung aus ISO/IEC 27001:
4.4 Informationssicherheitsmanagementsystem
Die Organisation muss entsprechend den Anforderungen dieser Internationalen Norm ein Informationssicherheitsmanagementsystem aufbauen, verwirklichen, aufrechterhalten und fortlaufend verbessern. ∎

ISO/IEC 27001 gibt damit an dieser Stelle nicht nur unmissverständlich vor, dass ihre Umsetzung unter Berücksichtigung aller im Normentext genannten Anforderungen zu erfolgen hat, sondern dass dies auch auf Basis der PDCA-Methodik (siehe Kapitel 3.3) durchzuführen ist. Ein ISMS bzw. die Umsetzung von ISO/IEC 27001 ist damit kein Projekt, das beispielsweise mit seiner erfolgreichen Zertifizierung abgeschlossen wird, sondern Gegenstand eines kontinuierlichen Verbesserungsprozesses, auf dessen einzelne Phasen in den Abschnitten 6, 8, 9 und 10 in der Norm noch genauer eingegangen wird.

■ 4.5   Führung

Ohne das Engagement und die volle Rückendeckung durch das Top-Level-Management einer Organisation wäre ein komplexes Vorhaben wie der Aufbau und Betrieb eines ISMS von Anfang an zum Scheitern verurteilt. In Abschnitt 5 der Norm wird der Verantwortungsbereich der Organisationsleitung deshalb explizit definiert. Er besteht aus den drei Unterabschnitten

- Führung und Verpflichtung (Kapitel 4.5.1),
- Politik (Kapitel 4.5.2) und
- Rollen, Verantwortlichkeiten und Befugnisse in der Organisation (Kapitel 4.5.3).

Insbesondere aus den ersten beiden geht wiederum eine starke Orientierung an der PDCA-Methodik hervor.

4.5.1   Führung und Verpflichtung

Die Verpflichtungen des Managements umfassen acht Aspekte:

Mindestanforderung aus ISO/IEC 27001:
5.1 Führung und Verpflichtung
Die oberste Leitung muss in Bezug auf das Informationssicherheitsmanagementsystem Führung und Verpflichtung zeigen, indem sie:

a) sicherstellt, dass die Informationssicherheitspolitik und die Informationssicherheitsziele festgelegt und mit der strategischen Ausrichtung der Organisation vereinbar sind;

b) sicherstellt, dass die Anforderungen des Informationssicherheitsmanagement-systems in die Geschäftsprozesse der Organisation integriert werden;

c) sicherstellt, dass die für das Informationssicherheitsmanagementsystem erforderli-chen Ressourcen zur Verfügung stehen;

d) die Bedeutung eines wirksamen Informationssicherheitsmanagements sowie die Wichtigkeit der Erfüllung der Anforderungen des Informationssicherheitsmanage-mentsystems vermittelt;

e) sicherstellt, dass das Informationssicherheitsmanagementsystem sein beabsichtig-tes Ergebnis bzw. seine beabsichtigten Ergebnisse erzielt;

f) Personen anleitet und unterstützt, damit diese zur Wirksamkeit des Informations-sicherheitsmanagementsystems beitragen können;

g) fortlaufende Verbesserung fördert; und

h) andere relevante Führungskräfte unterstützt, um deren Führungsrolle in deren jeweiligen Verantwortungsbereichen deutlich zu machen.

Der Organisationsleitung wird damit zum einen die Verantwortung für viele der Aktivitä-ten zugeteilt, die im übrigen Normentext mit der Formulierung „Die Organisation muss… " eingeleitet werden. Durch die Verpflichtung, dass die oberste Leitung die erfolgreiche Um-setzung dieser Aktivitäten *sicherstellt*, wird verdeutlicht, dass der Aufbau und Betrieb eines ISMS kein Vorhaben ist, das an eine einzelne Fachabteilung oder eine Person wie den IT-Leiter delegiert werden kann.

Neben der Verantwortung erhält die Organisationsleitung jedoch auch eine tragende Rolle im Bereich der Kommunikation: Sie muss die Relevanz von Informationssicherheitsma-nagement aktiv kommunizieren und alle beteiligten Personen in die Lage versetzen, zur Wirksamkeit des ISMS beizutragen. Darüber hinaus muss sie auf die kontinuierliche Ver-besserung hinwirken und darf sich somit nach der Initiierung von Aktivitäten zur Planung und zum Aufbau eines ISMS nicht zurückziehen, um alle weiteren Aufgaben beispielsweise dem technischen Personal zu überlassen.

Nicht zu unterschätzen ist, dass ein ISMS Ressourcen wie Geld, Personal und Zeit erfordert und auch dauerhaft bindet. Die Verantwortung, die für das ISMS erforderlichen Ressour-cen sicherzustellen, wird in Abschnitt 7.1 der Norm (siehe Kapitel 4.7.1) aufgegriffen.

4.5.2 Politik

Analog zum Rahmen, den der Anwendungsbereich des ISMS (vgl. Kapitel 4.4.3) für das ISMS als Ganzes vorgibt, regelt die von der Organisationsleitung festgelegte Informations-sicherheitspolitik die inhaltliche Ausrichtung vieler weiterer ISMS-Bestandteile wie Richt-linien und Verantwortlichkeiten:

Mindestanforderung aus ISO/IEC 27001:
5.2 Politik
Die oberste Leitung muss eine Informationssicherheitspolitik festlegen, die:

a) für den Zweck der Organisation angemessen ist;

b) Informationssicherheitsziele (siehe 6.2) beinhaltet oder den Rahmen zum Festlegen von Informationssicherheitszielen bietet;

c) eine Verpflichtung zur Erfüllung zutreffender Anforderungen mit Bezug zur Informationssicherheit enthält; und

d) eine Verpflichtung zur fortlaufenden Verbesserung des Informationssicherheitsmanagementsystems enthält.

Die Informationssicherheitpolitik muss:

e) als dokumentierte Information verfügbar sein;

f) innerhalb der Organisation bekanntgemacht werden; und

g) für interessierte Parteien verfügbar sein, soweit angemessen.

Die Angemessenheit für den individuellen Zweck der Organisation ist dabei ein maßgebliches Instrumentarium. Ähnlich wie für einzelne technische Systeme eine Schutzbedarfsanalyse durchzuführen ist, muss für die Informationssicherheitspolitik der Organisation vermieden werden, zu kurz zu greifen oder über das Ziel weit hinaus zu schießen. Gesteckte Informationssicherheitsziele müssen, wie in Kapitel 4.6.2 ausgeführt wird, machbar und messbar sein – ein hehres Ziel, dessen Erreichen nicht überprüft werden kann, würde im besten Fall noch eine leicht zu durchschauende hohle Phrase darstellen, oft aber zu Verunsicherung und Interpretationsspielraum führen, der zur vermeintlich stichhaltigen Begründung unpopulärer Maßnahmen herangezogen wird und sich somit kontraproduktiv auswirkt.

Demgegenüber mündet die Informationssicherheitspolitik in ein Dokument, das einen für alle im Anwendungsbereich des ISMS tätigen Personen verbindlichen Charakter hat. Damit geht einher, dass sein Inhalt allgemein verständlich formuliert und an alle direkt oder indirekt Betroffenen aktiv kommuniziert werden muss, wofür wiederum, wie in Kapitel 4.5.1 dargelegt, die Organisationsleitung verantwortlich ist.

4.5.3 Rollen, Verantwortlichkeiten und Befugnisse in der Organisation

Zu den originären, in ISO/IEC 27001 explizit genannten Aufgaben der Organisationsleitung gehört schließlich auch, das Festlegen von Rollen, Verantwortlichkeiten und Befugnissen sicherzustellen:

Mindestanforderung aus ISO/IEC 27001:
5.3 Rollen, Verantwortlichkeiten und Befugnisse in der Organisation
Die oberste Leitung muss sicherstellen, dass die Verantwortlichkeiten und Befugnisse für Rollen mit Bezug zur Informationssicherheit zugewiesen und bekannt gemacht werden.

Die oberste Leitung muss die Verantwortlichkeit und Befugnis zuweisen für:

a) das Sicherstellen, dass das Informationssicherheitsmanagementsystem die Anforderungen dieser Internationalen Norm erfüllt; und

> b) das Berichten an die oberste Leitung über die Leistung des Informationssicher-
> heitsmanagementsystems.
>
> ANMERKUNG   Die oberste Leitung darf auch Verantwortlichkeiten und Befugnis-
> se für das Berichten der Leistung des Informationssicherheitsmanagementsystems
> innerhalb der Organisation zuweisen.   ∎

Mit dieser Regelung wird neben der unmittelbaren Auswirkung, dass Zuständigkeiten und damit einhergehende Befugnisse festgelegt werden, auch die Grundlage dafür geschaffen, organisationsinterne ISMS-Audits durchzuführen, die ein wesentlicher Baustein für die kontinuierliche Verbesserung des ISMS sind. Zudem wird das ISMS als Berichtsthema für die oberste Leitung definiert und gleichermaßen mit Verantwortung und Befugnis belegt: Die Leitung kann sich nicht nur auf eigenen Wunsch von definierten Verantwortlichen über die Leistung des ISMS informieren lassen, sondern kann sich auch der Kenntnisnahme und Eskalation möglicherweise berichteter Probleme nicht entziehen oder diese gar abstreiten. Mit dem durch die Anmerkung – für europäische Unternehmenskulturen naheliegend – zugelassenen, nicht strikt hierarchischen Berichtswesen können Kommunikationswege abgekürzt werden, die für eine effiziente kontinuierliche Verbesserung des ISMS benötigt werden.

Wie bei anderen Kernelementen des ISMS, beispielsweise der Informationssicherheitspolitik (siehe Kapitel 4.5.2), müssen die Rollen zusammen mit ihrer personellen Umsetzung und den damit verbundenen Verantwortlichkeiten und Befugnissen kommuniziert werden, was wiederum Aufgabe der Leitung ist (vgl. Kapitel 4.5.1, Punkt *h)*).

▓ 4.6 Planung

Nachdem im Rahmen der Informationssicherheitspolitik übergeordnete Richtlinien für das Management der Informationssicherheit festgelegt und wesentliche Rollen und Verantwortlichkeiten definiert und zugewiesen wurden, können konkretere Schritte der Planung im Zusammenhang mit dem ISMS eingeleitet werden. Abschnitt 6 der Norm adressiert diesen Aspekt – sozusagen die erste Plan-Phase im Sinne des PDCA-Kreislaufs bei der Einführung eines ISMS – und betrachtet hierzu zwei Themen:

▪ Maßnahmen zum Umgang mit Risiken und Chancen (Kapitel 4.6.1)

▪ Informationssicherheitsziele und Planung zu deren Erreichung (Kapitel 4.6.2)

4.6.1 Maßnahmen zum Umgang mit Risiken und Chancen

Risikomanagement ist ein wesentlicher Bestandteil jedes Managementsystems. Alle zertifizierbaren ISO-Normen für Managementsysteme enthalten entsprechend Anforderungen bezüglich des Umgangs der mit Einführung und Aufrechterhaltung eines Managementsystems verbundenen Risiken und Chancen. Diese Anforderungen finden sich in ISO/IEC 27001 in Abschnitt 6.1.1.

Bei einem ISMS ist dies allerdings nur ein Teil des Risikomanagements. In vielerlei Hinsicht mindestens genauso entscheidend und im laufenden Betrieb eine zentrale Rolle spielend, ist das Management der Informationssicherheitsrisiken. Die Anforderungen hieran finden sich in den Abschnitten 6.1.2 und 6.1.3 der Norm.

4.6.1.1   Bestimmung allgemeiner Risiken und Chancen

Die Erfordernisse und Erwartungen interessierter Parteien sowie der Kontext der Organisation, wie zuvor identifiziert, müssen beim Aufbau des ISMS berücksichtigt werden. Dieser Teil der Planung des ISMS setzt sich allgemein mit Risiken und Chancen auseinander, die mit der Etablierung des Managementsystems verbunden sein können. Wichtig zu verstehen: Es erfolgt an dieser Stelle noch keine Betrachtung von Risiken speziell im Zusammenhang mit der Informationssicherheit.

Mindestanforderung aus ISO/IEC 27001:
6.1.1 Allgemeines

Bei der Planung für das Informationssicherheitsmanagementsystem muss die Organisation die in 4.1 genannten Themen und die in 4.2 genannten Anforderungen berücksichtigen sowie die Risiken und Chancen bestimmen, die betrachtet werden müssen, um:

a) sicherzustellen, dass das Informationssicherheitsmanagementsystem seine beabsichtigten Ergebnisse erzielen kann;

b) unerwünschte Auswirkungen zu verhindern oder zu verringern; und

c) fortlaufende Verbesserung zu erreichen.

Die Organisation muss planen:

d) Maßnahmen zum Umgang mit diesen Risiken und Chancen; und

e) wie

1) die Maßnahmen in die Informationssicherheitsmanagementsystemprozesse der Organisation integriert und dort umgesetzt werden; und

2) die Wirksamkeit dieser Maßnahmen bewertet wird.

Typische Beispiele für Chancen, die mit einem ISMS verbunden sein können, sind:

- Professioneller und systematischer Umgang mit allen Aspekten der Informationssicherheit durch Anwendung der Prozesse und Methoden, die das Managementsystem bereitstellt.
- Möglichkeit der Nachweisführung über ein professionelles Informationssicherheitsmanagement über Audits und Zertifizierungen – etwa auch gegenüber interessierten Parteien.
- Erhöhung des erreichbaren Niveaus der Informationssicherheit durch funktionierende Prozesse zur Risikobeurteilung und -behandlung (siehe Abschnitte 6.1.2 und 6.1.3 der Norm), Ableitung zielgerichteter Maßnahmen zur effektiven Risikobehandlung und Anwendung von Referenzmaßnahmen.
- Erhöhung der Effizienz bzw. Wirtschaftlichkeit im Umgang mit Informationssicherheit, indem durch Kontrollmechanismen wie die Auswertung von Leistungskennzahlen mögliche Ineffizienzen aufgedeckt werden können.

Trotz aller potenzieller Chancen, die die Einführung eines ISMS einer Organisation eröffnen kann, sollte man nicht ausblenden, dass Managementsysteme und ihre Etablierung auch Risiken mit sich bringen können. Häufig stehen diese im direkten oder indirekten Zusammenhang mit den organisatorischen oder kulturellen Veränderungen, die ein Managementsystem erfordert. Hier einige Beispiele:

- Verlangsamung von Abläufen durch übermäßige Bürokratie und damit verbundene Aufwände.
- Verringerung der Motivation und Leistungsbereitschaft von Personen, die Rollen im Rahmen des ISMS übernehmen, wenn durch die Einführung des ISMS überwiegend nachteilige Auswirkungen auf das persönliche Arbeitsumfeld wahrgenommen werden.

Es ist also tatsächlich denkbar, dass die Einführung eines ISMS in der Wahrnehmung oder sogar tatsächlich nachweisbar zu negativen Auswirkungen für die Organisation führt, die die positiven Aspekte schnell in den Schatten stellen können. Gerade aus diesem Grund fordert die Norm die Auseinandersetzung damit. Letzten Endes ist entscheidend, dass aus diesen und weiteren zu identifizierenden Chancen und Risiken Maßnahmen abgeleitet werden, die das Ziel verfolgen, Chancen nutzbar zu machen und Risiken zu reduzieren – wie etwa die folgenden:

- Einführung des ISMS durch ein entsprechendes ISMS-Projekt unter Anwendung erprobter Methoden des Projektmanagements.
- Begleitung der Einführung des ISMS durch ein organisatorisches Veränderungsmanagement; dies wiederum kann Einzelmaßnahmen wie die Formierung eines führungsstarken und handlungsfähigen Kernteams, effektive Kommunikationsplanung und Kommunikation oder die Sichtbarmachung von schnellen Erfolgen, sogenannten Quick-Wins, umfassen.
- Bereitstellung ausreichender (und ggf. zusätzlicher) finanzieller, personeller und technischer Ressourcen zur Unterstützung der Einführung und des späteren Betriebs des ISMS.

4.6.1.2 Informationssicherheitsrisikobeurteilung

Neben dem Management von Risiken und Chancen des Managementsystems allgemein ist ein ISMS vor allem mit dem Management von Informationssicherheitsrisiken befasst. In gewisser Weise ist dieser Prozess für die Informationssicherheitsrisikobeurteilung und -behandlung der zentrale Prozess eines laufenden ISMS. Anforderungen hierzu finden sich in der Norm an zwei Stellen:

- Als Teil der Planung des ISMS (Abschnitte 6.1.2 und 6.1.3, hier behandelt): An dieser Stelle legt die ISO/IEC 27001 fest, dass ein Prozess für Informationssicherheitsrisikomanagement zu definieren und wie dieser zu gestalten ist.
- Als Teil des Betriebs des ISMS (Abschnitte 8.2 und 8.3, in den Kapiteln 4.8.2 und 4.8.3 behandelt): Die Anforderungen der Norm an dieser Stelle beschränken sich weitgehend darauf, dass der festgelegte Prozess zum Informationssicherheitsrisikomanagement auch wirksam umgesetzt wird.

Beide Abschnitte behandeln aber den gleichen Prozess, dessen Struktur in Normabschnitt 6.1.2 und 6.1.3 vorgegeben wird. Diese Struktur lehnt sich an ISO/IEC 27005 und ISO 31000 an und unterteilt den Prozess in verschiedene Aktivitäten bzw. Phasen. Grundsätzlich gibt es die Phase der Beurteilung und die Phase der Behandlung von Informationssicherheitsrisiken, wobei die erstere weiter in Unteraktivitäten gegliedert ist. Abbildung 4.1 gibt einen Überblick über die Phasen und zentralen Elemente des Risikomanagementprozesses.

Mindestanforderung aus ISO/IEC 27001:
6.1.2 Informationssicherheitsrisikobeurteilung

Die Organisation muss einen Prozess zur Informationssicherheitsrisikobeurteilung festlegen und anwenden, der:

a) Informationssicherheitsrisikokriterien festlegt und aufrechterhält, welche:

    1) die Kriterien zur Risikoakzeptanz; und

    2) Kriterien für die Durchführung von Informationssicherheitsrisikobeurteilungen beinhalten;

b) sicherstellt, dass wiederholte Informationssicherheitsrisikobeurteilungen zu konsistenten, gültigen und vergleichbaren Ergebnissen führen;

c) die Informationssicherheitsrisiken identifiziert:

    1) den Prozess zur Informationssicherheitsrisikobeurteilung anwendet, um Risiken im Zusammenhang mit dem Verlust der Vertraulichkeit, Integrität und Verfügbarkeit von Information innerhalb des Anwendungsbereichs des ISMS zu ermitteln; und

    2) die Risikoeigentümer identifiziert;

d) die Informationssicherheitsrisiken analysiert:

    1) die möglichen Folgen bei Eintritt der nach 6.1.2 c) 1) identifizierten Risiken abschätzt;

    2) die realistischen Eintrittswahrscheinlichkeiten der nach 6.1.2 c) 1) identifizierten Risiken abschätzt; und

    3) die Risikoniveaus bestimmt;

e) die Informationssicherheitsrisiken bewertet:

    1) die Ergebnisse der Risikoanalyse mit den nach 6.1.2 a) festgelegten Risikokriterien vergleicht; und

    2) die analysierten Risiken für die Risikobehandlung priorisiert.

Die Organisation muss dokumentierte Information über den Informationssicherheitsrisikobeurteilungsprozess aufbewahren. ∎

Die Anforderungen a) und b) zielen darauf ab, den Kontext der Risikobeurteilung festzulegen. Die Kriterien zur Risikoakzeptanz legen die Bedingungen fest, unter denen identifizierte Risiken grundsätzlich bewusst akzeptiert werden dürfen. Zum Beispiel: *Die Kosten/Aufwände der wirtschaftlichsten Risikobehandlungsmöglichkeit über einen definierten Zeitraum sind größer als der zu erwartende Schaden durch das Risiko in diesem Zeitraum (Schadenshöhe unter Berücksichtigung der Eintrittswahrscheinlichkeit).*

Die Kriterien zur Risikobeurteilung definieren üblicherweise, welche Faktoren in der Risikoanalyse zugrunde gelegt werden, und wie daraus das Risikoniveau (zum Beispiel *unbedeutendes Risiko, minderes Risiko, signifikantes Risiko, erhebliches Risiko, kritisches Risiko*) abgeleitet wird.

Die Anforderungen c), d) und e) spiegeln die typischen Aktivitäten in der Phase der Risikobeurteilung wider:

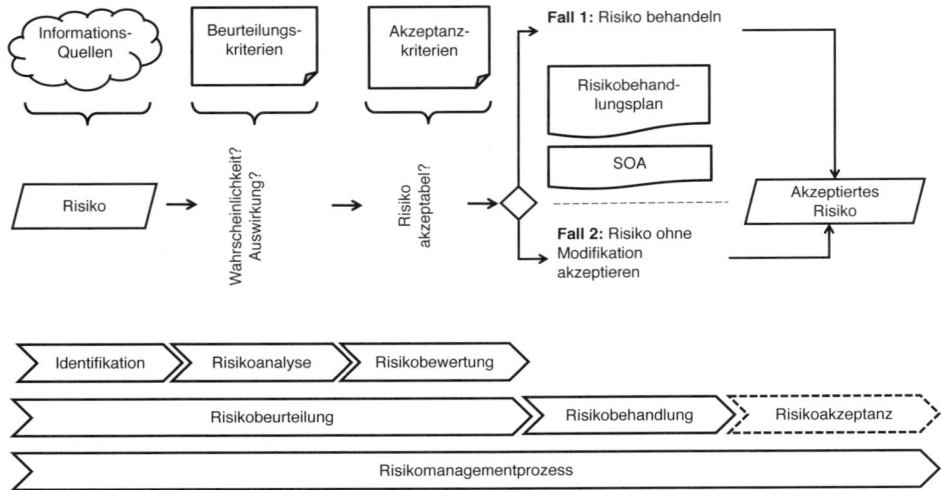

Abbildung 4.1 Phasen des Risikomanagements

- Risiko identifizieren: Ein Risiko wird erkannt und beschrieben. Hierzu werden häufig Schwachstellen und Bedrohungen im Kontext von Assets miteinander in Beziehung gesetzt. Aber auch andere Ansätze sind denkbar.
- Risiko analysieren: Zum identifizierten Risiko werden eine realistische Eintrittswahrscheinlichkeit und mögliche Auswirkungen bei Risikoeintritt bestimmt. Dies kann in quantitativer (z.B. Prozent- und Euro-Angaben) oder qualitativer Weise (z.B. *gering*, *mittel*, *hoch*) erfolgen. Das Risikoniveau leitet sich aus diesen beiden Faktoren ab. Bei einer quantitativen Analyse wird die Eintrittswahrscheinlichkeit einfach mit dem Auswirkungswert multipliziert – bei einer qualitativen Analyse verwendet man zur Bestimmung des Risikoniveaus meist eine Risikomatrix, wie sie exemplarisch in Abbildung 4.2 zu sehen ist. Auch bei einer qualitativen Analyse ist allerdings wichtig, dass die Kriterien für die Bestimmung der Auswirkung und Eintrittswahrscheinlichkeit konkret genug sind, um konsistente und wiederholbare Analyseergebnisse zu gewährleisten. Der wesentliche Nachteil der qualitativen Risikoanalyse ist, dass jedes Risiko einem von nur wenigen – im Beispiel drei – Risikoniveaus zugeordnet wird; alle Risiken mit demselben Niveau können untereinander nicht mehr verglichen oder priorisiert werden. Die einzelnen Möglichkeiten, um die Eintrittswahrscheinlichkeit und die Auswirkung zu beurteilen, sollten deshalb so gewählt werden, dass alle Niveaus gut genutzt werden.
- Risiko bewerten: Es wird geprüft, ob das analysierte Risiko die Akzeptanzkriterien erfüllt. Zudem wird eine Priorität vergeben, um die relative Wichtigkeit der Risikobehandlung im Vergleich mit weiteren identifizierten Risiken anzugeben.

4.6.1.3   Informationssicherheitsrisikobehandlung

Hinsichtlich der Risikobehandlung formuliert die Norm folgende Anforderungen:

Mindestanforderung aus ISO/IEC 27001:
6.1.3 Informationssicherheitsrisikobehandlung
Die Organisation muss einen Prozess für die Informationssicherheitsrisikobehandlung festlegen und anwenden, um:

a) angemessene Optionen für die Informationssicherheitsrisikobehandlung unter Berücksichtigung der Ergebnisse der Risikobeurteilung auszuwählen;

b) alle Maßnahmen, die zur Umsetzung der gewählte(n) Option(en) für die Informationssicherheitsrisikobehandlung erforderlich sind, festzulegen;

ANMERKUNG   Organisationen können Maßnahmen nach Bedarf gestalten oder aus einer beliebigen Quelle auswählen.

c) die nach 6.1.3 b) festgelegten Maßnahmen mit den Maßnahmen in Anhang A zu vergleichen und zu überprüfen, dass keine erforderlichen Maßnahmen ausgelassen wurden;

ANMERKUNG 1   Anhang A enthält eine umfassende Liste von Maßnahmenzielen und Maßnahmen. Anwender dieser Internationalen Norm werden auf Anhang A verwiesen, um sicherzustellen, dass keine wichtigen Maßnahmen übersehen wurden.

ANMERKUNG 2   In den ausgewählten Maßnahmen sind implizit Maßnahmenziele enthalten. Die Liste der Maßnahmenziele und Maßnahmen in Anhang A ist nicht erschöpfend und weitere Maßnahmenziele und Maßnahmen könnten erforderlich sein.

d) eine Erklärung zur Anwendbarkeit zu erstellen, welche die erforderlichen Maßnahmen (siehe 6.1.3 b) und c)) und Gründe für deren Einbeziehung, unabhängig davon, ob sie nun umgesetzt sind oder nicht, sowie Gründe für die Nichteinbeziehung von Maßnahmen aus Anhang A enthält;

e) einen Plan für die Informationssicherheitsrisikobehandlung zu formulieren; und

f) bei den Risikoeigentümern eine Genehmigung des Plans für die Informationssicherheitsrisikobehandlung sowie ihre Akzeptanz der Informationssicherheitsrestrisiken einzuholen. Die Organisation muss dokumentierte Information über den Informationssicherheitsrisikobehandlungsprozess aufbewahren.

ANMERKUNG   Der in dieser Internationalen Norm genannte Prozess für die Informationssicherheitsrisikobeurteilung und -behandlung steht im Einklang mit den Grundsätzen und allgemeinen Leitlinien in ISO 31000 [5]. ∎

An dieser Stelle wird erstmals auf den Anhang A der Norm mit seinen 114 Referenz-Maßnahmen (Controls) zum Management der Informationssicherheit verwiesen (siehe Kapitel 5). Die Referenz-Maßnahmen werden im Kontext der Risikobehandlung als eine Art Checkliste verwendet, mit der die Maßnahmen, die zur Behandlung der Risiken ergriffen werden, abgeglichen werden. Dies geschieht mit dem Ziel, möglichst keine essenziellen Themen bei der Risikobehandlung zu vergessen.

Die wichtigsten Ergebnisse der Phase der Risikobehandlung sind die Erklärung zur Anwendbarkeit und der Risikobehandlungsplan. Bei der Erklärung zur Anwendbarkeit handelt es sich typischerweise um eine Liste der 114 Referenz-Maßnahmen aus dem Anhang A

Auswirkung katastrophal *Existenzgefahr für Organisation*	**Risikoniveau niedrig**	**Risikoniveau mittel**	**Risikoniveau hoch**	**Risikoniveau extrem**	**Risikoniveau extrem**
Auswirkung schwerwiegend *Signifikante Auswirkung auf Geschäftsziele und/oder dauerhafter Reputationsschaden*	**Risikoniveau minimal**	**Risikoniveau niedrig**	**Risikoniveau mittel**	**Risikoniveau hoch**	**Risikoniveau extrem**
Auswirkung tragbar *Überschaubarer Schaden für Reputation und/oder Geschäftsergebnis*	**Risikoniveau minimal**	**Risikoniveau minimal**	**Risikoniveau niedrig**	**Risikoniveau mittel**	**Risikoniveau hoch**
	Extrem selten *Eintritt seltener als einmal in 100 Jahren*	**Sehr selten** *Eintritt wenige Male pro Jahrhundert*	**Selten** *Eintritt wenige Male pro Jahrzehnt*	**Häufig** *Eintritt wenige Male pro Jahr*	**Sehr häufig** *Tritt mindestens monatlich ein*

Abbildung 4.2 Risikomatrix für eine qualitative Risikoanalyse

der Norm, in der für jede einzelne Maßnahme angegeben wird, ob diese im Rahmen des zu etablierenden ISMS anwendbar ist und entsprechend auch angewendet wird. Diese Festlegung muss in jedem Fall begründet werden. Beispielsweise kann es erforderlich sein, eine Maßnahme anzuwenden, weil sie zur Behandlung eines oder mehrerer zuvor identifizierter Risiken notwendig ist, weil sich ihre Anwendung aus der Informationssicherheitspolitik oder anderen Richtlinien ergibt, oder weil gesetzliche, behördliche oder vertragliche Anforderungen an ihre Anwendung bestehen. Ein Ausschluss kann gerechtfertigt werden, wenn keine Assets oder Risiken identifiziert wurden, auf die die Maßnahme passen würde. Die Erklärung zur Anwendbarkeit zu erstellen kann recht aufwendig sein. Im Falle einer Zertifizierung des ISMS muss sie der Zertifizierungsstelle üblicherweise noch vor der Einleitung des Zertifizierungsverfahrens – zusammen mit der Erklärung zum Anwendungsbereich (siehe Kapitel 4.4.3) – vorgelegt werden. In den meisten Fällen werden nur sehr wenige, gut begründete Ausschlüsse in der Anwendbarkeit von Maßnahmen durch die Zertifizierer akzeptiert.

Den Risikobehandlungsplan kann man sich am besten als eine zusammenfassende, chronologische Darstellung aller zur Risikobehandlung eingeplanten Maßnahmen vorstellen. Idealerweise referenziert er zu jeder Maßnahme auf das bzw. die zugeordneten Risiken. Er sollte neben dem vorgesehenen Termin für die Umsetzung jeder Maßnahme auch Informationen zum aktuellen Umsetzungsstatus und zu den Verantwortlichen darstellen. Die verantwortlichen Risikoeigentümer sollten ebenfalls daraus hervorgehen, wie auch Akzeptanzentscheidungen zur Risiken und Restrisiken.

4.6.2 Informationssicherheitsziele und Planung zu deren Erreichung

Die Einführung eines Managementsystems ist immer mit bestimmten Zielen verbunden. Es empfiehlt sich, die konkreten Ziele für ein ISMS auf der Grundlage der zuvor identifizierten Chancen festzulegen.

Mindestanforderung aus ISO/IEC 27001:
6.2 Informationssicherheitsziele und Planung zu deren Erreichung
Die Organisation muss Informationssicherheitsziele für relevante Funktionen und Ebenen festlegen.

Die Informationssicherheitsziele müssen:

a) im Einklang mit der Informationssicherheitspolitik stehen;

b) messbar sein (sofern machbar);

c) anwendbare Informationssicherheitsanforderungen sowie die Ergebnisse, der Risikobeurteilung und Risikobehandlung berücksichtigen;

d) vermittelt werden; und

e) soweit erforderlich, aktualisiert werden.

Die Organisation muss dokumentierte Information zu den Informationssicherheitszielen aufbewahren.

Bei der Planung, zum Erreichen der Informationssicherheitsziele, muss die Organisation bestimmen:

f) was getan wird;

g) welche Ressourcen erforderlich sind;

h) wer verantwortlich ist;

i) wann es abgeschlossen wird; und

j) wie die Ergebnisse bewertet werden.

Bei der Formulierung von Zielen ist es nicht unüblich, zwischen eher übergeordneten Zielen und spezifischeren Zielen zu unterscheiden. Mögliche Beispiele für übergeordnete Ziele sind:

- Ausreichende Verfügbarkeit informationsverarbeitender Einrichtungen und der verarbeiteten Informationen zur Erfüllung der Geschäftsanforderungen
- Ausreichendes Maß an Vertraulichkeit der Informationen durch Schutz vor unautorisierten Zugriffen
- Einhaltung von gesetzlichen Bestimmungen, sonstiger rechtsverbindlicher Regelungen sowie relevanter interner Vorgaben

Spezifische Ziele sind häufig Konkretisierungen, die sich aus dem Kontext der Organisation oder auch aus identifizierten Schutzbedarfen und Risiken ergeben können. Für bestimmte informationsverarbeitende Systeme oder Dienste können Anforderungen an ihre Verfügbarkeit beispielsweise quantitativ konkretisiert werden – etwa durch Angabe eines prozentualen Mindesterwartungswerts oder einer maximal tolerierbaren Zeitspanne ungeplanter Nichtverfügbarkeit. Das Erreichen einer Zertifizierung für das ISMS nach ISO/IEC 27001 kann übrigens auch als ein Ziel festgelegt werden, wenn beispielsweise gesetzliche oder vertragliche Rahmenbedingungen diese erfordern.

■ 4.7 Unterstützung

Im Abschnitt *Unterstützung* (*Support*) werden verschiedene allgemeine Vorgaben gemacht, die nicht nur für ein wirksames System zum Management der Informationssicherheit, sondern fast identisch für alle Managementsysteme gelten.

4.7.1 Ressourcen

Die erste Anforderung befasst sich mit der Bereitstellung der Ressourcen, die für ein wirksames ISMS über den gesamten PDCA-Zyklus benötigt werden:

Mindestanforderung aus ISO/IEC 27001:
7.1 Ressourcen
Die Organisation muss die erforderlichen Ressourcen für den Aufbau, die Verwirklichung, die Aufrechterhaltung und die fortlaufende Verbesserung des Informationssicherheitsmanagementsystems bestimmen und bereitstellen.

Die Norm stellt damit klar, dass es sich bei Investitionen in das Informationssicherheitsmanagement nicht um einmalige Aufwendungen handeln kann, sondern eine dauerhafte Sicherstellung der erforderlichen Ressourcen erzielt werden muss. Allerdings ist zu beachten, dass ISO/IEC 27001 nicht explizit auf das Thema Budgetierung eingeht.

Die nächsten beiden Anforderungen drehen sich um Ausbildung, Training und Bewusstseinsschaffung für das in das ISMS involvierte Personal (Themen, die als Maßnahme A.7.2.2 auch im Anhang A der Norm, beschrieben in Kapitel 5.3.2 in diesem Buch, noch mal angesprochen werden).

4.7.2 Kompetenz

Zunächst muss die Organisation sicherstellen, dass Personen – insbesondere die, die für Aspekte der Informationssicherheit Verantwortung übernehmen sollen – kompetent für die Durchführung der entsprechenden Aufgaben sind:

Mindestanforderung aus ISO/IEC 27001:
7.2 Kompetenz
Die Organisation muss:

a) für Personen, die unter ihrer Aufsicht Tätigkeiten verrichten, welche die Informationssicherheitsleistung der Organisation beeinflussen, die erforderliche Kompetenz bestimmen;

b) sicherstellen, dass diese Personen auf Grundlage angemessener Ausbildung, Schulung oder Erfahrung kompetent sind;

c) wenn erforderlich, Maßnahmen einleiten, um die benötigte Kompetenz zu erwerben, und die Wirksamkeit der getroffenen Maßnahmen zu bewerten; und

d) angemessene dokumentierte Information als Nachweis der Kompetenz aufbewahren.

ANMERKUNG   Geeignete Maßnahmen können zum Beispiel sein: Schulung, Mentoring oder Versetzung von gegenwärtig angestellten Personen, oder Anstellung oder Beauftragung kompetenter Personen.

4.7.3 Bewusstsein

Aber nicht nur Kompetenzen sind wichtig, sondern auch das richtige Bewusstsein zur Informationssicherheit in allen Teilen der Organisation.

Mindestanforderung aus ISO/IEC 27001:
7.3 Bewusstsein
Personen, die unter Aufsicht der Organisation Tätigkeiten verrichten, müssen sich:

a) der Informationssicherheitspolitik;

b) ihres Beitrags zur Wirksamkeit des Informationssicherheitsmanagementsystems, einschließlich der Vorteile einer verbesserten Informationssicherheitsleistung; und

c) der Folgen einer Nichterfüllung der Anforderungen des Informationssicherheitsmanagementsystems

bewusst sein.

Für die Schaffung des Bewusstseins ist – neben der Förderung einer entsprechenden Kultur in der Organisation, beispielsweise indem das Management sich beständig an Fragen zur Informationssicherheit aktiv interessiert zeigt und bei der Einhaltung der Richtlinien mit gutem Beispiel voranschreitet – vor allem eine gute interne Kommunikation entscheidend.

4.7.4 Kommunikation

ISO/IEC 27001 fordert, dass auch die interne und externe Kommunikation der Organisation zu Themen der Informationssicherheit geplant und gesteuert erfolgen muss:

Mindestanforderung aus ISO/IEC 27001:
7.4 Kommunikation
Die Organisation muss die interne und externe Kommunikation in Bezug auf das Informationssicherheitsmanagementsystem bestimmen, einschließlich

a) worüber kommuniziert wird;

b) wann kommuniziert wird;

> c) mit wem kommuniziert wird;
>
> d) wer kommuniziert; und
>
> e) der Prozesse, mit welchen die Kommunikation bewerkstelligt wird. ∎

Das Informationssicherheitsmanagementsystem umfasst also auch eine zumindest grundlegende Kommunikationsplanung, wie sie beispielsweise aus dem IT-Service-Management (ITSM) oder Projektmanagement bekannt ist.

4.7.5   Dokumentierte Information

In Kapitel 3.1.3 wurde bereits auf die Notwendigkeit der Dokumentation im Rahmen eines ISMS eingegangen. Dokumente und Aufzeichnungen gelten als wichtige Bestandteile eines ISMS, da sie Managemententscheidungen, geplante Prozesse, Verfahren und Maßnahmen schriftlich fixieren und die Nachvollziehbarkeit und Rückverfolgbarkeit von tatsächlich erfolgten Aktivitäten unterstützen. Abschnitt 7.5 der Norm legt fest, was die ISMS-Dokumention mindestens beinhalten muss, was zu ihrer Erstellung und Aktualisierung zu regeln ist und dass sie einer Dokumentenlenkung zu unterliegen hat:

Mindestanforderung aus ISO/IEC 27001:
7.5.1 Allgemeines
Das Informationssicherheitsmanagementsystem der Organisation muss beinhalten:

a) die von dieser Internationalen Norm geforderte dokumentierte Information; und

b) dokumentierte Information, welche die Organisation als notwendig für die Wirksamkeit des Managementsystems bestimmt hat.

ANMERKUNG   Der Umfang dokumentierter Information für ein Informationssicherheitsmanagementsystem kann sich von Organisation zu Organisation unterscheiden, und zwar aufgrund:

1) der Größe der Organisation und der Art ihrer Tätigkeiten, Prozesse, Produkte und Dienstleistungen;

2) der Komplexität der Prozesse und deren Wechselwirkungen; und

3) der Kompetenz der Personen. ∎

Zu den hier angesprochenen, von der Norm geforderten Informationen, die zu dokumentieren sind, zählen beispielsweise

- die ISMS-Richtlinie (vgl. Abschnitte 5.2 und A.5.1 der Norm);
- der Anwendungsbereich des ISMS (vgl. Abschnitt 4.3);
- eine Beschreibung des Prozesses zur Risikoeinschätzung (vgl. Abschnitt 6.1.2);
- die Erklärung zur Anwendbarkeit der Maßnahmen aus Anhang A der Norm (vgl. Abschnitt 6.1.3);
- ein Risikobehandlungsplan (vgl. Abschnitt 6.1.3);
- Aufzeichnungen zu Managementbewertungen und Audits;

- Weitere Beschreibungen bzw. Festlegungen von Richtlinien, Prozessen, Verfahren und Maßnahmen im ISMS sowie weitere Aufzeichnungen (u.a. zu Sicherheitsvorfällen).

Für ein wirksames Management der Informationssicherheit, sollte die Dokumentation diese ISMS-Bestandteile nicht isoliert sehen, sondern auch ihre Beziehungen zueinander geeignet erfassen. Beispielsweise sollte es möglich sein, die Relationen zwischen Maßnahmen, Risikobehandlungsplan, Risikoeinschätzung und Werten nachvollziehen zu können.

Abschnitt 7.5.1 hat sich mit der Frage beschäftigt *was* dokumentiert werden muss, Abschnitte 7.5.2 und 7.5.3 geben nun vor, *wie* mit diesen Dokumenten umgegangen werden muss.

Mindestanforderung aus ISO/IEC 27001:
7.5.2 Erstellen und Aktualisieren
Beim Erstellen und Aktualisieren dokumentierter Information muss die Organisation:

a) angemessene Kennzeichnung und Beschreibung (z. B. Titel, Datum, Autor oder Referenznummer);

b) angemessenes Format (z. B. Sprache, Softwareversion, Graphiken) und Medium (z. B. Papier, elektronisches Medium); und

c) angemessene Überprüfung und Genehmigung im Hinblick auf Eignung und Angemessenheit

sicherstellen.

Unter Dokumentenlenkung versteht man formale Grundsätze und Verfahrensweisen zum Umgang mit Dokumenten.

Mindestanforderung aus ISO/IEC 27001:
7.5.3 Lenkung dokumentierter Information
Die für das Informationssicherheitsmanagementsystem erforderliche und von dieser Internationalen Norm geforderte dokumentierte Information muss gelenkt werden, um sicherzustellen, dass sie

a) verfügbar und für die Verwendung geeignet ist, wo und wann sie benötigt wird; und

b) angemessen geschützt wird (z. B. vor Verlust der Vertraulichkeit, unsachgemäßem Gebrauch oder Verlust der Integrität).

Zur Lenkung dokumentierter Information muss die Organisation, falls zutreffend, folgende Tätigkeiten berücksichtigen:

c) Verteilung, Zugriff, Auffindung und Verwendung;

d) Ablage/Speicherung und Erhaltung, einschließlich Erhaltung der Lesbarkeit;

e) Überwachung von Änderungen (z. B. Versionskontrolle); und

f) Aufbewahrung und Verfügung über den weiteren Verbleib.

Dokumentierte Information externer Herkunft, die von der Organisation als notwendig für Planung und Betrieb des Informationssicherheitsmanagementsystems bestimmt wurde, muss angemessen gekennzeichnet und gelenkt werden.

ANMERKUNG   Zugriff kann eine Entscheidung voraussetzen, mit der die Erlaubnis erteilt wird, dokumentierte Information lediglich zu lesen, oder die Erlaubnis und Befugnis zum Lesen und Ändern dokumentierter Information usw.

Verfahren zur Dokumentenlenkung sollten möglichst einheitlich auf alle Arten von Dokumenten angewendet werden. Dies erfordert sowohl ein hohes Bewusstsein für diese Verfahren bei denjenigen, die Dokumente erstellen und bearbeiten, als auch ein sinnvolles Maß an Automatisierung. Grundlage für eine effektive Lenkung von Dokumenten sind Metadaten, die in oder zusammen mit dem Dokument gespeichert werden. Typische für die Lenkung nutzbare Metadaten von Dokumenten sind beispielsweise Dokumenttyp, Versionsnummer, Erstellungsdatum, Autor/Erfasser, Status, Datum der letzten Überarbeitung usw.

Für ISMS-Dokumente sollten Dokumentenvorlagen (Templates) existieren, die auch eine einheitliche Erfassung der Metadaten erleichtern. Häufig, insbesondere in Organisationen, die auch andere Managementsysteme, z.B. nach ISO 9001, betreiben, kommen auch sogenannte Dokumentenmanagementsysteme (Dokumentenmanagementsoftware) zum Einsatz, die vielfältige Mechanismen zur Versionierung, Veröffentlichung oder Archivierung von Dokumentation bieten, aber auch Software für Enterprise-Wikis beinhaltet häufig bereits Funktionen, welche eine wirksame Dokumentenlenkung erheblich vereinfachen können.

■ 4.8   Betrieb

Was für ein ISMS an Prozessen und Verfahren geplant ist, muss natürlich schließlich auch umgesetzt und betrieben werden. Abschnitt 8 befasst sich also mit der Umsetzung („Do") dessen, was entsprechend Abschnitt 6 geplant wurde (was wiederum auch eine betriebliche Feinplanung umfassen kann). Dabei werden von der ISO/IEC 27001 die drei Bereiche der Planung und Steuerung eines ISMS (s. Kapitel 4.8.1) sowie der Risikobeurteilung (4.8.2) und der Risikobehandlung (4.8.3) betrachtet.

4.8.1   Betriebliche Planung und Steuerung

Mindestanforderung aus ISO/IEC 27001:
8.1 Betriebliche Planung und Steuerung
Die Organisation muss die Prozesse zur Erfüllung der Informationssicherheitsanforderungen und zur Durchführung der unter 6.1 bestimmten Maßnahmen planen, verwirklichen und steuern. Die Organisation muss darüber hinaus Pläne verwirklichen, um die in 6.2 bestimmten Informationssicherheitsziele zu erreichen.

Die Organisation muss dokumentierte Information im notwendigen Umfang aufbewahren, so dass darauf vertraut werden kann, dass die Prozesse wie geplant umgesetzt wurden.

Die Organisation muss geplante Änderungen überwachen sowie die Folgen unbeabsichtigter Änderungen beurteilen und, falls notwendig, Maßnahmen ergreifen, um jegliche negativen Auswirkungen zu vermindern.

Die Organisation muss sicherstellen, dass ausgegliederte Prozesse bestimmt und gesteuert werden.   ■

Für ein produktiv einsetzbares ISMS reicht es nicht, Risiken und Chancen (vgl. Kapitel 4.6.1) zu identifizieren, daraus Informationssicherheitsanforderungen abzuleiten und Maßnahmen zur Umsetzung auszuwählen, sondern es müssen auch die betrieblichen Prozesse geplant, definiert, in den Betrieb überführt, überwacht und verbessert werden. Für die definierten Sicherheitsziele (vgl. Kapitel 4.6.2) sind Pläne und Verfahren festzulegen, wie diese Ziele zu erreichen sind. Die Prozesse und deren betriebliche Umsetzung sind in angemessenem Umfang zu dokumentieren. Das Kriterium für die Angemessenheit ist die planmäßige Umsetzung der Prozesse, d.h. die Dokumentation dient der Umsetzung der Prozesse und ermöglicht diese.

Das ISMS und die damit zusammenhängenden Prozesse sind kein statisches System, sondern es muss so dynamisch sein, dass negative Auswirkungen vermieden werden. Dazu ist das ISMS bei geplanten Änderungen (z.B. im Rahmen eines Change Managements) anzupassen; aber auch die Auswirkungen ungeplanter Änderungen sind zu beurteilen und dann angemessen zu behandeln.

All diese betrieblichen Maßnahmen gelten nicht nur für die Prozesse des unternehmensinternen ISMS, sondern auch Prozesse, die an Fremdfirmen oder Partnerunternehmen ausgegliedert wurden, sind entsprechend zu steuern.

4.8.2 Informationssicherheitsrisikobeurteilung

Neben den Betriebsprozessen, die regelmäßig überprüft und verbessert werden, ist auch die Beurteilung der Informationssicherheitsrisiken keine singuläre Aufgabe.

Mindestanforderung aus ISO/IEC 27001:
8.2 Informationssicherheitsrisikobeurteilung
Die Organisation muss in geplanten Abständen Informationssicherheitsrisikobeurteilungen vornehmen oder immer dann, wenn erhebliche Änderungen vorgeschlagen werden oder auftreten. Dabei sind die in 6.1.2 a) festgelegten Kriterien zu berücksichtigen.
Die Organisation muss dokumentierte Information über die Ergebnisse der Informationssicherheitsrisikobeurteilungen aufbewahren. ∎

Unternehmen und Systeme zur Nutzung und Verarbeitung von Informationen sind keine statischen Gebilde. Deshalb muss die Risikobeurteilung als eine der Grundlagen des ISMS in regelmäßigen Abständen überprüft und ggf. aktualisiert werden. Die Überprüfung hat sich dabei auf die bereits festgelegten Kriterien zur Bewertung von Risiken sowie die Kriterien zur Risikoakzeptanz (s. Kapitel 4.6.1) zu stützen und diese Kriterien anzuwenden. Diese Pflicht zur Überprüfung gilt auch, wenn erhebliche Änderungen geplant oder bereits eingetreten sind. Die Pflicht zur Dokumentation der Überprüfung sowie der Ergebnisse ist obligatorisch. Diese Dokumente sind aufzubewahren. Damit kann z.B. die angemessene Risikobeurteilung im Rahmen gesetzlicher Anforderungen nachgewiesen werden.

4.8.3   Informationssicherheitsrisikobehandlung

Die regelmäßige Überprüfung der Risiken erfordert dann natürlich auch deren angemessene Behandlung.

Mindestanforderung aus ISO/IEC 27001:
8.3 Informationssicherheitsrisikobehandlung
Die Organisation muss den Plan für die Informationssicherheitsrisikobehandlung umsetzen.
Die Organisation muss dokumentierte Information über die Ergebnisse der Informationssicherheitsrisikobehandlung aufbewahren.

Für die Informationssicherheitsrisikobehandlung gibt es einen definierten Prozess (vgl. Kapitel 4.6.1), der dann entsprechend anzuwenden ist. Auch hier sind die Ergebnisse zu dokumentieren und aufzubewahren.

■ 4.9   Bewertung der Leistung

Nach Planung und Umsetzung des Kern-Managementsystems und der zugehörigen Maßnahmen gilt es, den erreichten Stand und die Wirksamkeit des ISMS zu überprüfen („Check"). ISO/IEC 27001 gibt hierzu drei verschiedene Methoden bzw. Werkzeuge zur Leistungsbewertung vor. Die Bewertung der Leistung des ISMS soll mittels kontinuierlicher Überwachung und Messung, Planung und Umsetzung eines Auditprogramms sowie *Management Reviews*, d.h. Überprüfungen durch die oberste Leitung der Organisation, umgesetzt werden.

4.9.1   Überwachung, Messung, Analyse und Bewertung

Abschnitt 9.1 legt zunächst recht allgemein gehaltene Anforderungen an *Überwachung, Messung, Analyse und Bewertung* fest, um die Wirksamkeit des ISMS und die Informationssicherheitsleistung zu bestimmen und damit eine faktenbasierte Grundlage für Entscheidungen zur Verbesserung und Weiterentwicklung des ISMS zu schaffen. Dies entspricht dem im Prozessmanagement üblichen Konzept der Erhebung und Auswertung von Kennzahlen bzw. *Key Performance Indicators* (KPIs), im Kontext Informationssicherheitsmanagement oft *Information Security Metrics* genannt.

Mindestanforderung aus ISO/IEC 27001:
9.1 Überwachung, Messung, Analyse und Bewertung
Die Organisation muss die Informationssicherheitsleistung und die Wirksamkeit des Informationssicherheitsmanagementsystems bewerten.
Die Organisation muss bestimmen:

a) was überwacht und gemessen werden muss, einschließlich der Informationssicherheitsprozesse und Maßnahmen;

b) die Methoden zur Überwachung, Messung, Analyse und Bewertung, sofern zutreffend, um gültige Ergebnisse sicherzustellen;

ANMERKUNG   Die ausgewählten Methoden sollten zu vergleichbaren und reproduzierbaren Ergebnissen führen, damit sie als gültig zu betrachten sind.

c) wann die Überwachung und Messung durchzuführen ist;

d) wer überwachen und messen muss;

e) wann die Ergebnisse der Überwachung und Messung zu analysieren und zu bewerten sind; und

f) wer diese Ergebnisse analysieren und bewerten muss.

Die Organisation muss geeignete dokumentierte Information als Nachweis der Ergebnisse aufbewahren.

ISO/IEC 27001 fordert hier also bestimmte Festlegungen in Bezug auf den Überwachungs- und Messgegenstand, die anzuwendenden Methoden und macht Vorgaben zur Durchführung der Messung als auch Dokumentation von Ergebnissen. ISO/IEC 27004 [ISO16a] führt diese Aspekte in einem tieferen Detailgrad weiter aus und gibt Empfehlungen.

Im ersten Schritt müssen die mit der Überwachung bzw. Messung zu erreichenden Ziele festgelegt werden. Faktoren, die hier zu berücksichtigen sind, sind die Zielgruppe, für die die Ergebnisse der Messung bestimmt sind, und welche Detailtiefe diese aufweisen sollten. Danach ist festzulegen, was genau überwacht oder gemessen werden soll, um die festgelegten Ziele zu erreichen. Offensichtlich ist es ineffizient und in der Praxis kaum durchzuhalten, zu viele Aspekte zu überwachen, genauso können aber durch zu wenig Überwachung und Messung wichtige Aspekte übersehen werden. Als Faustregel hat es sich für kleine bis mittelgroße Organisationen bewährt, mit einer Anzahl von überwachten ISMS-Kennzahlen im niedrigen zweistelligen Bereich zu starten.

Generell spiegelt Überwachung den aktuellen Zustand eines Systems, eines oder mehrerer Prozesse innerhalb des Systems oder einzelner Aktivitäten wider. Sinnvoll im Rahmen eines ISMS zu überwachen sind beispielsweise Zahlen zum Umgang mit Schwachstellen auf Systemen oder Statistiken zu Security-Awareness- oder sicherheitsspezifischen Weiterbildungsmaßnahmen der Mitarbeiter. Im Gegensatz zu einer kontinuierlichen Überwachung beziehen sich gezielt durchgeführte Messungen auf die Bestimmung eines konkreten Wertes oder das Erkennen von Trends. Beispielsweise könnte eine Kennzahl die Mitarbeiter, die an einer bestimmten Schulung bereits teilgenommen haben, ins Verhältnis setzen zu den Mitarbeitern, die an dieser Maßnahme eigentlich teilnehmen sollten. Abbildung 4.3 zeigt ein Beispiel für eine mögliche Definition solch einer Kennzahl.

Methoden gibt es ähnlich viele wie Messgegenstände. Einige sind effizienter als andere, so dass Ergebnisse sich schneller produzieren lassen. ISO/IEC 27001 fordert als einzige Bedingung an die anzuwendende Methodik, dass diese vergleichbare und reproduzierbare Ergebnisse liefern muss.

Die weiteren Forderungen beziehen sich auf Festlegungen für die Durchführung der Überwachung oder einer bestimmten Messung. Um die zuvor festgelegten Ziele zu erreichen, ist es auch wichtig zu definieren, wann die Überwachung bzw. Messung durchzuführen ist. Typischerweise bedeutet das die Festlegung von Messintervallen oder -zeitpunkten. Hier spielt aber auch wiederum die Methodik eine Rolle. Eine manuelle Messung lässt

Kennzahlensteckbrief	
ID	KPI3(Awareness)
Bezeichnung	Durchdringung IS-Grundlagentraining
Ziel	• Messen, welcher Anteil der Mitarbeiter mit dem Programm für allgemeine Informationssicherheits-Awareness erreicht wird • Überprüfen, ob das in der Richtlinie für Personalsicherheit festgelegte Ziel für Informationssicherheits-Awareness erreicht wird
Verantwortlich	Prozess-Owner Personalsicherheit
Berechnung	$$KPI3(Awareness) = \frac{Trainingsteilnehmer}{Zielgruppenumfang}$$ wobei *Trainingsteilnehmer* = Anzahl der Mitarbeiter, die im Anwendungsbereich des ISMS arbeiten und in den letzten zwölf Monaten an einer Schulung für Informationssicherheit teilgenommen haben *Zielgruppenumfang* = Anzahl der Mitarbeiter, die im Anwendungsbereich des ISMS arbeiten
Zielbereiche	Grün: *KPI3(Awareness)* > 95% Gelb: *KPI3(Awareness)* > 90% Rot: *KPI3(Awareness)* ≤ 90%
Datenbasis	• Aufzeichnungen und Teilnahmelisten des Trainingsprogramms „Grundlagen Informationssicherheit" • Erklärung des ISMS-Anwendungsbereichs • Geschäftsverteilungsplan
Erhebungsverfahren und -intervall	Vierteljährlich, jeweils zu Ende des Quartals: 1. *Trainingsteilnehmer* bestimmen: Trainingsaufzeichnungen auswerten, Teilnehmer der letzen zwölf Monate zusammenstellen, Mehrfachteilnahmen entfernen 2. *Zielgruppenumfang* bestimmen: Anhand Geschäftsverteilungsplan Anzahl der Mitarbeiter im Anwendungsbereich des ISMS erheben 3. Kennzahl *KPI3(Awareness)* berechnen
Berichterstattung	• Dokumentation in ISMS-Wiki • Eingang in vierteljährlichen ISMS-Status-Report für Geschäftsleitung mit grafischer Aufbereitung der Entwicklung über die letzen acht Quartale (Bar Graph), gegebenenfalls mit Kommentierung, wenn Zielbereich „rot"

Abbildung 4.3 Beispiel für eine Kennzahlendefinition (Kennzahlensteckbrief)

sich in vielen Fällen nicht mit einer automatisch durchgeführten Messung vergleichen. Bei der Beantwortung, wer die Überwachung bzw. Messung durchführt, unterscheidet ISO/IEC 27004 verschiedene Rollen, die sich einerseits auf die während der Messung verarbeitete Information (z. B. Eigentümer einer Information), andererseits auf die Messung (z. B. Empfänger der Messerergebnisse) selbst beziehen.

Die im Rahmen der Überwachung oder nach Durchführung einer Messung erzeugten Ergebnisse müssen analysiert und bewertet werden. Auch hierzu sind Festlegungen zu treffen, welche die Aspekte Zeitpunkt der Analyse als auch Verantwortlichkeit betreffen.

Maßnahmen zur kontinuierlichen Überwachung und Messung der Leistung des ISMS und die jeweils erzeugten Ergebnisse müssen zudem dokumentiert und als Nachweis aufbewahrt werden.

4.9.2 Internes Audit

Um Konformität, d. h. die Einhaltung der im Standard enthaltenen oder in internen Richtlinien definierten Vorgaben, nachzuweisen bzw. zu prüfen, sind Audits ein wichtiges Instrument. Ein Audit ist nach ISO 19011 [DIN18] ein systematischer, unabhängiger und dokumentierter Prozess. Audit-Nachweise und deren objektive Bewertung, erlauben festzustellen, ob zuvor festgelegte Auditkriterien erfüllt sind oder nicht.

Angewendet auf interne ISMS-Audits heißt dies in der Praxis, dass ein Auditor oder ein Team von Auditoren mittels verschiedener Techniken – hauptsächlich Auditgespräche (Interviews mit ISMS-Beteiligten) sowie Überprüfung von Dokumenten und Aufzeichnungen – überprüft, ob das ISMS entsprechend den Anforderungen der ISO/IEC 27001 gestaltet und wirksam umgesetzt ist.

Man unterscheidet:

- **Interne Audits** erfolgen unter der Verantwortung der Organisation selbst und dienen vor allem der internen Leistungsüberprüfung. In der Regel werden sie von qualifizierten, vom zu auditierenden Bereich unabhängigen Mitarbeitern (z. B. aus der Revision oder dem Qualitätsmanagement) der Organisation selbst durchgeführt – es können aber auch externe Auditoren beauftragt werden.
- **Externe Audits** werden von einer unabhängigen externen Stelle (z. B. einer Zertifizierungsstelle) und von qualifizierten externen Auditoren durchgeführt.

Neben der Kontrolle des bereits erreichten Ist-Zustandes in einem bestimmten Bereich (z. B. zu einer Reihe von Maßnahmen) kann ein internes Audit auch zur Überprüfung des Umsetzungsgrades eines ISMS insgesamt oder der Vorbereitung auf ein externes Zertifizierungsaudit dienen. So vielfältig die Zwecke für interne Audits sind, so vielfältig sind auch die Möglichkeiten, ein solches konkret durchzuführen. Das Audit kann sich beispielsweise auf das gesamte ISMS und die gesamte Organisation oder auch nur auf die Umsetzung eines ausgewählten Aspekts des ISMS in einem bestimmten Geschäftsbereich beziehen.

ISO/IEC 27001 definiert allerdings (ebensowenig wie die anderen relevanten Normen) die Zwecke, Zeitpunkte oder Inhalte der internen Audits im Detail, sondern verpflichtet eine Organisation nur allgemein zur regelmäßigen Durchführung interner Audits:

Mindestanforderung aus ISO/IEC 27001:
9.2 Internes Audit
Die Organisation muss in geplanten Abständen interne Audits durchführen, um Informationen darüber zu erhalten, ob das Informationssicherheitsmanagementsystem:

  a) die Anforderungen

    1) der Organisation an ihr Informationssicherheitsmanagementsystem; und

    2) dieser Internationalen Norm

    erfüllt;

  b) wirksam verwirklicht und aufrechterhalten wird.

> Die Organisation muss:
>
> c) ein oder mehrere Auditprogramme planen, aufbauen, verwirklichen und aufrecht-erhalten einschließlich der Häufigkeit von Audits, Methoden, Verantwortlichkeiten, Anforderungen an die Planung sowie Berichterstattung. Die Auditprogramme müs-sen die Bedeutung der betroffenen Prozesse und die Ergebnisse vorheriger Audits berücksichtigen;
>
> d) für jedes Audit die Auditkriterien sowie den Umfang festlegen;
>
> e) Auditoren so auswählen und Audits so durchführen, dass die Objektivität und Un-parteilichkeit des Auditprozesses sichergestellt ist;
>
> f) sicherstellen, dass die Ergebnisse der Audits gegenüber der zuständigen Leitung berichtet werden; und
>
> g) dokumentierte Information als Nachweis des/der Auditprogramms(e) und der Er-gebnisse der Audits aufbewahren.   ■

Eine Organisation muss ein Auditprogramm planen und umsetzen. Ein Auditprogramm legt die allgemeinen Grundsätze für interne Audits, wie die Häufigkeit, anzuwendende Methoden und Vorgehensweisen, Verantwortlichkeiten und Vorgaben zur Erstellung von Auditberichten fest. Es lohnt sich, sich sowohl bei der Gestaltung des Auditprogramms als auch bei der Planung und Durchführung einzelner Audits am etablierten und (für eine ISO-Norm) gut verständlichen Standard ISO 19011 (*Leitfaden zur Auditierung von Managementsystemen*) [DIN18] zu orientieren.

Im Rahmen des Programms sollte jedes einzelne Audit frühzeitig und gewissenhaft geplant werden. Ergebnisse früherer Audits sollten hier genauso berücksichtigt werden wie besondere Eigenschaften der zu auditierenden Geschäftsprozesse oder -bereiche. Als Faustregel kann gelten, dass ein Auditprogramm jedes Jahr mindestens ein internes Audit vorsehen sollte und innerhalb eines Zeitraums von zwei Jahren jeder grundlegende Aspekt eines ISMS mindestens einmal überprüft wird. Auch der Zeitpunkt der Durchführung der einzelnen Audits muss festgelegt werden, wobei sich die Frage stellt, wie weit im Voraus sie den Beteiligten angekündigt werden sollte. Da bei Managementsystem-Audits meistens viele Interviews mit Verantwortlichen in einem begrenzten Zeitfenster zu organisieren sind, ist in der Praxis eine möglichst frühzeitige Planung und Information aller Beteiligten zu empfehlen.

Ein Audit gliedert sich typischerweise in mehrere Phasen. Zunächst sollte die für ein ISMS notwendige Dokumentation, z. B. Richtliniendokumente, Verfahrensbeschreibungen oder auch Aufzeichnungen, auf Vorhandensein und Inhalt überprüft werden. Aufbauend auf solch einem Dokumentenaudit sollte der Auditor auch Mitarbeiter bei ihrer täglichen Arbeit beobachten und auch mit diesen persönliche Gespräche führen. Ergebnisse dieser Prüfungen werden in Form sogenannter Auditnachweise zusammengefasst.

Da es aus verschiedenen Gründen in der Regel wünschenswert ist, dass interne Audits zumindest teilweise von eigenen Mitarbeitern durchgeführt werden, stellt sich in vielen Organisationen die Frage, welche Fähigkeiten diese Mitarbeiter besitzen sollten. Wichtig bei der Auswahl der Auditoren, das betont ISO/IEC 27001 explizit, sind Objektivität und Unparteilichkeit. Ein für die Informationssicherheit verantwortlicher Mitarbeiter eignet sich demnach ebenso wenig für die Durchführung eines Audits wie Mitarbeiter der IT-Abteilung, die direkt an der Umsetzung ausgewählter Sicherheitsmaßnahmen beteiligt sind. In der Praxis haben sich erfahrene Mitarbeiter aus Revision oder Qualitätsmanagement bewährt, die über ausreichend gute Fachkenntnis der Informationssicherheit verfügen, aber bei Bedarf auch von IT-Spezialisten unterstützt werden können. Den offiziellen Abschluss eines Audits bildet ein Audit-Bericht oder ein Audit-Protokoll, welche die Ergebnisse des Audits sowie Vorschläge zur Behebung von festgestellten Defiziten eines ISMS zusammenfasst. Ein solcher Bericht sollte der zuständigen Leitung übergeben werden und gleichzeitig als Nachweis der Durchführung interner Audits und der erfolgreichen Umsetzung des Audit-Programms dienen. Die Leitung ist aber darüber hinaus auch noch zuständig dafür, explizit Bewertungen des Managementsystems durchzuführen.

4.9.3   Managementbewertung

Eine Bewertung durch das Management (*Management review*) stellt eine Prüfung der Konformität, Effektivität und Effizienz des ISMS durch die oberste Leitungsebene der betreffenden Organisation dar. Ziel ist es, zu ermitteln, inwieweit das bestehende ISMS und die geplanten und umgesetzten Maßnahmen zur Sicherung und Erhöhung der Informationssicherheit sowie zur Behandlung von Risiken plangemäß umgesetzt werden (Konformität), tatsächlich geeignet und wirksam sind (Effektivität), und das erzielte Ergebnis in einem vertretbaren Verhältnis zu den entstandenen Kosten bzw. dem personellen, technischen und organisatorischen Aufwand steht (Effizienz).

Mindestanforderung aus ISO/IEC 27001:
9.3 Managementbewertung
Die oberste Leitung muss das Informationssicherheitsmanagementsystem der Organisation in geplanten Abständen bewerten, um dessen fortdauernde Eignung, Angemessenheit und Wirksamkeit sicherzustellen.
Die Managementbewertung muss folgende Aspekte behandeln:

a) den Status von Maßnahmen vorheriger Managementbewertungen;

b) Veränderungen bei externen und internen Themen, die das Informationssicherheitsmanagementsystem betreffen;

c) Rückmeldung über die Informationssicherheitsleistung, einschließlich Entwicklungen bei:

1) Nichtkonformitäten und Korrekturmaßnahmen;

2) Ergebnissen von Überwachungen und Messungen;

3) Auditergebnissen; und

4) Erreichung von Informationssicherheitszielen;

d) Rückmeldung von interessierten Parteien;

e) Ergebnisse der Risikobeurteilung und Status des Plans für die Risikobehandlung; und

f) Möglichkeiten zur fortlaufenden Verbesserung.

Regelmäßig (i.d.R. mindestens jährlich) durchzuführende Managementbewertungen sind ein wichtiger Faktor in einem ISMS, da sie die Verantwortung des leitenden Managements in Hinblick auf die kontinuierliche Verbesserung des ISMS und des Sicherheitsniveaus der

Organisation weiter konkretisieren. ISO/IEC 27001 fordert dabei die Einbeziehung einer Reihe von Aspekten, wie beispielsweise die Ergebnisse früherer Managementbewertungen, die in Audits festgestellten und dokumentierten Defizite und Nichtkonformitäten als auch Berichte und direkte Rückmeldungen im ISMS-Kontext involvierter Parteien, z. B. Kunden, Partnerunternehmen und Lieferanten. Die Ergebnisse der Managementbewertung müssen Entscheidungen zu Möglichkeiten der fortlaufenden Verbesserung sowie zu jeglichem Änderungsbedarf am Informationssicherheitsmanagementsystem enthalten.

■ 4.10   Verbesserung

Der kontinuierliche Verbesserungsprozess nach dem Deming-Kreislauf (vgl. Kapitel 3.3) ist ein grundlegendes Prinzip des prozessorientierten Informationssicherheitsmanagements (vgl. ISO/IEC 27000) und wird gemeinhin besonders mit der Phase „Act" in diesem assoziiert. Dieses Reagieren und Agieren auf Basis der im „Check" erlangten Erkenntnisse umfasst nach Abschnitt 10 der ISO/IEC 27001 die Korrektur von Nichtkonformität und die Umsetzung eines systematischen Verbesserungsprozesses.

4.10.1   Nichtkonformität und Korrekturmaßnahmen

Eine Nichtkonformität ist nach ISO/IEC 27000 die Nichterfüllung einer Anforderung. Anforderungen ergeben sich aus dem Standard ISO/IEC 27001 selbst – aus gesetzlichen, regulatorischen oder sonstigen Bestimmungen oder Verträgen (Compliance-Anforderungen) – oder auch organisationsintern, z.B. aus ISMS-Richtlinien oder festgelegten Verfahrensvorgaben. Das Erkennen von Nichtkonformitäten erfolgt in erster Linie durch Audits bzw. durch das Auditprogramm (vgl. Kapitel 4.9.2). Auf identifizierte Nichtkonformitäten muss reagiert werden:

Mindestanforderung aus ISO/IEC 27001:
10.1 Nichtkonformität und Korrekturmaßnahmen
Wenn eine Nichtkonformität auftritt, muss die Organisation:

a) darauf reagieren und falls zutreffend:
   1) Maßnahmen zur Überwachung und zur Korrektur ergreifen; und
   2) mit den Folgen umgehen;

b) die Notwendigkeit von Maßnahmen zur Beseitigung der Ursache von Nichtkonformitäten bewerten, damit diese nicht erneut oder an anderer Stelle auftreten, und zwar durch:
   1) Überprüfen der Nichtkonformität;
   2) Bestimmen der Ursachen der Nichtkonformität; und
   3) Bestimmen, ob vergleichbare Nichtkonformitäten bestehen, oder möglicherweise auftreten könnten;

c) jegliche erforderliche Maßnahme einleiten;

d) die Wirksamkeit jeglicher ergriffener Korrekturmaßnahme überprüfen; und

> e) sofern erforderlich, das Informationssicherheitsmanagementsystem ändern.
>
> Korrekturmaßnahmen müssen den Auswirkungen der aufgetretenen Nichtkonformitäten angemessen sein.
>
> Die Organisation muss dokumentierte Information aufbewahren, als Nachweis:
>
> f) der Art der Nichtkonformität sowie jeder daraufhin getroffenen Maßnahme; und
>
> g) der Ergebnisse jeder Korrekturmaßnahme.

Falls eine Nichtkonformität auftritt, darf die Organisation diese nicht ignorieren, sondern muss darauf reagieren und alle notwendigen und erforderlichen Korrekturmaßnahmen ergreifen, um die Nichtkonformität abzustellen. Auch die Folgen, die durch die Nichtkonformität eingetreten sind, müssen behandelt werden. Die Korrekturmaßnahmen müssen im Verhältnis zu den Auswirkungen der Nichtkonformität angemessen sein, d.h. eine Überreaktion ist genauso zu vermeiden wie das Außerachtlassen. Je nach Auswirkung der Nichtkonformität kann sogar die Änderung des ISMS erforderlich sein. Die eingesetzten Maßnahmen sind auf ihre Wirksamkeit hin zu überprüfen, d.h. es ist zu prüfen, ob die Korrekturmaßnahmen geeignet und angemessen sind, um die Nichtkonformität zu beseitigen. Eine Nichtkonformität soll auch nicht wiederholt oder an anderer Stelle auftreten. Insofern ist die Nichtkonformität auch daraufhin zu untersuchen und deren Ursachen zu ermitteln. Diese Analyse muss ausreichende Informationen liefern, um erkennen zu können, ob ähnliche Nichtkonformitäten in anderen Bereichen bestehen oder auftreten könnten. Auch dann sind angemessene Korrekturmaßnahmen geboten.

4.10.2 Fortlaufende Verbesserung

 Mindestanforderung aus ISO/IEC 27001:
10.2 Fortlaufende Verbesserung
Die Organisation muss die Eignung, Angemessenheit und Wirksamkeit ihres Informationssicherheitsmanagementsystems fortlaufend verbessern.

Der Standard fordert in diesem Abschnitt explizit die fortlaufende Verbesserung. Die wesentlichen Kriterien sind dabei die Eignung des ISMS, seine Angemessenheit und Wirksamkeit im Hinblick auf die identifizierten Risiken und der Erfüllungsgrad der Anforderungen sowie der vorgegebenen Informationssicherheitsziele.

■ 4.11 Zusammenfassung

Zur Anwendung einer Norm gehört ganz grundlegend, dass ihr Anwendungsbereich spezifisch für die jeweilige Organisation definiert wird (vgl. Abschnitt 4.3 der Norm). Standardkonformität kann dabei nur erreicht werden, wenn keine der in ISO/IEC 27001 genannten Mindestanforderungen ausgeschlossen wird. Für die Zertifizierung einer Organisation nach ISO/IEC 27001 müssen somit alle Vorgaben der Abschnitte 4 bis 10 eingehalten werden; begründete Einschränkungen können sich nur auf die in Anhang A von ISO/IEC 27001 vorgesehenen Maßnahmen beziehen.

Der unternehmensspezifische Anwendungsbereich muss unter Berücksichtigung identifizierter externer und interner Themen und Anforderungen sowie Schnittstellen und Abhängigkeiten zu Tätigkeiten anderer Organisationen definiert werden. Er manifestiert sich in einer Informationssicherheitspolitik, die durch die oberste Leitung festgelegt und durch Informationssicherheitsrichtlinien dokumentiert wird. Da ISO/IEC 27001 ein risikogetriebenes Vorgehen fordert, muss auch festgelegt werden, wie Risiken für die Informationssicherheit ermittelt und eingeschätzt werden, und anhand welcher Kriterien entschieden wird, ob ein verbleibendes Restrisiko ohne das Ergreifen weiterer risikosenkender Maßnahmen akzeptiert wird. Als Umgang mit Risiken kommt neben deren bewusster Akzeptanz infrage, geeignete (Gegen-)Maßnahmen zu ergreifen, die Risiken z. B. durch das Abschalten von Systemen zu vermeiden oder die Risiken vertraglich an Dritte – beispielsweise Versicherungen oder Zulieferer – zu übertragen. Den ermittelten Restrisiken müssen nach ISO/IEC 27001 die sogenannten Risikoeigentümer zustimmen, die im Rahmen der Risikobeurteilung identifiziert wurden.

ISO/IEC 27001 weist der obersten Leitung einer Organisation eine Reihe von Verpflichtungen zu, so dass zum einen sichergestellt wird, dass Informationssicherheit kein Thema nur der IT-Abteilung bleibt, und dass zum anderen immer ausreichende Ressourcen u. a. zur Durchführung und kontinuierlichen Verbesserung des ISMS bereitgestellt werden. Die Norm sieht zudem interne Audits und Managementbewertungen vor, bei denen die wirksame Erreichung der mit dem ISMS verbundenen Ziele überprüft wird. Diese Audits und Managementbewertungen müssen in geplanten Abständen durchgeführt werden und umfassen beispielsweise die Kontrolle, ob die in der Norm genannten Anforderungen und die organisationsspezifisch identifizierten Anforderungen an die Informationssicherheit erfüllt werden. Erkannte Nichtkonformität muss im Rahmen der kontinuierlichen Verbesserung über Korrekturmaßnahmen behoben werden. Darüber hinaus muss auch laufend die Notwendigkeit von Präventionsmaßnahmen untersucht werden, weil sich beispielsweise Risiken oder Anforderungen geändert haben können.

■ 4.12   Beispiele für Prüfungsfragen zu diesem Kapitel

Nachfolgend finden Sie Beispiele für Prüfungsfragen, die sich thematisch mit den in diesem Kapitel erlernten Inhalten auseinandersetzen. Die richtigen Antworten inklusive Erläuterungen und Verweisen befinden sich in Anhang C.1 ab Seite 233.

Prüfungsfrage 4.12:
Wann spricht man von einem ISMS, das zu ISO/IEC 27001 konform ist?

A) Wenn alle Anforderungen aus den Abschnitten 4 bis 10 erfüllt und die Maßnahmen aus dem Anhang A in ISO/IEC 27001 umgesetzt wurden, sofern anwendbar.

B) Wenn für alle Maßnahmen aus dem Anhang A in ISO/IEC 27001 eine solide und nachvollziehbare Planung existiert.

C) Wenn alle Maßnahmen exakt nach den Vorgaben aus ISO/IEC 27002 umgesetzt wurden.

D) Wenn mindestens 80 % der identifizierten Risiken durch geeignete Maßnahmen behandelt wurden.

Prüfungsfrage 4.13:
Wobei handelt es sich *nicht* um einen relevanten Aspekt der Informationssicherheitsrisikobehandlung gemäß ISO/IEC 27001?

A) Auswahl angemessener Optionen für die Risikobehandlung.

B) Erstellung einer Erklärung zur Anwendbarkeit.

C) Löschen von Restrisiken auf Basis der Risikokriterien.

D) Erstellung eines Risikobehandlungsplans.

Prüfungsfrage 4.14:
Wie definiert ISO/IEC 27000 den Begriff Risikoanalyse?

A) Koordinierte Aktivitäten zur Leitung und Kontrolle einer Organisation in Bezug auf Risiken.

B) Prozess für die Auswahl von Maßnahmen zur Behandlung identifizierter Risiken.

C) Festlegungen, um die Signifikanz eines Risikos zu bewerten.

D) Prozess, um die Beschaffenheit eines Risikos zu verstehen und das Risikoniveau zu bestimmen.

Prüfungsfrage 4.15:

Welche der folgenden Tätigkeiten ist *keine* von ISO/IEC 27001 geforderte Verpflichtung des Managements?

A)   Sicherstellung, dass interne ISMS-Audits durchgeführt werden.

B)   Bestimmung der Aufgaben und Verantwortlichkeiten für Informationssicherheit.

C)   Lenkung von Dokumenten und Aufzeichnungen.

D)   Festlegen der ISMS-Leitlinie.

 Prüfungsfrage 4.16:

Welche Arten von Audits sind in der Regel nach ISO/IEC 27000 zu unterscheiden?

A)   Vollständige und unvollständige.

B)   Interne und externe.

C)   Objektive und subjetive.

D)   Angekündigte und unangekündigte.

 Prüfungsfrage 4.17:

Im Verlauf der Festlegung des ISMS sind nach ISO/IEC 27001 die Definition der ISMS-Leitlinie und der Vorgehensweise zur Risikoeinschätzung zu erstellen. Welcher Schritt muss nach ISO/IEC 27001 bereits zuvor erfolgt sein?

A)   Das Budget für das ISMS-Vorhaben muss geklärt werden.

B)   Das Management muss die Umsetzung und Durchführung des ISMS genehmigen.

C)   Im Rahmen eines Audits müssen Verbesserungsmöglichkeiten identifiziert werden.

D)   Der Anwendungsbereich (*Scope*) des ISMS muss festgelegt werden.

 Prüfungsfrage 4.18:

Welche Aufgabe hat ein Risikoeigentümer im Hinblick auf die Informationssicherheitsrisikobehandlung?

A)   Der Risikoeigentümer muss alle Restrisiken identifizieren und beseitigen.

B)   Der Risikoeigentümer muss den vorgeschlagenen Restrisiken zustimmen.

C)   Der Risikoeigentümer ist für die Umsetzung des ISMS zuständig.

D)   Der Risikoeigentümer schreibt die Festlegungen des ISMS in einem Managementplan nieder.

Prüfungsfrage 4.19:
Welcher Schritt gehört *nicht* zur Beurteilung von Informationssicherheitsrisiken?

A)   Identifizierung der Risiken und zugehörigen Risikoeigentümer.

B)   Analyse der Risiken einschließlich Bestimmung der Risikoniveaus.

C)   Bewertung der Risiken einschließlich Priorisierung für die Risikobehandlung.

D)   Festlegung der Maßnahmen zur Risikobehandlung.

Prüfungsfrage 4.20:
Worauf ist im Zusammenhang mit internen Audits des ISMS zu achten?

A)   Dass in jedem internen Audit alle Anforderungen der Norm ISO/IEC 27001 vollumfänglich geprüft werden.

B)   Dass die Ergebnisse der Audits gegenüber der zuständigen Leitung berichtet werden.

C)   Dass die Auditkriterien im Vorfeld gegenüber den auditierten Personen und Bereichen nicht offengelegt werden.

D)   Dass als Auditoren nur Personen ausgewählt werden, die selbst in dem auditierten Bereich tätig sind.

Prüfungsfrage 4.21:
Wobei handelt es sich *nicht* um eine Aktivität, die gemäß ISO/IEC 27001 umgesetzt werden muss, um ein ISMS zu planen oder zu betreiben?

A)   Bestimmung von Chancen und Risiken in Verbindung mit dem ISMS.

B)   Festlegung von Informationssicherheitszielen.

C)   Etablierung eines Prozesses zur Ermittlung der Mitarbeiterzufriedenheit in Bezug auf die festgelegten Sicherheitsrichtlinien.

D)   Erstellung einer Erklärung zur Anwendbarkeit des ISMS.

5

Maßnahmenziele und Maßnahmen im Rahmen des ISMS

Im normativen Anhang A *Referenzmaßnahmenziele und -maßnahmen* (vgl. S. 210) beschreibt ISO/IEC 27001 eine sehr umfangreiche Reihe von Maßnahmen, deren Umsetzung zur Reduzierung der Risiken für die Informationssicherheit beiträgt. Trotz des Umfangs ist diese Maßnahmenliste nicht vollständig; jede Organisation muss sich deshalb auch überlegen, welche weiteren Maßnahmen in ihrem konkreten Fall benötigt werden. Die Maßnahmen wurden ursprünglich aus den Abschnitten 5 bis 15 der Norm ISO/IEC 17799 abgeleitet, woraus sich auch die Nummerierung des Anhangs A von ISO/IEC 27001 beginnend mit A.5 ergibt. In der aktuellen Version der Norm hat sich die Anzahl der Abschnitte von ursprünglich 11 auf inzwischen 14 erhöht. Auch die Kapitel von ISO/IEC 27002 orientieren sich an dieser Struktur und Reihenfolge.

In diesem Kapitel gehen wir auf alle in Anhang A von ISO/IEC 27001 aufgeführten Maßnahmen ein. Einige Maßnahmen sind dabei ausführlicher beschrieben als andere. Das bedeutet **nicht**, dass sie theoretisch oder in der Praxis wichtiger sind als die anderen, sondern spiegelt vielmehr die Schwerpunkte des ISO/IEC 27001 Foundation-Kurses wider. Zu ausgewählten Maßnahmen werden in Anlehnung an ISO/IEC 27002 jeweils auch praktische Beispiele zur Umsetzung gegeben.

Die ISO/IEC 27000-Normenreihe fasst die Maßnahmen in 14 Kategorien zusammen (vgl. Abbildung 5.1). In jeder Kategorie wird mindestens ein Maßnahmenziel definiert, und pro Maßnahmenziel existieren eine oder, was die Regel ist, mehrere Maßnahmen. Umgekehrt kann jede Maßnahme genau einem Maßnahmenziel zugeordnet werden. Nachfolgend werden die einzelnen Kategorien in der Reihenfolge, wie sie auch in ISO/IEC 27001 genannt sind, besprochen:

Anhang	Bezeichnung	ab Seite
A.5	Informationssicherheitsrichtlinien	75
A.6	Organisation der Informationssicherheit	77
A.7	Personalsicherheit	80
A.8	Verwaltung der Werte	84
A.9	Zugangssteuerung	90
A.10	Kryptographie	96
A.11	Physische und umgebungsbezogene Sicherheit	98
A.12	Betriebssicherheit	105
A.13	Kommunikationssicherheit	115

Anhang	Bezeichnung	ab Seite
A.14	Anschaffung, Entwicklung und Instandhalten von Systemen	119
A.15	Lieferantenbeziehungen	125
A.16	Handhabung von Informationssicherheitsvorfällen	128
A.17	Informationssicherheitsaspekte beim Business Continuity Management	133
A.18	Compliance	136

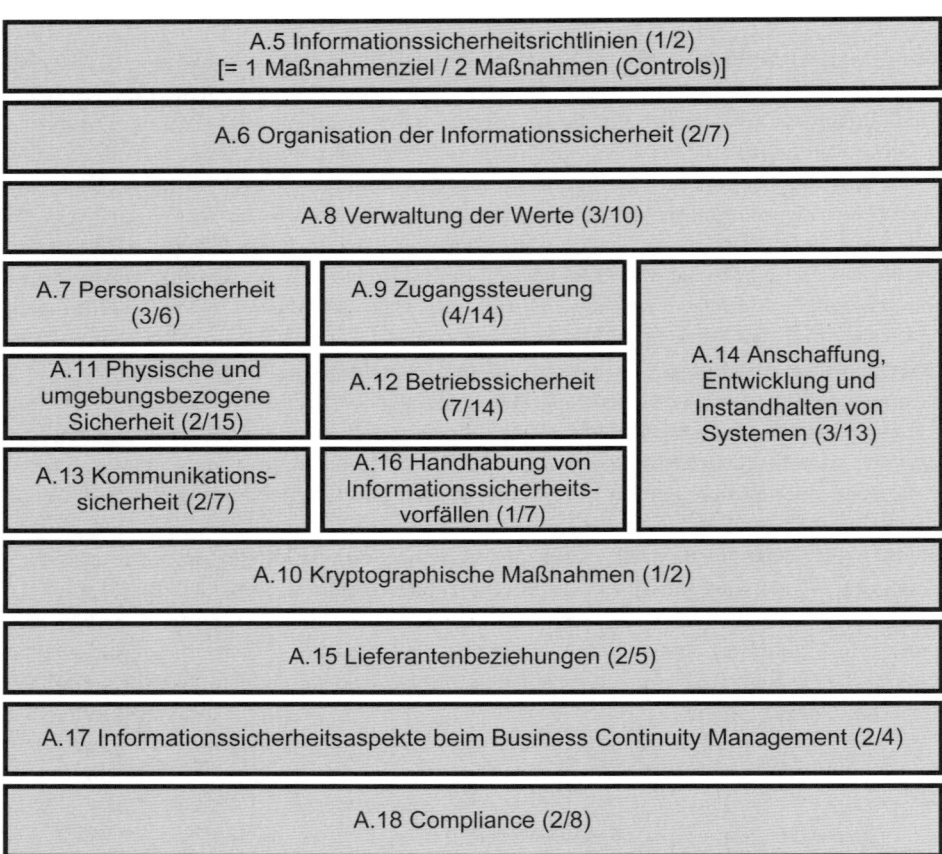

Abbildung 5.1 Struktur der Maßnahmenziele und Maßnahmen aus Anhang A von ISO/IEC 27001

■ 5.1 A.5 Informationssicherheitsrichtlinien

Die in Anhang A.5 von ISO/IEC 27001 genannten Maßnahmenziele und Maßnahmen befassen sich mit der vom Management zu genehmigenden und regelmäßig zu überprüfenden Sicherheitsrichtlinie. Abbildung 5.2 fasst alle Maßnahmenziele und Maßnahmen für *A.5 Sicherheitsrichtlinien* zusammen.

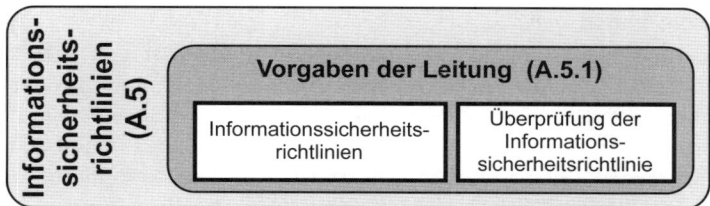

Abbildung 5.2 A.5: Überblick über Maßnahmenziele und Maßnahmen

5.1.1 A.5.1 Vorgaben der Leitung für Informationssicherheit

 Maßnahmenziel aus ISO/IEC 27001:
A.5.1 Vorgaben der Leitung für Informationssicherheit
Vorgaben und Unterstützung für die Informationssicherheit sind seitens der Leitung
in Übereinstimmung mit geschäftlichen Anforderungen und den relevanten Gesetzen
und Vorschriften bereitgestellt. ■

Um dieses Ziel zu erreichen, werden zwei Maßnahmen definiert. Zunächst wird für die
Richtlinie selbst vorgegeben:

 Maßnahme **A.5.1.1** aus ISO/IEC 27001:
Informationssicherheitsrichtlinien
Ein Satz Informationssicherheitsrichtlinien ist festgelegt, von der Leitung genehmigt,
herausgegeben und den Beschäftigten sowie relevanten externen Parteien bekanntgemacht. ■

Wie bereits in Kapitel 3.1.2 erläutert wurde, ist es wichtig, dass die Intention und das Commitment auf höchster Ebene des Managements erfolgt und deutlich aus der Informationssicherheitsrichtlinie hervorgehen. Dazu sollte eine unternehmensweit kommunizierte Absichtserklärung des Managements vorliegen, aus der hervorgeht, dass die Ziele und die Prinzipien der Informationssicherheit in Einklang mit der Geschäftsstrategie und den Geschäftszielen unterstützt werden sollen. Neben den im Maßnahmenziel genannten Anforderungen, die sich aus der Unternehmensstrategie, Gesetzen, Vorschriften und Verträgen ergeben, soll die Richtlinie auch die aktuellen und zu erwartenden Bedrohungen der Informationssicherheit berücksichtigen.

Die übergeordnete Richtlinie dient auch dazu, alle Aktivitäten, die Einfluss auf die Informationssicherheit haben, lenken zu können. Dazu bedarf es der Definition von Informationssicherheit, deren Zielen und Grundsätzen. Die Richtlinie ist auch eine gute Stelle, um allgemeine und spezifische Verantwortlichkeiten für das Informationssicherheitsmanagement zu definieren und diesen definierte Rollen für die Behandlung der Informationssicherheit zuzuweisen.

Darüber hinaus sollten auch Prozesse spezifiziert werden, wie mit Abweichungen und Ausnahmen umzugehen ist.

Wie bei allen Richtlinien sollte auch verstärkt darauf geachtet werden, sachdienliche, zugängliche und verständliche Formulierungen zu verwenden, damit es bei der Belegschaft und relevanten Externen nicht zu Unklarheiten kommt, durch die unwissentliche Verstöße hervorgerufen werden könnten. Die Richtlinie sollte auch allen maßgeblichen Partnern kommuniziert werden. Dabei ist darauf zu achten dass bei einer Verbreitung außerhalb der Organisation keine vertraulichen Informationen bekanntgegeben werden.

Die Informationssicherheitsrichtlinie sollte durch themenspezifische Richtlinien flankiert werden. Dabei können die Bedürfnisse von spezifischen Zielgruppen oder bestimmte Themen Strukturierungsmerkmal sein.

Beispiele für solche themenspezifischen Richtlinien sind:

- Zugangssteuerung (s. Kapitel 5.5)
- Informationsklassifizierung (s. Kapitel 5.4.2)
- Physische und umgebungsbezogene Sicherheit (s. Kapitel 5.7)
- Themen die sich an den Endanwender richten, wie:
  - Zulässiger Gebrauch von Werten (s. Kapitel 5.4.1)
  - Richtlinien für eine aufgeräumte Arbeitsumgebung und Bildschirmsperren (s. Kapitel 5.7.2)
  - Informationsübertragung (s. Kapitel 5.9.2)
  - Mobilgeräte und Telearbeit (s. Kapitel 5.2.2
  - Einschränkung von Softwareinstallation und -verwendung (s. Kapitel 5.8.6)
- Datensicherung (s. Kapitel 5.8.3)
- Schutz vor Schadsoftware (s. Kapitel 5.8.2)
- Handhabung technischer Schwachstellen (s. Kapitel 5.8.6)
- Kryptographische Maßnahmen (s. Kapitel 5.6)
- Kommunikationssicherheit (s. Kapitel 5.9)
- Privatsphäre und Schutz von personenbezogener Information (s. Kapitel 5.14.1)
- Lieferantenbeziehungen (s. Kapitel 5.11)

Eine weitere wesentliche Maßnahme ist die regelmäßige Überprüfung der Richtlinien.

Maßnahme **A.5.1.2** aus ISO/IEC 27001:
Überprüfung der Informationssicherheitsrichtlinien
Die Informationssicherheitsrichtlinien werden in geplanten Abständen oder jeweils nach erheblichen Änderungen überprüft, um sicherzustellen, dass sie nach wie vor geeignet, angemessen und wirksam sind.

Der für die Entwicklung, Bewertung und Überprüfung der Richtlinie Verantwortliche überprüft seine Richtlinien periodisch oder nach organisatorischen, geschäftlichen oder gesetzlichen Veränderungen und bewertet Verbesserungspotenziale. Eine geänderte Richtlinie bedarf der Genehmigung durch die Leitung.

■ 5.2 A.6 Organisation der Informationssicherheit

Die Organisation der Informationssicherheit ist nach ISO/IEC 27001 in zwei Teilbereiche untergliedert. Dabei wird zwischen der internen Organisation (siehe Kapitel 5.2.1) und der Informationssicherheit von Mobilgeräten und bei Telearbeit (vgl. Kapitel 5.2.2) unterschieden.

5.2.1 A.6.1 Interne Organisation

Das Ziel der internen Organisation muss es nach ISO/IEC 27001 sein, dass ein Rahmenwerk existiert, das die organisatorischen Belange der Informationssicherheit festlegt.

Maßnahmenziel aus ISO/IEC 27001:
A.6.1 Interne Organisation
Ein Rahmenwerk für die Leitung, mit dem die Umsetzung der Informationssicherheit in der Organisation eingeleitet und gesteuert werden kann, ist eingerichtet. ■

Um dieses Ziel zu erreichen, werden fünf Maßnahmen definiert. Zunächst ist eine klare und umfassende Spezifikation von Verantwortlichkeiten gefordert.

Maßnahme **A.6.1.1** aus ISO/IEC 27001:
Informationssicherheitsrollen und -verantwortlichkeiten
Alle Informationssicherheitsverantwortlichkeiten sind festgelegt und zugeordnet. ■

Die Verantwortlichkeiten sollen sich am Schutz von Werten, an der Ausführung bestimmter Informationssicherheitsprozessen, am Risikomanagement und hier speziell an der Akzeptanz von Restrisiken orientieren. Die Zuweisung von Verantwortung sowie die Spezifikation der Verantwortung sind zu dokumentieren. Es empfiehlt sich, dass ein Sicherheitsverantwortlicher ernannt wird, der die Gesamtverantwortung für die Informationssicherheit trägt.

Maßnahme A.6.1.2 aus ISO/IEC 27001:
Aufgabentrennung
Miteinander in Konflikt stehende Aufgaben und Verantwortlichkeitsbereiche sind getrennt, um die Möglichkeiten zu unbefugter oder unbeabsichtigter Änderung oder zum Missbrauch der Werte der Organisation zu reduzieren. ∎

Mit der Aufgabentrennung wird das Risiko eines Missbrauchs, sei er irrtümlich oder vorsätzlich, minimiert. Dabei ist darauf zu achten, dass nicht eine einzelne Person Werte ohne Genehmigung oder Nachweis modifizieren oder verwenden kann. Für kleine Organisationen, in denen eine Aufgabentrennung in allen Bereichen nur schwer umsetzbar ist, können andere Maßnahmen wie Überwachung der Tätigkeiten, Prüfpfade und Leitungsaufsicht etabliert werden.

Maßnahme A.6.1.3 aus ISO/IEC 27001:
Kontakt mit Behörden
Angemessene Kontakte mit relevanten Behörden werden gepflegt. ∎

Bereits vor einem Kontakt mit Behörden werden Verfahren und Verantwortlichkeiten bestimmt und dokumentiert, die festlegen, wer wann mit welchen Behörden kommuniziert. Dies betrifft z.B. Strafverfolgungsbehörden oder auch Aufsichtsbehörden. Dabei ist auch festzulegen, wer berechtigt ist, Sicherheitsvorfälle an Externe weiterzugeben und in welcher Art die Weitergabe solcher Informationen erfolgt. Ggf. besteht durch das IT-Sicherheitsgesetz (vgl. Kapitel 1.3) sogar eine gesetzliche Verpflichtung zur Meldung. Mit der Handhabung von Informationssicherheitsvorfällen beschäftigt sich A.16 (vgl. Kapitel 5.12).

Neben dem Kontakt zu relevanten Behörden ist auch der Kontakt zu speziellen Interessengruppen wichtig:

Maßnahme A.6.1.4 aus ISO/IEC 27001:
Kontakt mit speziellen Interessensgruppen
Angemessene Kontakte mit speziellen Interessensgruppen oder sonstigen sicherheitsorientierten Expertenforen und Fachverbänden werden gepflegt. ∎

Mitgliedschaften in Interessensgruppen, die Sicherheitsinformationen oder Good Practices austauschen, das Verständnis für Informationssicherheit oder das Wissen über Schwachstellen vermitteln, sind dabei zu prüfen. Es können auch Vereinbarungen zur Kooperation und Koordination geschlossen werden. Als Beispiel für spezielle Interessensgruppen sind hier CERTs (Computer Emergency Response Teams) oder deren Verbünde zu nennen. Diese können mit sachdienlichen Hinweisen die Schutzmaßnahmen unterstützen oder stetig verbessern helfen.

Der Kontakt mit Geschäftspartnern bzw. Lieferanten wird in A.15 behandelt (vgl. Kapitel 5.11).

Nicht nur im Betrieb, sondern auch bei Projekten sind die Belange der Informationssicherheit zu berücksichtigen.

Maßnahme **A.6.1.5** aus ISO/IEC 27001:
Informationssicherheit im Projektmanagement
Informationssicherheit wird im Projektmanagement berücksichtigt, ungeachtet der Art
des Projekts. ∎

Dabei geht es darum, dass Informationssicherheitsziele als Projektziele berücksichtigt und
die Informationssicherheit Teil aller Projektphasen und auch der Projektmethodik sind.
Eine Risikobewertung soll bereits in einer frühen Phase des Projektes erfolgen.

5.2.2 A.6.2 Mobilgeräte und Telearbeit

Der zweite Bereich von A.6 war in der letzten Version von ISO/IEC 27001 noch nicht ei-
genständig enthalten und beschäftigt sich mit neueren Formen der Arbeit und aller Arten
mobiler Geräte. Ziele sind ein einheitliches Sicherheitsniveau und die Aufrechterhaltung
der Informationssicherheit auch in diesen Bereichen.

Maßnahmenziel aus ISO/IEC 27001:
A.6.2 Mobilgeräte[1] und Telearbeit
Die Informationssicherheit bei Telearbeit und der Nutzung von Mobilgeräten ist sicher-
gestellt. ∎

Bei der Verwendung von Mobilgeräten ist darauf zu achten, dass die Maßnahmen zur Informationsklassifizierung (s. Kapitel 5.4.2) umgesetzt werden und dass die erhöhten Risiken
des Umgangs mit Mobilgeräten in nicht geschützten Umgebungen angemessen berücksichtigt werden. Dies umfasst sowohl Hard- und Software, Daten auf den Geräten sowie
den Schutz vor Schadsoftware.

Maßnahme **A.6.2.1** aus ISO/IEC 27001:
Richtlinie zu Mobilgeräten
Eine Richtlinie und unterstützende Sicherheitsmaßnahmen sind umgesetzt, um die
Risiken, welche durch die Nutzung von Mobilgeräten bedingt sind, zu handhaben. ∎

Mit der Flexibilisierung der Arbeit und dem Wunsch nach Vereinbarkeit von Familie und
Beruf nimmt Telearbeit in Organisationen merklich zu, und Mitarbeiter arbeiten temporär
oder vollständig in ihrer eigenen Wohnung für die Organisation.

---

[1] Mobilgeräte umfassen mobile Endgeräte jeder Art (Smartphones, Tablets, Laptops, Netbooks etc.).

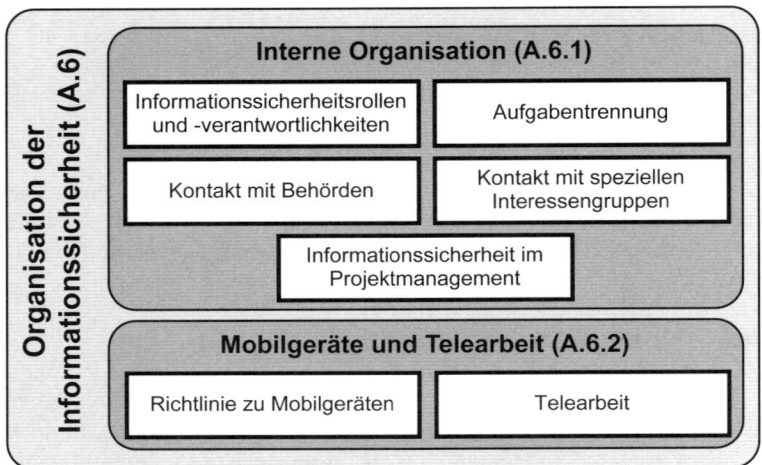

Abbildung 5.3 A.6: Überblick über Maßnahmenziele und Maßnahmen

Maßnahme **A.6.2.2** aus ISO/IEC 27001:
Telearbeit
Eine Richtlinie und unterstützende Sicherheitsmaßnahmen zum Schutz von Information, auf die von Telearbeitsplätzen aus zugegriffen wird oder die dort verarbeitet oder
gespeichert werden, sind umgesetzt.

Die Organisation sollte festlegen, unter welchen Bedingungen und mit welchen Einschränkungen Telearbeit erlaubt und möglich ist. Dies umfasst u.a. Regelungen über verwendete Geräte, Anforderungen an den Arbeitsplatz, die physische und logische Sicherheit, den
Zugang von Familie und Besuchern zu Informationen oder Geräten, die Auditierung der
Sicherheit, aber auch den Widerruf von Befugnissen und Rechten.

Abbildung 5.3 fasst alle Maßnahmenziele und Maßnahmen für *A.6 Organisation der Informationssicherheit* zusammen.

■ 5.3 A.7 Personalsicherheit

Die Disziplin der Personalsicherheit deckt den gesamten Lebenszyklus im Beschäftigungsverhältnis eines Mitarbeiters von der Planung einer Anstellung (Kapitel 5.3.1) über die tatsächliche Anstellung (Kapitel 5.3.2) bis hin zur Beendigung des Arbeitsverhältnisses (Kapitel 5.3.3) ab. Dabei umfasst die Personalsicherheit nicht nur die im Unternehmen angestellten Personen, sondern auch Auftragnehmer.

5.3.1   A.7.1 Vor der Beschäftigung

Bereits vor einer Anstellung von Mitarbeitern – was sowohl fest angestellte Arbeitskräfte, aber auch Auftragnehmer sein können – sollte eine angemessene Überprüfung des neuen Personals stattfinden.

Maßnahmenziel aus ISO/IEC 27001:
A.7.1 Vor der Beschäftigung
Es ist sichergestellt, dass Beschäftigte und Auftragnehmer ihre Verantwortlichkeiten verstehen und für die für sie vorgesehenen Rollen geeignet sind.

Das übergreifende Ziel ist die klare Spezifikation von Verantwortlichkeiten und Rollen samt Etablierung eines gemeinsamen Verständnisses für die Aufgaben im Hinblick auf Informationssicherheit.

Maßnahme **A.7.1.1** aus ISO/IEC 27001:
Sicherheitsüberprüfung
Alle Personen, die sich um eine Beschäftigung bewerben, werden einer Sicherheitsüberprüfung unterzogen, die im Einklang mit den relevanten Gesetzen, Vorschriften und ethischen Grundsätzen sowie in einem angemessenen Verhältnis zu den geschäftlichen Anforderungen, der Einstufung der einzuholenden Information und den wahrgenommenen Risiken ist.

Alle Bewerber sollten Sicherheitsüberprüfungen durchlaufen, die den relevanten Gesetzen und Vorschriften entsprechen und verhältnismäßig sind, d.h. die geschäftlichen Anforderungen und die Risiken berücksichtigen. Dabei wird der Begriff in ISO/IEC 27002 nicht nur im engeren Sinn einer Sicherheitsüberprüfung verstanden, sondern berücksichtigt auch die Prüfung der Bewerbungsunterlagen und der Zeugnisse auf Vollständigkeit und Richtigkeit sowie die Überprüfung der angegebenen beruflichen und akademischen Qualifikationen.

Maßnahme **A.7.1.2** aus ISO/IEC 27001:
Beschäftigungs- und Vertragsbedingungen
In den vertraglichen Vereinbarungen mit Beschäftigten und Auftragnehmern sind deren Verantwortlichkeiten und diejenigen der Organisation festgelegt.

Die vertraglichen Regelungen sollten die Informationssicherheitsrichtlinien widerspiegeln und sicherstellen, dass die Beschäftigten der Einhaltung dieser Bedingungen zustimmen und sich darauf verpflichten. Dies umfasst u.a. die Klassifikation von Informationen (s. Kapitel 5.4.2), den Umgang mit vertraulichen Informationen (s. Kapitel 5.9.2) und gesetzliche Regelungen wie Datenschutz- und Urheberrecht. Es sind auch Maßnahmen vorzusehen, falls die Beschäftigten Sicherheitsanforderungen ignorieren.

5.3.2   A.7.2 Während der Beschäftigung

Auch während der Beschäftigung gilt es, die potenziellen Sicherheitsrisiken zu minimieren:

Maßnahmenziel aus ISO/IEC 27001:
A.7.2 Während der Beschäftigung
Es ist sichergestellt, dass Beschäftigte und Auftragnehmer sich ihrer Verantwortlichkeiten bezüglich der Informationssicherheit bewusst sind und diesen nachkommen. ∎

Das Ziel jeder Organisation muss es sein, dass alle die Sicherheitsmaßnahmen aktiv unterstützen und sich der Informationssicherheit auch bewusst sind.

Maßnahme **A.7.2.1** aus ISO/IEC 27001:
Verantwortlichkeiten der Leitung
Die Leitung verlangt von allen Beschäftigten und Auftragnehmern, dass sie die Informationssicherheit im Einklang mit den eingeführten Richtlinien und Verfahren der Organisation umsetzen. ∎

Die Leitung hat insbesondere bei der Informationssicherheit eine Vorbildfunktion. Sie muss die Informationssicherheit aktiv fördern und unterstützen und dafür sorgen, dass die Beschäftigten über ihre Rollen, Verantwortlichkeiten und über die Richtlinien, Regeln, Maßnahmen und Verfahren Bescheid wissen. Das Bewusstsein für Informationssicherheit sollte gestärkt und die Beschäftigten dafür auch motiviert und kontinuierlich weitergebildet werden.

Maßnahme **A.7.2.2** aus ISO/IEC 27001:
Informationssicherheitsbewusstsein, -ausbildung und -schulung
Alle Beschäftigten der Organisation und, wenn relevant, Auftragnehmer, bekommen ein angemessenes Bewusstsein durch Ausbildung und Schulung sowie regelmäßige Aktualisierungen zu den Richtlinien und Verfahren der Organisation, die für ihr berufliches Arbeitsgebiet relevant sind. ∎

Diese Maßnahme umfasst ein regelmäßiges Aus-, Weiterbildungs- und Sensibilisierungsprogramm. Die Beschäftigten sollen sich der Informationssicherheitsproblematik und ihrer Aufgaben sowie Verantwortlichkeiten bewusst sein. Die dafür notwendigen Informationen, wie z.B. Regeln, Verpflichtungen, Verfahren und Maßnahmen zur Informationssicherheit sollen regelmäßig vermittelt und aktualisiert werden. Dabei sollten nicht nur Aufgaben und Regeln, sondern auch die Gründe und Ziele dafür, vermittelt werden.

Maßnahme **A.7.2.3** aus ISO/IEC 27001:
Maßregelungsprozess
Ein formal festgelegter und bekanntgegebener Maßregelungsprozess ist eingerichtet, um Maßnahmen gegen Beschäftigte zu ergreifen, die einen Informationssicherheitsverstoß begangen haben. ∎

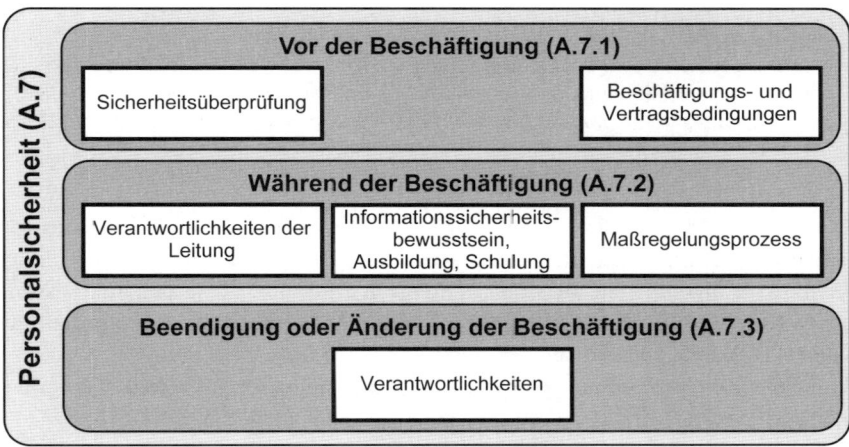

Abbildung 5.4 A.7: Überblick über Maßnahmenziele und Maßnahmen

Für den Fall von Verstößen ist ein formeller Maßregelprozess zu definieren. Dieser Prozess wird nicht ohne vorherige Prüfung des vermeintlichen Informationssicherheitsverstoßes gestartet und soll eine faire Behandlung sicherstellen. Die Reaktionen sollten abhängig von der Schwere, der Art des Verstoßes und den Auswirkungen erfolgen. Der Maßregelprozess kann nicht nur zur Abschreckung, sondern durch ein Belohnungssystem auch zur Motivation der Beschäftigten dienen.

5.3.3 A.7.3 Beendigung und Änderung der Beschäftigung

Neben der Beendigung einer Beschäftigung ist auch die Änderung eines Beschäftigungsverhältnisses strukturiert zu behandeln:

> Maßnahmenziel aus ISO/IEC 27001:
> **A.7.3 Beendigung und Änderung der Beschäftigung**
> Der Schutz der Interessen der Organisation ist Teil des Prozesses der Änderung oder Beendigung einer Beschäftigung. ∎

Es ist sicherzustellen, dass Beschäftigte die Organisation in geregelter und definierter Weise verlassen und die Informationssicherheit durch das Ausscheiden oder eine Beschäftigungsänderung nicht gefährdet werden. Für den Beendigungs- bzw. Änderungsprozess ist die Personalabteilung verantwortlich, die mit den Fachvorgesetzten zusammen die Verfahren regelt. Eine Änderung der Beschäftigung ist genauso zu regeln wie eine Beendigung und ein Beginn mit neuer Verantwortung.

> Maßnahme **A.7.3.1** aus ISO/IEC 27001:
> **Verantwortlichkeiten bei Beendigung oder Änderung der Beschäftigung**
> Verantwortlichkeiten und Pflichten im Bereich der Informationssicherheit, die auch
> nach Beendigung oder Änderung der Beschäftigung bestehen bleiben, sind festgelegt,
> dem Beschäftigten oder Auftragnehmer mitgeteilt und durchgesetzt. ∎

Der ausscheidende Beschäftigte muss seine Verpflichtungen über das Ende des Beschäftigungsverhältnisses hinaus kennen und berücksichtigen. Diese weiter geltenden Pflichten und Verantwortungen gelten für einen definierten Zeitraum. Diese Pflichten lassen sich u.a. aus Vertraulichkeitsvereinbarungen (s. Kapitel 5.9.2) oder auch den Beschäftigungsverträgen (s. Kapitel 5.3.1) ableiten.

Abbildung 5.4 fasst alle Maßnahmenziele und Maßnahmen für *A.7 Personalsicherheit* zusammen.

∎ 5.4   A.8 Verwaltung der Werte

Bereits bei der Festlegung des Anwendungsbereichs des Informationssicherheitsmanagementsystems fordert ISO/IEC 27001 in Abschnitt 4.3 die „externen und internen Themen" einer Organisation, die in Abschnitt 4.1 bestimmt worden sind, sowie die in Abschnitt 4.2 bestimmten Anforderungen zu berücksichtigen. Die durch Abschnitt 4 von ISO/IEC 27001 dokumentierten Informationen sind eine maßgebliche Voraussetzung und Grundlage für die in Abschnitt 6 geforderten Aktivitäten im Umgang mit Risiken (Risikomanagement).

Ein essenzieller Bestandteil des Abschnitts A.8 der ISO/IEC 27001 ist die Festlegung der organisationseigenen Werte (*Assets*). ISO/IEC 27002 gibt in Abschnitt 7.1.1 einige Beispiele für organisationseigene Werte. Diese umfassen Informationen, Software, physische Werte wie z. B. Computer- und Kommunikationsanlagen, Dienstleistungen, Personen und ihre Qualifikationen und immaterielle Werte. Diese organisationseigenen Werte und die damit zusammenhängende Risikoanalyse werden im Rahmen des Sicherheitsmanagements durch drei Maßnahmenziele im Anhang A.8 wieder aufgegriffen.

5.4.1   A.8.1 Verantwortlichkeit für Werte

Das erste Maßnahmenziel fordert die zweifelsfreie Bestimmung von Werten (*Assets*) und die Festlegung von Verantwortlichkeiten für jeden einzelnen organisationseigenen Wert:

> Maßnahmenziel aus ISO/IEC 27001:
> **A.8.1 Verantwortlichkeit für Werte**
> Die Werte der Organisation sind identifiziert und angemessene Verantwortlichkeiten
> zu ihrem Schutz sind festgelegt. ∎

Damit ein angemessener Schutz für alle Werte überhaupt gewährleistet werden kann, bedarf es der vollständigen Inventarisierung aller Assets:

Maßnahme **A.8.1.1** aus ISO/IEC 27001:
Inventarisierung der Werte
Information und andere Werte, die mit Information und informationsverarbeitenden Einrichtungen in Zusammenhang stehen, sind erfasst und ein Inventar dieser Werte ist erstellt und wird gepflegt.

Diese Maßnahme stellt sicher, dass ein Asset-Management etabliert ist, um einen vollständigen und zweifelsfreien Überblick über alle relevanten Werte zu haben. Dies ist eine fundamentale Voraussetzung für das Risikomanagement (vgl. Kapitel 4.6.1), in dem die Risiken für jedes Asset bestimmt und bewertet werden.

Für jeden dieser identifizierten Werte muss eine klare und zweifelsfreie Verantwortlichkeit definiert sein:

Maßnahme **A.8.1.2** aus ISO/IEC 27001:
Zuständigkeit für Werte
Für alle Werte, die im Inventar geführt werden, gibt es Zuständige.

Wie in Kapitel 3.1.1 dargestellt, umfasst der Begriff Asset alle Werte, auch Informationen. Trotzdem wird in dieser Maßnahme die Festlegung einer Verantwortlichkeit auch für Informationen noch einmal explizit aufgeführt und betont. Diese Verantwortung wird im Standard unter dem Begriff Eigentümer bzw. Risikoeigentümer subsumiert. Damit ist nicht der Eigentümer im juristischen Sinn zu verstehen, sondern die natürliche oder juristische Person, die die vom Management zugewiesene Verantwortung für die Werte besitzt (vgl. ISO/IEC 27001, Abschnitt 6.1.2 c); siehe Seite 49 in diesem Buch).

Mit Hilfe der beiden vorangegangenen Maßnahmen sind alle Werte mit ihren Verantwortlichkeiten definiert, so dass im Anschluss der zulässige Gebrauch der Werte festgelegt werden kann:

Maßnahme **A.8.1.3** aus ISO/IEC 27001:
Zulässiger Gebrauch von Werten
Regeln für den zulässigen Gebrauch von Information und Werten, die mit Information und informationsverarbeitenden Einrichtungen in Zusammenhang stehen, sind aufgestellt, dokumentiert und werden angewendet.

Abschließend ist darauf zu achten, dass alle Werte einer Organisation, die sich mit der Beendigung einer Anstellung im Besitz der die Organisation verlassenden Person befinden (zu beachten sind sowohl eigene Angestellte, als auch Benutzer externer Parteien), zurückgegeben werden:

Maßnahme **A.8.1.4** aus ISO/IEC 27001:
Rückgabe von Werten
Alle Beschäftigten und sonstige Benutzer, die zu externen Parteien gehören, geben bei Beendigung des Beschäftigungsverhältnisses, des Vertrages oder der Verein-

barung sämtliche in ihrem Besitz befindlichen Werte, die der Organisation gehören, zurück.   ∎

5.4.2   A.8.2 Informationsklassifizierung

Damit ein angemessenes Schutzniveau erreichbar wird, sind Werte und insbesondere Informationen geeignet zu klassifizieren. Damit soll auch sichergestellt werden, dass Geschäftsanforderungen für die gemeinsame oder eingeschränkte Nutzung von Informationen und Werten sowie Auswirkungen auf die geschäftlichen Beziehungen berücksichtigt werden.

Maßnahmenziel aus ISO/IEC 27001:
A.8.2 Informationsklassifizierung
Es ist sichergestellt, dass Information ein angemessenes Schutzniveau entsprechend ihrer Bedeutung für die Organisation erhält.   ∎

Die erste Maßnahme fasst die Kriterien, nach denen Informationen klassifiziert werden müssen, zusammen:

Maßnahme **A.8.2.1** aus ISO/IEC 27001:
Klassifizierung von Information
Information ist anhand der gesetzlichen Anforderungen, ihres Wertes, ihrer Kritikalität und ihrer Empfindlichkeit gegenüber unbefugter Offenlegung oder Veränderung klassifiziert.   ∎

Die Organisation soll ein für sie geeignetes Klassifizierungsschema entwickeln und umsetzen. Dazu ist es erforderlich, die Art und Anzahl von Klassifizierungskategorien (z. B. „nicht klassifiziert" (d. h. öffentlich, „nur für den Dienstgebrauch", „vertraulich", „geheim", „streng geheim") festzulegen. Die Kriterien, nach denen die Einteilung in die verschiedenen Kategorien vorgenommen wird, berücksichtigt normative Rahmenbedingungen, den materiellen Wert, aber auch immaterielle Werte wie die Wichtigkeit oder die Vertraulichkeit der Werte. Daneben können auch weitere organisationsspezifische Kriterien berücksichtigt werden.

Ein solches Schema umfasst neben Klassifizierungskategorien auch die Kennzeichnung von Informationen dieser Kategorien:

Maßnahme **A.8.2.2** aus ISO/IEC 27001:
Kennzeichnung von Information
Ein angemessener Satz von Verfahren zur Kennzeichnung von Information ist entsprechend dem von der Organisation eingesetzten Informationsklassifizierungsschema entwickelt und umgesetzt.   ∎

Die oben angegebenen Beispiele für Klassifizierungskategorien werden im militärischen Bereich verwendet. Damit verbunden ist auch ein streng formales Modell für die Verwendung und Nutzung klassifizierter Informationen. Häufig wird das *Bell-LaPadula-Modell* verwendet [BL73]. Jedes Subjekt (Person oder Programm) wird ebenfalls einer Kategorie zugeordnet. Dann werden technisch und organisatorisch zwei Regeln umgesetzt:

1. *No-Read-Up:* Ein Subjekt einer bestimmten Kategorie darf keine Informationen einer höheren Kategorie lesen (nutzen).

2. *No-Write-Down:* Ein Subjekt einer bestimmten Kategorie darf keine Informationen in Dokumente einer niedrigeren Kategorie schreiben.

Durch diese beiden einfachen Regeln lässt sich ein unkontrollierter Informationsfluss zwischen den verschiedenen Klassifikationskategorien verhindern.

Maßnahme **A.8.2.3** aus ISO/IEC 27001:
Handhabung von Werten
Verfahren für die Handhabung von Werten sind entsprechend dem von der Organisation eingesetzten und Informationsklassifizierungsschema entwickelt und umgesetzt. ∎

5.4.3 A.8.3 Handhabung von Datenträgern

Zu den Datenträgern gehören neben optischen Datenträgern wie CDs, DVDs oder magnetischen Datenträgern wie Festplatten und Bandlaufwerken oder andere Wechselmedien wie USB-Sticks und Speicherkarten u. a. auch Papier als klassisches, nicht IT-spezifisches Medium. Maßnahmenziel A.8.3 gibt das folgende Ziel vor:

Maßnahmenziel aus ISO/IEC 27001:
A.8.3 Handhabung von Datenträgern
Die unerlaubte Offenlegung, Veränderung, Entfernung oder Zerstörung von Information, die auf Datenträgern gespeichert ist, wird unterbunden. ∎

Zur Umsetzung werden beginnend mit der Handhabung von Wechselmedien insgesamt drei Maßnahmen vorgegeben:

Maßnahme **A.8.3.1** aus ISO/IEC 27001:
Handhabung von Wechseldatenträgern
Verfahren für die Handhabung von Wechseldatenträgern sind entsprechend dem von der Organisation eingesetzten Informationsklassifizierungsschema umgesetzt. ∎

Unter Wechseldatenträgern werden dabei alle Medien verstanden, die nicht fest in IT-Systemen eingebaut sind. Dazu gehören beispielsweise USB-Memorysticks, CDs und DVDs, gegebenenfalls aber auch Festplatten in Wechselrahmen, Smartcards und ähnliches. Um das unerlaubte Kopieren von Daten zu erschweren, verbieten viele Firmen beispielsweise die Benutzung von USB-Memorysticks an Arbeitsplatzrechnern. Derartige Einschränkungen müssen in Form von Verfahrensanweisungen dokumentiert werden.

Die Entsorgung von Medien ist ein komplexer Themenbereich, da vor vielen Angriffsformen wie dem Durchsuchen von Altpapierbeständen (*Dumpster Diving*) bis hin zu Risiken beim Verkauf gebrauchter IT-Systeme und IT-Komponenten wie Festplatten geschützt werden muss. ISO/IEC 27001 schreibt dazu vor:

 Maßnahme **A.8.3.2** aus ISO/IEC 27001:
Entsorgung von Datenträgern
Nicht mehr benötigte Datenträger werden sicher und unter Anwendung formaler Verfahren entsorgt.   ■

Eine entsprechende Richtlinie zur sicheren Entsorgung von Datenträgern sollte entsprechend die folgenden Aspekte behandeln:

- Der Geltungsbereich sollte festgelegt werden. Er umfasst sowohl den relevanten Personenkreis (z. B. alle Mitarbeiter eines Unternehmens) als auch die behandelten Klassen von Speichermedien (z. B. Papier, optische Datenträger und Festplatten).
- Die Zielsetzung der Richtlinie sollte dargestellt werden, auch um die Relevanz des Themas zu vermitteln. Generell kann hierbei zwischen der Entsorgung bzw. Vernichtung von nur einmal beschreibbaren Datenträgern (z. B. Papier, DVDs) und der Entsorgung bzw. Weitergabe von weiterhin nutzbaren Datenträgern (z. B. Austausch defekter Festplatten in der Garantiezeit, Verkauf nicht mehr benötigter Magnetbänder für Backup-Systeme) unterschieden werden.
- In der Verfahrensbeschreibung für den Entsorgungsvorgang sollte auf die behandelten Klassen von Speichermedien getrennt eingegangen werden:
  - Für Papier sollten Aktenvernichter („Shredder") in einer ausreichenden Sicherheitsstufe nach DIN 66399, z. B. Cross-Cutter, verwendet werden.
  - Entsprechende Geräte sind auch für optische Speichermedien wie CDs und DVDs sowie für Magnetkarten geeignet.
  - Festplatten und andere wiederbeschreibbare Medien wie USB-Speichersticks müssen geeignet irreversibel gelöscht werden, z. B. indem sie vollständig mit zufällig gewählten Datenmustern überschrieben werden. Je nach Sicherheitsanforderung können insbesondere bei magnetischen Speichermedien wie Festplatten und Magnetbändern auch spezielle Neutralisierungsgeräte, die z. B. besonders starke Magnete verwenden, zum Einsatz kommen.
  - Die Entsorgung kann von einem Dritten übernommen werden, der entsprechend vertraglich zur Vernichtung der Daten verpflichtet werden muss. Der Auftraggeber muss dabei prüfen, dass die beauftragte Firma bei der Aufsichtsbehörde gemeldet ist, und bleibt auch für die ordnungsgemäße Vernichtung verantwortlich.
  - Auch bei der Entsorgung ganzer IT-Systeme wie Faxgeräte, Drucker und Notebooks muss berücksichtigt werden, dass diese häufig wiederbeschreibbare Speichermedien enthalten, für die der Entsorgungsvorgang geregelt ablaufen muss. Wie beim Austausch defekter Speichermedien bleibt hier aufgrund des Aufwands, der mit der Vernichtung der Daten verbunden ist, häufig nur der Weg über vertragliche Vereinbarungen.

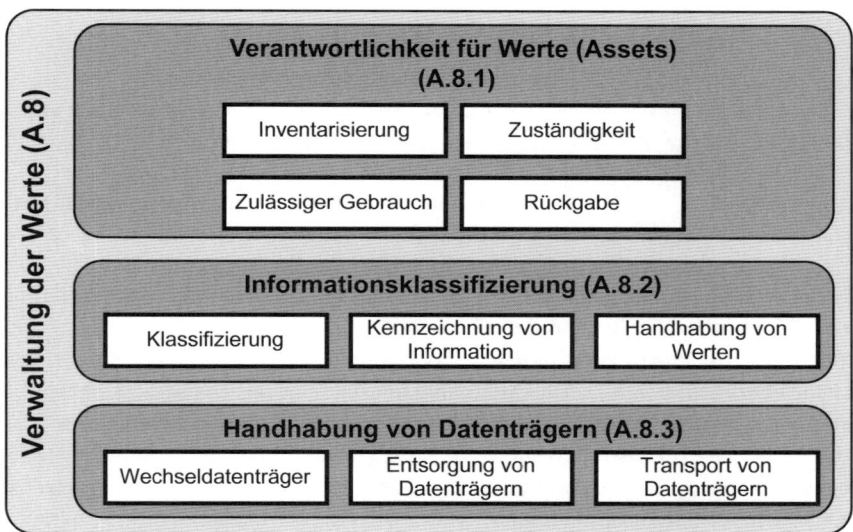

Abbildung 5.5 A.8: Überblick über Maßnahmenziele und Maßnahmen

- Wie bei anderen Richtlinien sollten der Gültigkeitszeitraum und ein Ansprechpartner für Rückfragen genannt werden. Ebenso sollten Verweise auf andere Dokumente, z. B. die Datenschutzrichtlinie, enthalten sein.

Offensichtlich besteht ein enger Zusammenhang mit der Klassifizierung von Informationen (ISO/IEC 27001 Anhang A.8.2), so dass gegebenenfalls verschiedene Entsorgungsverfahren festzulegen sind. In der Praxis vereinfachen sich die Abläufe jedoch, wenn nur wenige, für alle Informationsklassen ausreichende Entsorgungs- und Vernichtungsverfahren angewandt werden. Dies reduziert auch den individuellen Aufwand, wenn man mehrfach beschreibbare Speichermedien im Laufe ihrer Nutzung für Informationen aus verschiedenen Klassen einsetzt.

Der Austausch von Informationen kann sowohl elektronisch als auch über physische Medien erfolgen. Letztere müssen dabei nicht nur während ihrer Verarbeitung, sondern auch beim Transport geeignet geschützt werden. Zeitungsartikel, in denen über auf dem Postweg verloren gegangene CDs und Aktenordner mit Kundendaten berichtet wird, sind ein trauriges Beispiel dafür, dass diese Maßnahme nicht immer angemessen umgesetzt wird.

 Maßnahme **A.8.3.3** aus ISO/IEC 27001:
Transport von Datenträgern
Datenträger, die Information enthalten, sind während des Transports vor unbefugtem Zugriff, Missbrauch oder Verfälschung geschützt.

Abbildung 5.5 fasst alle Maßnahmenziele und Maßnahmen für *A.8 Verwaltung der Werte* zusammen.

■ 5.5   A.9 Zugangssteuerung[2]

Im Rahmen der ISO/IEC 27001 werden unter anderem auch die Begriffe *Zugang*, *Zutritt* und *Zugriff* verwendet, die an dieser Stelle einleitend voneinander abgegrenzt werden sollen:

- Unter *Zugang* versteht man die prinzipielle Möglichkeit, zu einem bestimmten Ort, System oder auch Dienst vordringen zu können. Wichtig im Sinne von ISO/IEC 27001 ist, dass sich der Zugang nicht nur rein physisch auf das Betreten eines Raumes oder Gebäudes bezieht, sondern auch die grundlegende Möglichkeit der Kontaktaufnahme mit einem IT-basierten Dienst bezeichnet.

- Mit dem Begriff *Zutritt* wird hingegen das tatsächliche Ausnutzen eines existierenden Zugangs bezeichnet. Ein Zutritt kann dabei in Analogie zum Zugang das physische Betreten eines Raumes oder Gebäudes sein, wie aber auch die tatsächliche Kontaktaufnahme mit einem IT-basierten Dienst bzw. die (versuchte) Nutzung des Dienstes.

- Der reine Zugang und auch der tatsächliche Zutritt zu einem Ort, System oder Dienst sagt jedoch noch nichts über dessen Nutzbarkeit aus. Die tatsächliche Nutzbarkeit bzw. das Recht, etwas in seinem eigenen Sinne nutzen zu dürfen und zu können, bezeichnet der Begriff *Zugriff*.

Anhang A.9 der ISO/IEC 27001 befasst sich mit der Zugangssteuerung zu Informationen, Netzen und Anwendungen. Insgesamt umfasst A.9 vier Teilkapitel, die die Gestaltung und Konzeption eines koordinierten Zugangskontrollsystems gestatten.

5.5.1   A.9.1 Geschäftsanforderungen an die Zugangssteuerung

In einem ersten Schritt zur genauen Spezifikation der Zugangskontrolle müssen die Geschäftsanforderungen an die Zugangskontrolle erhoben werden:

Maßnahmenziel aus ISO/IEC 27001:
A.9.1 Geschäftsanforderungen an die Zugangssteuerung
Der Zugang zu Information und informationsverarbeitenden Einrichtungen ist eingeschränkt.   ■

Dabei ist der Zugang zu Informationen, informationsverarbeitenden Einrichtungen und Geschäftsprozessen zu berücksichtigen:

Maßnahme **A.9.1.1** aus ISO/IEC 27001:
Zugangssteuerungsrichtlinie
Eine Zugangssteuerungsrichtlinie ist auf Grundlage der geschäftlichen und sicherheitsrelevanten Anforderungen erstellt, dokumentiert und überprüft.   ■

Bei der Spezifikation eines Regelwerks zur Zugangssteuerung müssen zwei verschiedene Arten des Zugangs betrachtet und berücksichtigt werden. Zum einen kann ein Zugang phy-

---

[2]   Der Zugang kann sowohl physisch als auch logisch erfolgen.

sischer Natur sein, zum anderen kann ein logischer Zugang erfolgen. Im Detail bedeutet dies, dass in ersterem Fall ein örtlicher Zugang kontrolliert werden soll, im zweiten Fall ein z. B. IT-basierter Zugang betrachtet wird.

In aktuellen IT-Infrastrukturen ist eine Vielzahl der für die Anwender verfügbaren Dienste netzbasiert, was zu der Notwendigkeit der Zugangskontrolle für Netze und die durch sie angebotenen Dienste führt:

Maßnahme **A.9.1.2** aus ISO/IEC 27001:
Zugang zu Netzwerken und Netzwerkdiensten
Benutzer haben ausschließlich Zugang zu denjenigen Netzwerken und Netzwerkdiensten, zu deren Nutzung sie ausdrücklich befugt sind.

5.5.2 A.9.2 Benutzerzugangsverwaltung

Um nur befugten Benutzern Zugang zu informationsverarbeitenden Einrichtungen und Diensten zu gewähren, bedarf es vor allem einer stets aktuellen Benutzerzugangsverwaltung:

Maßnahmenziel aus ISO/IEC 27001:
A.9.2 Benutzerzugangssverwaltung
Es ist sichergestellt, dass befugte Benutzer Zugang zu Systemen und Diensten haben und unbefugter Zugang unterbunden wird.

Bevor ein neuer Mitarbeiter seine Arbeit aufnehmen kann, muss eine formale Registrierung des Benutzers erfolgen. Hierbei wird der Nutzer neben der Registrierung auch mit seinen Zugangsberechtigungen ausgestattet:

Maßnahme **A.9.2.1** aus ISO/IEC 27001:
Registrierung und Deregistrierung von Benutzern
Ein formaler Prozess für die Registrierung und Deregistrierung von Benutzern ist umgesetzt, um die Zuordnung von Zugangsrechten zu ermöglichen.

Neben dem Anlegen von Benutzern ist auch das Löschen von Benutzern und ihrer Rechte von entscheidender Bedeutung. Eine Benutzerverwaltung und das damit verbundene System zur Autorisierung eines Zugriffs auf einen IT-Dienst kann maximal so gut sein wie die zugrunde liegende Datenbasis, die durch die Benutzerverwaltung stets aktuell gehalten werden muss.

Maßnahme **A.9.2.2** aus ISO/IEC 27001:
Zuteilung von Benutzerzugängen
Ein formaler Prozess zur Zuteilung von Benutzerzugängen ist umgesetzt, um die Zugangsrechte für alle Benutzerarten zu allen Systemen und Diensten zuzuweisen oder zu entziehen.

In manchen Fällen bedarf ein Nutzer außerordentlicher Rechte, die in einem von der Benutzerregistrierung entkoppelten Prozess verwaltet werden sollten:

Maßnahme **A.9.2.3** aus ISO/IEC 27001:
Verwaltung privilegierter Zugangsrechte
Zuteilung und Gebrauch von privilegierten Zugangsrechten ist eingeschränkt und wird gesteuert.

Trotz seiner Entkoppelung operiert der Prozess der Vergabe von Sonderrechten in den meisten Fällen auf der durch die Benutzerregistrierung (A.9.2.1) gepflegten Datenbasis.

Bei den meisten IT-Systemen kommen Nutzername- und Passwort-Kombinationen für die Authentisierung und Autorisierung von Benutzern zum Einsatz. A.9.2.4 fordert einen formalen Prozess zur Verwaltung geheimer Authentisierungsinformation von Benutzern, der neben Nutzername- und Passwort-Kombination auch die Verwaltung anderer Authentisierungsmechanismen wie z. B. *security tokens* umfasst:

Maßnahme **A.9.2.4** aus ISO/IEC 27001:
Verwaltung geheimer Authentisierungsinformation von Benutzern
Die Zuordnung von geheimer Authentisierungsinformation wird über einen formalen Verwaltungsprozess gesteuert.

Insbesondere durch die außerplanmäßige Vergabe von Sonderrechten muss eine regelmäßige Überprüfung der bestehenden Rechte der registrierten Nutzer durchgeführt werden:

Maßnahme **A.9.2.5** aus ISO/IEC 27001:
Überprüfung von Benutzerzugangsrechten
Die für Werte Zuständigen überprüfen in regelmäßigen Abständen die Benutzerzugangsrechte.

Weiter muss darauf geachtet werden, dass einmal erteilte Zugangsrechte zu Informationen und informationsverarbeitenden Einrichtungen bei der Beendigung oder einer Änderung des Beschäftigungsverhältnisses gelöscht oder angepasst werden:

Maßnahme **A.9.2.6** aus ISO/IEC 27001:
Entzug oder Anpassung von Zugangsrechten
Die Zugangsrechte aller Beschäftigten und Benutzer, die zu externen Parteien gehören, auf Information und informationsverarbeitende Einrichtungen werden bei Be-

> endigung des Beschäftigungsverhältnisses, des Vertrages oder der Vereinbarung entzogen oder bei einer Änderung angepasst.

Für die Durchsetzung dieser Maßnahme ist eine enge Koordination und Zusammenarbeit mit den Verantwortlichen im Sinne von A.7 „Personalsicherheit" (insbesondere Maßnahme A.7.3 „Beendigung und Änderung der Beschäftigung") vonnöten.

5.5.3   A.9.3 Benutzerverantwortlichkeiten

Natürlich hat innerhalb eines Betriebs auch der Benutzer eine erhebliche Verantwortung, die der Gewährleistung der Sicherheit dienlich ist:

Maßnahmenziel aus ISO/IEC 27001:
A.9.3 Benutzerverantwortlichkeiten
Benutzer sind für den Schutz ihrer Authentisierungsinformation verantwortlich gemacht.

Nach ISO/IEC 27001 erstreckt sich diese Verantwortung vor allem auf den Gebrauch geheimer Authentisierungsinformation:

Maßnahme **A.9.3.1** aus ISO/IEC 27001:
Gebrauch geheimer Authentisierungsinformation
Benutzer sind verpflichtet, die Regeln der Organisation zur Verwendung geheimer Authentisierungsinformation zu befolgen.

Auch wenn die Maßnahmen im Rahmen der ISO/IEC 27001 nicht dem Maßnahmenziel A.9.3 direkt zugeordnet sind, so spielen selbstverständlich auch die Maßnahmen A.11.2.8 („Unbeaufsichtigte Benutzergeräte", siehe Seite 104) und A.11.2.9 („Richtlinie für eine aufgeräumte Arbeitsumgebung und Bildschirmsperren", siehe Seite 104) eine große Rolle im Kontext der Benutzerverantwortlichkeiten.

5.5.4   A.9.4 Zugangssteuerung für Systeme und Anwendungen

Die Zugangssteuerung für Systeme und Anwendungen ist dazu gedacht, dass der logische Zugang zu sowohl Systemen als auch ihren Anwendungen reglementiert wird:

Maßnahmenziel aus ISO/IEC 27001:
A.9.4 Zugangssteuerung für Systeme und Anwendungen
Unbefugter Zugang zu Systemen und Anwendungen ist unterbunden.

In erster Instanz muss zur Erreichung dieses Ziels der Zugang zu Informationen beschränkt werden:

Maßnahme **A.9.4.1** aus ISO/IEC 27001:
Informationszugangsbeschränkung
Zugang zu Information und Anwendungssystemfunktionen ist entsprechend der Zugangssteuerungsrichtlinie eingeschränkt. ∎

Eine zweite Maßnahme fordert zum Erreichen des Ziels ein Verfahren zur sicheren Anmeldung an Systemen und Anwendungen:

Maßnahme **A.9.4.2** aus ISO/IEC 27001:
Sichere Anmeldeverfahren
Soweit es die Zugangssteuerungsrichtlinie erfordert, wird der Zugang zu Systemen und Anwendungen durch ein sicheres Anmeldeverfahren gesteuert. ∎

Im Sinne der ISO/IEC 27002 zeichnet sich eine sichere Anmeldung insbesondere dadurch aus, dass der Zugang zu einem System oder einer Anwendung nur autorisierten Anwendern gewährt wird und bis zu einer erfolgreichen Anmeldung möglichst wenige Informationen zum System oder zur Anwendung selbst oder andere Hilfestellungen offenbart werden. Dies soll es unbefugten Angreifern erschweren, sich unerlaubten Zugriff zu verschaffen. Passwörter sollen bei ihrer Eingabe selbstverständlich nicht angezeigt, und nicht im Klartext über das Netz transportiert werden. Weiter sollen die Anzahl der fehlgeschlagenen Anmeldeversuche limitiert sowie fehlerhafte Anmeldeversuche zur späteren Analyse aufgezeichnet werden.

Für eine starke Authentifizierung sollten laut ISO/IEC 27002 neben dem Einsatz von Kennwörtern auch kryptographische Verfahren, Smartcards, Token oder biometrische Verfahren Anwendung finden. Dennoch kommen zur Benutzeridentifikation und Authentisierung heutzutage in den meisten Fällen nach wie vor die Kombination aus einem Benutzernamen bzw. einer Kennung und einem dazugehörigen Passwort zum Einsatz. Um dies technisch durchsetzen zu können, bedarf es eines Systems zur Verwaltung von Passwörtern, das es einem Anwender ermöglichen sollte, sein eigenes Passwort festzulegen und zu ändern:

Maßnahme **A.9.4.3** aus ISO/IEC 27001:
System zur Verwaltung von Kennwörtern
Systeme zur Verwaltung von Kennwörtern sind interaktiv und stellen starke Kennwörter sicher. ∎

Ein solches System zur Verwaltung von Passwörtern sollte insbesondere auch die Stärke des gewählten Passworts überprüfen sowie ggf. eine regelmäßige Änderung des Passworts durch den Benutzer erzwingen.

Nicht nur der Zugriff nicht berechtigter Dritter auf Anwendungen und Dienste stellt eine Gefahr dar, auch können befugte Anwender (versehentlich oder absichtlich) Schaden verursachen. Aus diesem Grund empfiehlt ISO/IEC 27001 die Einschränkung der Verwendung von Systemwerkzeugen auf einen dafür autorisierten Benutzerkreis. Dieser Benutzerkreis sollte selbstredend so klein wie zwingend nötig gehalten werden:

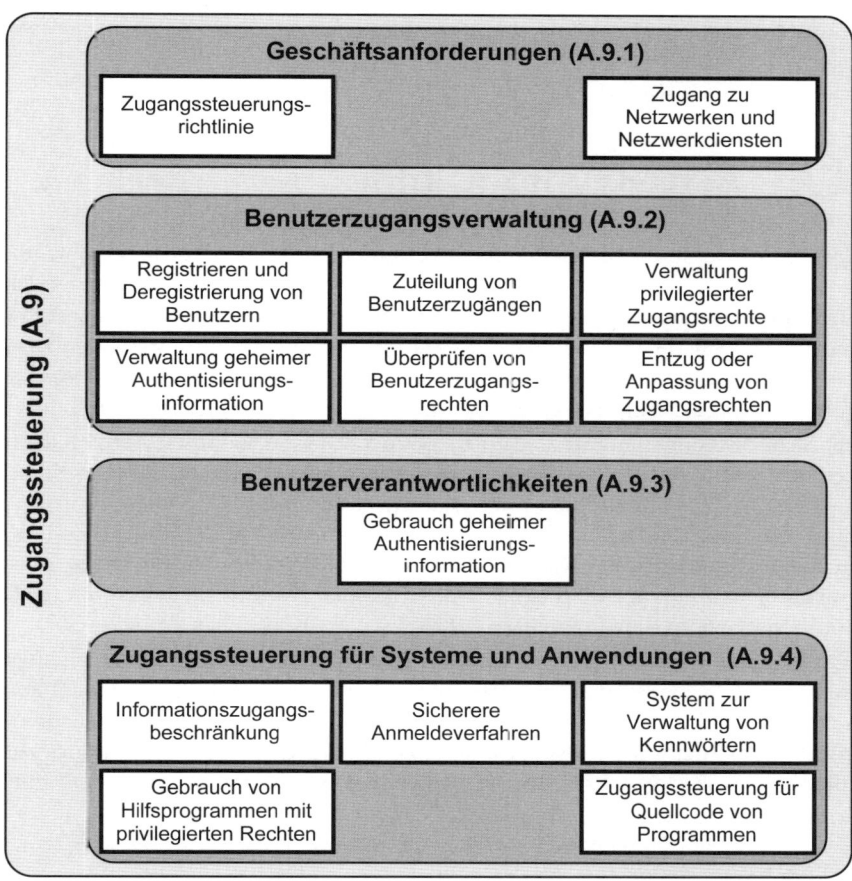

Abbildung 5.6 A.9: Überblick über Maßnahmenziele und Maßnahmen

 Maßnahme **A.9.4.4** aus ISO/IEC 27001:
Gebrauch von Hilfsprogrammen mit privilegierten Rechten
Der Gebrauch von Hilfsprogrammen, die fähig sein könnten, System- und Anwendungsschutzmaßnahmen zu umgehen, ist eingeschränkt und streng überwacht. ∎

Schließlich ist auch der Zugang zum Quellcode von Programmen geeignet zu regeln:

 Maßnahme **A.9.4.5** aus ISO/IEC 27001:
Zugangssteuerung für Quellcode von Programmen
Zugang zu Quellcode von Programmen ist eingeschränkt. ∎

Vorrangig ist hier, das Einbringen von unabsichtlichen Modifikationen, aber auch von Schadcode (*Malware*) in die Anwendungssysteme zu unterbinden. Es sind also besonders schreibende Zugriffe zu kontrollieren.

Abbildung 5.6 fasst alle Maßnahmenziele und Maßnahmen für *A.9 Zugangssteuerung* zusammen.

■ 5.6   A.10 Kryptographie

Kryptographie befasst sich klassisch mit der Verschlüsselung von Informationen und steht in der Gesamtdisziplin *Kryptologie* der sogenannten *Kryptanalyse* gegenüber, die sich mit Angriffen auf Verschlüsselungsverfahren auseinandersetzt. Mittlerweile umfasst Kryptographie aber neben Verschlüsselungsverfahren unter anderem auch Methoden zur Integritätssicherung von Daten mittels kryptographischer Hash- oder Prüfsummenverfahren, die eine unbemerkte Manipulation durch einen Angreifer unmöglich machen sollen.

Wie alle Sicherheitsmaßnahmen sind auch kryptographische Verfahren nicht für die Ewigkeit gemacht; wenn nach einiger Zeit Angriffswege entdeckt werden, die eine einfachere Entschlüsselung von Nachrichten oder Dateien zulassen als das Durchprobieren aller möglichen Schlüssel- oder Passwortkombinationen, müssen sie durch verbesserte Verfahren abgelöst werden. Ebenso kann es sein, dass ein Krypto-Schlüssel analog zu einem Administrator-Passwort geändert werden muss, beispielsweise wenn in bestimmten Organisationsbereichen Personalfluktuation auftritt.

Da Kryptographie heutzutage die konzeptionelle Grundlage für nahezu alle technischen Maßnahmen zur Sicherstellung von Vertraulichkeit, Integrität und Verfügbarkeit bildet, ist ihr in der aktuellen Version der ISO/IEC 27001 der dedizierte Anhang A.10 gewidmet – in der früheren Fassung war sie als Abschnitt A.12.3 noch Bestandteil des Anhangs zur Beschaffung, Entwicklung und Wartung von Informationssystemen und ist somit nun wesentlich prominenter platziert.

5.6.1   A.10.1 Kryptographische Maßnahmen

Anhang A.10 besteht aus einem Maßnahmenziel und zwei Maßnahmen:

Maßnahmenziel aus ISO/IEC 27001:
A.10.1 Kryptographische Maßnahmen
Der angemessene und wirksame Gebrauch von Kryptographie zum Schutz der Vertraulichkeit, Authentizität oder Integrität von Information ist sichergestellt. ■

Das Maßnahmenziel betont einerseits erneut die Bedeutung der drei Kernziele der IT-Sicherheit und fordert andererseits den *angemessenen* und *wirksamen* zweckgebundenen Gebrauch von Kryptographie. Somit sollen einerseits dem jeweiligen Schutzbedarf angepasste kryptographische Maßnahmen gewählt werden; beispielsweise kann auf die Verschlüsselung sowieso öffentlicher Informationen in der Regel verzichtet werden, wohingegen besonders sensible, z. B. personenbezogene Daten in einer Kundendatenbank, besonders gut geschützt werden müssen. Andererseits muss die Wirksamkeit gewährleistet sein, so dass z. B. der Einsatz veralteter Verschlüsselungsalgorithmen, die heutzutage ohne großen technischen Aufwand geknackt werden können, das Maßnahmenziel verfehlen würde. Technische Standards für den Einsatz von Kryptographie werden beispielsweise von der IEEE im Projekt P1363[3] entwickelt.

Zum Maßnahmenziel A.10 gehört zunächst die Etablierung einer Richtlinie zum Gebrauch kryptographischer Maßnahmen:

Maßnahme **A.10.1.1** aus ISO/IEC 27001:
Richtlinie zum Gebrauch von kryptographischen Maßnahmen
Eine Richtlinie für den Gebrauch von kryptographischen Maßnahmen zum Schutz von Information ist entwickelt und umgesetzt.

Wie in jeder Richtlinie sind dabei zunächst organisatorische Aspekte, insbesondere Rollen und Verantwortlichkeiten sowie die Verzahnung mit dem Risikomanagement, zu regeln. Darüber hinaus müssen aber auch Arten, Qualitäten und Stärken der einzusetzenden Kryptoalgorithmen festgelegt werden. Diese müssen dann regelmäßig auf dem aktuellen Stand der Technik ausgewählt und angepasst werden.

Die Komplexität des Einsatzes kryptographischer Verfahren liegt weniger in der Auswahl geeigneter Algorithmen, da der „Markt" für bewährte, verbreitete und aktuell als sicher geltende Verfahren relativ übersichtlich ist. Vielmehr erfordern alle modernen Algorithmen eine Parametrisierung, die von passwortähnlichen Schlüsseln über Public-/Private-Key-Paaren bei asymmetrischen Verschlüsselungsverfahren bis hin zur Festlegung reicht, aus welchen Quellen erforderliche Zufallszahlen genommen werden sollen oder wie oft ein bestimmter Teil eines Kryptoverfahrens durchlaufen werden soll, um weitere Steigerungen der Sicherheitsqualitäten gegenüber der Minimalrundenanzahl zu erzielen. Diese sogenannte Schlüsselverwaltung behandelt Maßnahme A.10.1.2:

Maßnahme **A.10.1.2** aus ISO/IEC 27001:
Schlüsselverwaltung
Eine Richtlinie zum Gebrauch, zum Schutz und zur Lebensdauer von kryptographischen Schlüsseln ist entwickelt und wird über deren gesamten Lebenszyklus umgesetzt.

Der Lebenszyklus des kryptographischen Schlüsselmaterials umfasst dabei Aspekte wie die Erzeugung von Schlüsseln, ihre Speicherung und Archivierung, ihren Abruf bzw. die Verteilung auf die entsprechenden technischen Systeme und schließlich die Deaktivierung und Löschung. Im Rahmen der Kommunikation einer Organisation nach außen, beispielsweise über Webserver oder E-Mails, kommen typischerweise Server- bzw. Benutzerzertifikate nach dem Standard X.509v3 zum Einsatz, die in die globale *Public-Key-Infrastruktur* (PKI) integriert sind. Sich daraus ergebende externe Vorgaben, die teils auch spezifisch für den jeweiligen PKI-Anbieter sind, müssen in der Richtlinie geeignet berücksichtigt werden, da beispielsweise das Ausstellen und Widerrufen solcher Schlüssel nur im Zusammenspiel mit einem externen Dienstleister, also nicht rein organisationsintern durchgeführt werden kann.

---

3   http://grouper.ieee.org/groups/1363/

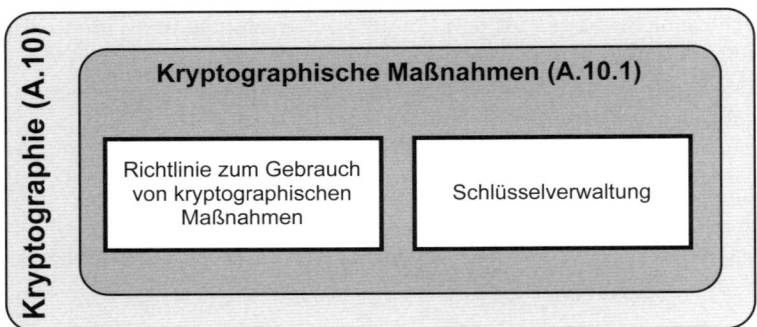

Abbildung 5.7 A.10: Kryptographische Maßnahmen

Weitere weitaus detailliertere Informationen zur Verwaltung digitaler Schlüssel enthält beispielsweise die Normenreihe ISO/IEC 11770 [ISO10a].

Abbildung 5.7 fasst alle *A.10 Kryptographischen Maßnahmen* und Maßnahmenziele zusammen.

■ 5.7   A.11 Physische und umgebungsbezogene Sicherheit

Neben den Maßnahmenzielen, die die unmittelbare Informationssicherheit betreffen, darf der Schutz der sensiblen Werte vor unmittelbarem physischen Zugriff oder Gefahren, die sich durch den Aufstellungsort – z. B. von datenverarbeitenden Einrichtungen – ergeben, nicht vernachlässigt werden. Anhang A.11 von ISO/IEC 27001 beschäftigt sich, wie nachfolgend dargestellt, auch mit Schutzmaßnahmen von Betriebsmitteln.

5.7.1   A.11.1 Sicherheitsbereiche

Schützenswerte Komponenten sollen in definierten Sicherheitsbereichen platziert werden, die durch Sicherheitszonen strukturiert und durch entsprechende Sicherheitsbarrieren und Zugangskontrollsysteme geschützt werden können.

Nachfolgendes Maßnahmenziel und seine korrespondierenden Maßnahmen intendieren, dies umzusetzen:

 Maßnahmenziel aus ISO/IEC 27001:
A.11.1 Sicherheitsbereiche
Unbefugter Zutritt, die Beschädigung und die Beeinträchtigung von Information und informationsverarbeitenden Einrichtungen der Organisation sind verhindert. ■

Grundlage für verschiedene Sicherheitsbereiche ist ein Zonenmodell; die Sicherheitsbereiche werden durch ihren Perimeter definiert:

Maßnahme **A.11.1.1** aus ISO/IEC 27001:
Physischer Sicherheitsperimeter
Zum Schutz von Bereichen, in denen sich entweder sensible oder kritische Information oder informationsverarbeitende Einrichtungen befinden, sind Sicherheitsperimeter festgelegt und werden verwendet.

Sicherheitsbereiche wie z. B. Serverräume sollten klar definiert und festgelegt sein und den in der Risikoanalyse ermittelten Anforderungen entsprechen. Die Begrenzungen der Sicherheitszonen sollen eine physische Barriere darstellen und nicht autorisierten Zugang und schädliche Umwelteinflüsse (Wasser, Schmutz u. Ä.) abschirmen.

Eine erkennbare Abgrenzung des Perimeters ist aber noch nicht ausreichend, es bedarf weiterer Maßnahmen:

 Maßnahme **A.11.1.2** aus ISO/IEC 27001:
Physische Zutrittssteuerung
Sicherheitsbereiche sind durch eine angemessene Zutrittssteuerung geschützt, um sicherzustellen, dass nur berechtigtes Personal Zugang hat.

Das Betreten der Sicherheitsbereiche darf nur Berechtigten möglich sein und muss nachvollziehbar sein. Die Trennung zwischen den Bereichen kann z. B. durch eine elektronisch gesicherte Tür erfolgen, die nur mit dem Mitarbeiterausweis geöffnet werden kann und alle Bewegungen protokolliert.

Neben diesen klassischen Sicherheitsbereichen sind jedoch auch weitere Räume zu berücksichtigen, die schutzbedürftig sind:

 Maßnahme **A.11.1.3** aus ISO/IEC 27001:
Sichern von Büros, Räumen und Einrichtungen
Die physische Sicherheit für Büros, Räume Einrichtungen ist konzipiert und wird angewendet.

Büros und sonstige Räume einer Organisation dürfen nicht unberücksichtigt bleiben. Auch für sie soll ein Konzept für den physischen Schutz entwickelt und umgesetzt werden. Wichtige Einrichtungen, die sich in solchen „sonstigen Räumen" befinden, sollen beispielsweise nicht für die Allgemeinheit zugänglich sein.

Die folgende Maßnahme stellt sicher, dass auch potenzielle äußere Bedrohungen mit berücksichtigt werden:

 Maßnahme **A.11.1.4** aus ISO/IEC 27001:
Schutz vor externen und umweltbedingten Bedrohungen
Physischer Schutz vor Naturkatastrophen, bösartigen Angriffen oder Unfällen ist konzipiert und wird angewendet.

Nicht nur der unberechtigte Zutritt stellt eine Bedrohung dar, sondern auch Elementarschäden, Katastrophen und äußere Einflüsse müssen beim Sicherheitszonenkonzept berücksichtigt werden. In einem von Hochwasser gefährdeten Bereich sollte z. B. das Rechenzentrum nicht im Keller oder Erdgeschoß eingerichtet werden. Ein bösartiger Angriff liegt beispielsweise vor, wenn ein Brand keine natürliche oder dem technischen Betrieb geschuldete Ursache hat, sondern Brandstiftung vorliegt.

Neben der Festlegung der Sicherheitsbereiche ist eine Spezifikation, wie darin gearbeitet werden darf, erforderlich:

Maßnahme **A.11.1.5** aus ISO/IEC 27001:
Arbeiten in Sicherheitsbereichen
Verfahren für das Arbeiten in Sicherheitsbereichen sind konzipiert und werden angewendet. ∎

Für die Arbeit in Sicherheitsbereichen sind Regeln für Mitarbeiter, Vertragspartner, Dienstleister und sonstige Dritte festzulegen. Diese umfassen die Art, wie im Sicherheitsbereich gearbeitet wird (z. B. überwacht oder unbeobachtet), ebenso wie Schließkonzepte oder sonstige Regelungen, wie z. B. ein Rauchverbot oder ein Verbot zu fotografieren.

Neben den eigentlichen Sicherheitsbereichen, Büros und sonstigen Räumen sollen auch die Anlieferungsbereiche sowie die öffentlichen Räume berücksichtigt werden:

Maßnahme **A.11.1.6** aus ISO/IEC 27001:
Anlieferungs- und Ladebereiche
Zutrittsstellen wie Anlieferungs- und Ladebereiche sowie andere Stellen, über die unbefugte Personen die Räumlichkeiten betreten könnten, werden überwacht und sind, falls möglich, von informationsverarbeitenden Einrichtungen getrennt, um unbefugten Zutritt zu verhindern. ∎

Ein dabei zu berücksichtigender Grundsatz ist die strikte Trennung von Lieferbereichen und Sicherheitszonen. Angeliefertes Material ist auf potenzielle Bedrohungen zu untersuchen und diese sind dadurch zu minimieren. Ein Beispiel hierfür wäre, die Umverpackungen möglichst schnell zu beseitigen, um mögliche Brandlasten zu minimieren.

Bei der Planung von Neu- und Umbauten für Rechenzentren und andere IT-Betriebsumgebungen empfiehlt sich im Kontext des Maßnahmenziels A.11.1 zudem eine Orientierung an der europäischen Normenfamilie DIN EN 50600, auf die auch Kapitel 6 eingeht. Im Bezug auf den Schutz vor unberechtigtem physischen Zutritt definiert DIN EN 50600-2-5:2016 vier Schutzklassen, denen wie in Abbildung 5.8 exemplarisch gezeigt Räumlichkeiten – vom Außenbereich bis zum Serverraum – auf Basis einer Risikoanalyse zugeordnet werden können. Dabei geht mit einer höheren Schutzklasse auch ein höherer Schutzbedarf einher:

- Schutzklasse 1 (grün) umfasst öffentliche und halb-öffentliche Räume wie Parkplätze und Außenbereiche von Gebäuden.
- Schutzklasse 2 (blau) charakterisiert Bereiche, zu denen alle autorisierten Mitarbeiter und Besucher Zutritt erhalten, beispielsweise Lieferbereiche und Besprechungsräume.
- Schutzklasse 3 (gelb) beinhaltet Räumlichkeiten, die nur ausgewählten Personen zugänglich sind; wer keine entsprechende Berechtigung hat, muss von einer autorisierten

Person begleitet werden. In diese Klasse werden üblicherweise technische Betriebsräume für Klimatechnik und Stromversorgung eingeteilt.

- Schutzklasse 4 (rot) ist für besonders sensible Räume vorbehalten, die nur vom erforderlichen Minimum an Personen zu betreten sind, beispielsweise Rechnerräume für den Betrieb von Servern und Büros für Netz- und Systemadministratoren, die an den Komponenten in diesen IT-Betriebsräumen arbeiten. Wie in Schutzklasse 3 sind nicht dauerhaft Berechtigte im Bedarfsfall zu begleiten.

Bei der baulichen Umsetzung ist dabei üblicherweise das Zwiebelschalen-Prinzip anzuwenden: Zugänge zu einem Raum der Schutzklasse 4 existieren nur in Räumlichkeiten der Schutzklasse 3, die wiederum nur über einen Zugang in Räumlichkeiten der Schutzklasse 2 betreten werden können, usw. Dabei darf es insbesondere keine Sprünge zwischen den Schutzklassen geben; nicht zulässig wäre also beispielsweise ein Serverraum, der nur durch eine Außenwand vom öffentlichen Bereich getrennt ist.

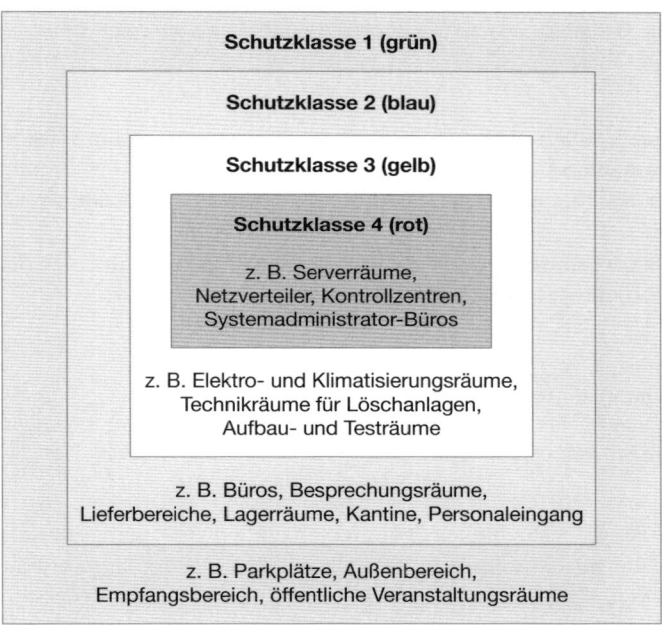

Abbildung 5.8 Exemplarische Zuordnung von Räumlichkeiten zu Schutzklassen nach DIN EN 50600-5-2

5.7.2   A.11.2 Geräte und Betriebsmittel

Alle Betriebsmittel, die zu den Werten der Organisation gehören und für die Tätigkeiten der Organisation erforderlich sind, sind in die Sicherheitsbetrachtung mit einzubeziehen und zu schützen. Dies umfasst auch Betriebsmittel, die außerhalb der Organisation eingesetzt werden (wie z. B. Laptops oder sonstige mobile Geräte). Neben dem Risiko des unerlaubten Zugriffs auf Informationen sind auch Verlust, Beschädigung und Diebstahl zu berücksichtigen:

Maßnahmenziel aus ISO/IEC 27001:
A.11.2 Geräte und Betriebsmittel
Verlust, Beschädigung, Diebstahl oder Gefährdung von Werten und die Unterbrechung von Organisationstätigkeiten sind unterbunden. ∎

Neben den eigentlichen Betriebsmitteln dürfen aber auch unterstützende Einrichtungen wie z. B. Verkabelungen nicht unberücksichtigt bleiben.

Die erste Maßnahme in diesem Bereich befasst sich mit dem Aufstellungsort von Betriebsmitteln:

 Maßnahme **A.11.2.1** aus ISO/IEC 27001:
Platzierung und Schutz von Geräten und Betriebsmitteln
Geräte und Betriebsmittel sind so platziert und geschützt, dass Risiken durch umweltbedingte Bedrohungen und Gefahren sowie Möglichkeiten des unbefugten Zugangs verringert sind. ∎

Dem Grunde nach sollen Betriebsmittel sicher platziert werden, um sowohl unberechtigten Zugriff, Elementarschäden, Schäden durch den Ausfall von Versorgungs- oder Kühlungssystemen, aber auch physische Bedrohungen wie z. B. Diebstahl oder Beschädigung zu verhindern.

Nicht nur die Betriebsmittel im engeren Sinn (Rechner etc.) sind für einen Betrieb notwendig, sondern auch die unterstützenden Versorgungseinrichtungen:

 Maßnahme **A.11.2.2** aus ISO/IEC 27001:
Versorgungseinrichtungen[4]
Geräte und Betriebsmittel sind vor Stromausfällen und anderen Störungen, die durch Ausfälle von Versorgungseinrichtungen verursacht werden, geschützt. ∎

Ohne die zuverlässige Verfügbarkeit der unterstützenden Versorgungseinrichtungen ist ein Betrieb von IT-Infrastrukturen nicht möglich. Zu den Versorgungseinrichtungen zählen z. B. Strom, Wasser, Kühlung, Lüftung und Heizung oder auch das Abwasser. Dementsprechend ist der Ausfall dieser Versorgungseinrichtungen in der Risikoabschätzung mit zu berücksichtigen und technische Vorkehrungen zu treffen, die den Schaden bei einem Ausfall minimieren (z. B. unterbrechungsfreie Stromversorgung (USV) bei Stromausfall).

Die kabelgebundenen Versorgungseinrichtungen werden in einer eigenen Maßnahme zusammengefasst:

 Maßnahme **A.11.2.3** aus ISO/IEC 27001:
Sicherheit der Verkabelung
Telekommunikationsverkabelung, welche Daten trägt oder Informationsdienste unterstützt, und die Stromverkabelung sind vor Unterbrechung, Störung oder Beschädigung geschützt. ∎

---

[4]   Unter Versorgungseinrichtungen werden auch Entsorgungseinrichtungen verstanden.

Es müssen auch die Sicherheit bei der Übertragung der Daten sowie die Sicherheit der Verkabelung berücksichtigt werden. Dabei stehen einerseits die Versorgung der speichernden und verarbeitenden IT-Systeme mit Strom, andererseits die Möglichkeit des Abhörens oder Beschädigens der Verkabelung im Fokus. Ein möglicher Ansatz wäre, Kabelstrecken durch öffentliche Bereiche so weit wie möglich zu verhindern, um diese vor unbefugtem Zugriff zu schützen.

Zudem ist eine regelmäßige Wartung und Pflege von Gerätschaften zu planen und umzusetzen:

Maßnahme **A.11.2.4** aus ISO/IEC 27001:
Instandhalten von Geräten und Betriebsmitteln
Geräte und Betriebsmittel werden Instand gehalten, um ihre fortgesetzte Verfügbarkeit und Integrität sicherzustellen.

Ein Dieselaggregat, das im Falle eines Stromausfalls im Nachgang zu batteriegepufferten USVs Strom liefern soll, muss regelmäßig gewartet und auch getestet (d. h. gestartet) werden, damit es im Bedarfsfall auch funktionieren kann.

Für die Entfernung von Betriebsmitteln vom Standort sind eindeutige Regelungen zu treffen:

Maßnahme **A.11.2.5** aus ISO/IEC 27001:
Entfernen von Werten
Geräte, Betriebsmittel, Information oder Software werden nicht ohne vorherige Genehmigung vom Betriebsgelände entfernt.

Neben der Genehmigung zur Entfernung aus dem Standort und einer Regelung bezüglich der zeitlichen Befristung ist auch ein Verfahren zu definieren, um die festgelegten Regeln zu überwachen und Verstöße erkennen zu können.

Nicht nur für die Betriebsmittel, die innerhalb der Organisation eingesetzt werden, sondern auch für die außerhalb benutzten sind Regeln zu definieren:

Maßnahme **A.11.2.6** aus ISO/IEC 27001:
Sicherheit von Geräten, Betriebsmitteln und Werten außerhalb der Räumlichkeiten
Werte außerhalb des Standorts werden gesichert, um die verschiedenen Risiken beim Betrieb außerhalb der Räumlichkeiten der Organisation zu berücksichtigen.

Betriebsmittel, die auch außerhalb des Standorts eingesetzt werden, sind geeignet zu schützen. Betriebsmittel in diesem Sinn, d. h. solche, die Informationen verarbeiten, sind Rechner, mobile Geräte wie Telefone, Smartphones, Tablets, Laptops und dergleichen, aber auch Dokumente auf Papier. Eine mögliche Maßnahme für den Fall, dass sensible Informationen auf mobilen Endgeräten hinterlegt werden (können), könnte ein Schutzmechanismus, z. B. die Verschlüsselung des speichernden Datenträgers, sein.

In jedem Fall ist zu beachten, dass die Sicherungskonzepte für Betriebsmittel stets deren gesamten Lebenszyklus umfassen, was insbesondere auch ihre Außerbetriebnahme umfasst:

Maßnahme **A.11.2.7** aus ISO/IEC 27001:
Sichere Entsorgung oder Wiederverwendung von Geräten und Betriebsmitteln
Alle Arten von Geräten und Betriebsmitteln, die Speichermedien enthalten, werden überprüft, um sicherzustellen, dass jegliche sensiblen Daten und lizenzierte Software vor ihrer Entsorgung oder Wiederverwendung entfernt oder sicher überschrieben worden sind. ∎

Um einen ungewollten Informationsabfluss bei der Entsorgung, Abgabe oder dem Verkauf von Betriebsmitteln zu verhindern, sind darauf gespeicherte Daten bzw. Datenträger so zu vernichten, dass die ursprünglichen Daten nicht mehr rekonstruiert werden können. Zumeist ist eine einfache Löschung der Daten nicht ausreichend, da diese in vielen Fällen immer noch leicht rekonstruiert werden können. Je nach Art und Weise der Speicherung sensibler Informationen auf den abzugebenden Endgeräten kann z.B. ein (mehrfaches) Überschreiben der speichernden Datenträger mit Zufallszahlen eine geeignete Möglichkeit der Löschung darstellen (vgl. auch Kapitel 5.4.3 zu irreversibler Löschung).

Besonderes Augenmerk muss auch auf Geräte gelegt werden, die nicht unter ständiger Aufsicht stehen:

Maßnahme **A.11.2.8** aus ISO/IEC 27001:
Unbeaufsichtigte Benutzergeräte
Benutzer stellen sicher, dass unbeaufsichtigte Geräte und Betriebsmittel angemessen geschützt sind. ∎

Hierzu gehört beispielsweise, dass Rechner beim Verlassen des Arbeitsplatzes mit einem kennwortgeschützten Bildschirmschoner geschützt werden und Benutzer sich von netzbasierten Serverdiensten abmelden sollten, wenn diese längere Zeit nicht benötigt werden. Auch bei mobilen Geräten wie Smartphones sollte ein geeigneter Schutz, z. B. eine PIN-Eingabe nach Aktivieren des Geräts, eingesetzt werden.

Der physische und technische Schutz von Arbeitsplätzen wird in A.11.2.9 abschließend weiter präzisiert:

Maßnahme **A.11.2.9** aus ISO/IEC 27001:
Richtlinie für eine aufgeräumte Arbeitsumgebung und Bildschirmsperren
Richtlinien für eine aufgeräumte Arbeitsumgebung hinsichtlich Unterlagen und Wechseldatenträgern und für Bildschirmsperren für informationsverarbeitende Einrichtungen werden angewendet. ∎

Papier und mobile Speichermedien wie USB-Sticks, die geschäftskritische Informationen enthalten, sind also unter Verschluss zu halten. Bei Bildschirmsperren bieten beispielsweise Kartenterminals für Mitarbeiterausweise oder anzusteckende USB-Token eine Alternative zur häufig als lästig empfundenen Passworteingabe zum Entsperren. Auch Geräte wie

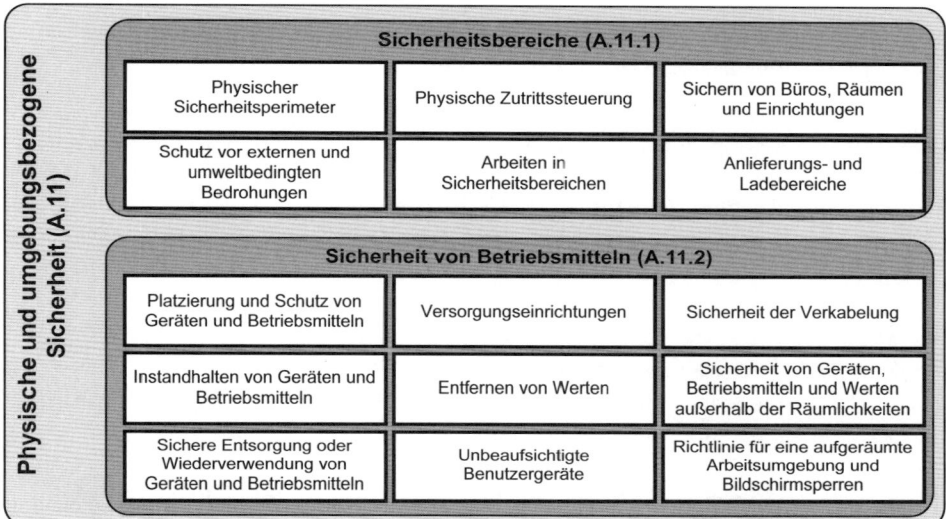

Abbildung 5.9 A.11: Physische und umgebungsbezogene Sicherheit

Kopierer und ggf. entsprechende Ablagebereiche für noch nicht abgeholte Ausdrucke sind geeignet zu sichern.

Abbildung 5.9 fasst alle Maßnahmenziele und Maßnahmen für *A.11 Physische und umgebungsbezogene Sicherheit* zusammen.

◼ 5.8   A.12 Betriebssicherheit

Tagtäglich werden auf unterschiedlichsten IT-Systemen, z. B. Arbeitsplatzsystemen von Mitarbeitern, mobilen Endgeräten, Webauftritt einer Organisation schützenswerte Informationen verarbeitet. Insofern muss auch den im Alltag auftretenden Gefahren, etwa ein unvorsichtiger Klick auf einen in einer E-Mail angezeigten Link, im Hinblick auf die drei Schutzziele adäquat begegnet werden. Systeme und dort installierte Software weisen aufgrund von Programmierfehlern Lücken auf, nach denen Angreifer gezielt suchen, um diese auszunutzen, Schadsoftware auf dem System zu installieren oder dort gespeicherte sensible Informationen zu stehlen. Sicherheit der täglichen Nutzung einzelner IT-Systeme sowie des Betriebs der kompletten IT-Infrastruktur ist daher essenziell.

5.8.1   A.12.1 Betriebsabläufe und -verantwortlichkeiten

 Maßnahmenziel aus ISO/IEC 27001:
A.12.1 Betriebsabläufe und -verantwortlichkeiten

> Der ordnungsgemäße und sichere Betrieb von informationsverarbeitenden Einrichtungen ist sichergestellt.

Die explizite Nennung dieses Maßnahmenziels zeigt, dass Verfahren und Verantwortlichkeiten festgelegt werden müssen, um einen sicheren und zuverlässigen Betrieb der IT-Systeme zu ermöglichen. Dazu fordert die Norm zunächst grundlegend, dass nicht nur das ISMS als Ganzes, sondern auch die Abläufe im technisch-operativen Sicherheitsmanagement dokumentiert werden:

Maßnahme **A.12.1.1** aus ISO/IEC 27001:
Dokumentierte Bedienabläufe
Die Bedienabläufe sind dokumentiert und allen Benutzern, die sie benötigen, zugänglich.

Diese Maßnahme fordert dokumentierte Betriebsanweisungen für die im Arbeitsalltag häufig auftretenden Situationen. Dies umfasst die Installation und Konfiguration von Systemen, Umgang mit Fehlern und die Benennung von zuständigen Personen als Ansprechpartner in Unterstützungsfragen oder Eskalationsinstanz. Diese Dokumentation ist nicht nur immer aktuell zu halten, sondern deren Inhalte sollte auch an alle Betroffenen kommuniziert werden.

Als Schnittstelle zum IT Service Management, z. B. nach ISO/IEC 20000-1, wird auch ein Change Management gefordert, d.h. der Umgang mit Veränderungen, die sowohl die ganze Organisation oder lediglich einzelne Informationsverarbeitende Einrichtungen betreffen können. Ziel ist es, beispielsweise Sicherheitsvorfälle, die durch unkontrollierte Änderungen verursacht wurden, zu vermeiden:

Maßnahme **A.12.1.2** aus ISO/IEC 27001:
Änderungssteuerung
Änderungen der Organisation, der Geschäftsprozesse, an den informationsverarbeitenden Einrichtungen und an den Systemen werden gesteuert.

Systemadministratoren sollten nicht einfach unabgestimmt anfangen, Änderungen an IT-Diensten und Systemkonfigurationen vorzunehmen. Vielmehr soll durch einen abgestimmten Prozess, der Planung und formale Genehmigungsverfahren umfasst, sichergestellt werden, dass keine neuen Risiken oder Schwachstellen entstehen. Alle Beteiligten sollen sich über die Auswirkungen von Änderungen im Klaren sein, so dass diese z. B. schon vorab an Kunden und Anwender kommuniziert und dadurch die Dauer von Betriebsunterbrechungen minimiert werden können. Bei der Umsetzung dieser Maßnahme empfiehlt es sich auch, spezielle Änderungsverfahren für Notfälle festzulegen, um bei Eintritt einer solchen Ausnahmesituation gut vorbereitet zu sein.

Neben den Vorgaben zum Change Management fordert die Norm, auch die aktuelle und auch zukünftige Kapazitätsanforderungen zu berücksichtigen:

Maßnahme **A.12.1.3** aus ISO/IEC 27001:
Kapazitätssteuerung
Die Ressourcennutzung/Benutzung von Ressourcen wird überwacht und abgestimmt, und es werden Prognosen zu zukünftigen Kapazitätsanforderungen erstellt, um die erforderliche Systemleistung sicherzustellen. ∎

Im Gegensatz zum IT Service Management, das sich auch mit der Frage beschäftigen muss, ob Überkapazitäten vorhanden sind, die aus Kostengründen abgebaut werden sollten, zielt das Informationssicherheitsmanagement insbesondere darauf ab, dass es zu keinen Ressourcenengpässen kommt, die eine Verschlechterung der Verfügbarkeit von Diensten und Daten nach sich ziehen würde. Kontinuierliche Überwachung des aktuellen Systemzustandes, Abschätzung zukünftigen Verbrauchs und das Einbeziehen neuer oder geänderter Geschäftsfelder und Ableitung von Trends sind hier zu beachten.

Im Hinblick auf eine möglichst hohe Verfügbarkeit von IT-Systemen und Diensten ist auch die Trennung von IT-Umgebungen sinnvoll:

 Maßnahme **A.12.1.4** aus ISO/IEC 27001:
Trennung von Entwicklungs-, Test- und Betriebsumgebungen
Entwicklungs-, Test- und Betriebsumgebungen sind voneinander getrennt, um das Risiko unbefugter Zugriffe auf oder Änderungen an der Betriebsumgebung zu verringern. ∎

Diese Regelung geht davon aus, dass für die drei genannten Kategorien von Systemen (Entwicklung, Test und Produktion) unterschiedliche Personengruppen zuständig und verantwortlich sind und dass diese Systeme auch getrennt betrieben werden, so dass z. B. keine Entwicklung auf Produktivsystemen durchgeführt wird. Insbesondere soll verhindert werden, dass Entwickler von Software, bei denen es sich häufig um externe Mitarbeiter bzw. Fremdfirmen handelt, uneingeschränkten Zugriff auf die Produktivsysteme erhalten und daran möglicherweise unbemerkt Änderungen vornehmen können. Des Weiteren ist zu regeln, wie neue oder um zusätzliche Funktionen erweiterte, bereits erfolgreich getestete Versionen einer Software in die Produktivumgebung eingebracht werden.

5.8.2   A.12.2 Schutz vor Schadsoftware

Anhang A.12.2 von ISO/IEC 27001 widmet sich der Vorbeugung vor und der Erkennung sowie Bekämpfung von Schadsoftware. Exemplarisch seien hier Viren, Würmern und trojanischen Pferde genannt:

 Maßnahmenziel aus ISO/IEC 27001:
A.12.2 Schutz vor Schadsoftware
Information und informationsverarbeitende Einrichtungen sind vor Schadsoftware geschützt. ∎

Im Hinblick auf Schadsoftware fordert ISO/IEC 27001 nicht nur technische Schutzmaßnahmen, sondern auch die Sensibilisierung der Benutzer:

Maßnahme **A.12.2.1** aus ISO/IEC 27001:
Maßnahmen gegen Schadsoftware
Erkennungs-, Vorbeugungs- und Wiederherstellungsmaßnahmen zum Schutz vor Schadsoftware in Verbindung mit einer angemessenen Sensibilisierung der Benutzer sind umgesetzt. ∎

Die Umsetzung dieser Maßnahme hat somit sowohl technische als auch organisatorische Komponenten. Auf technischer Ebene werden beispielsweise Virenschutz-Programme auf allen Arbeitsplatz-PCs und Servern des Unternehmens installiert. Darüber hinaus könnten aber auch Regelungen getroffen werden, welche Software auf einem System erlaubt ist und über bekannte, als sicher eingestufte Quellen installiert werden kann. Regelmäßig durchgeführte Komplettscans von IT-Systemen und daran angeschlossenen Medien sowie die Erkennung mit Schadsoftware infizierter E-Mail-Anhänge werden als sinnvoll erachtet. Bewusstseinsfördernde Maßnahmen können verpflichtende Schulungen oder Einweisungen in die IT-Sicherheit für alle Mitarbeiter, aber auch Poster und E-Mail-Rundschreiben sein, die alle Mitarbeiter zur notwendigen Sorgfalt z. B. bei der Internet-Nutzung am Arbeitsplatz auffordern.

5.8.3   A.12.3 Datensicherung

Wird ein PC und die dort gespeicherten Daten durch Schadsoftware beschädigt, ist es notwendig, vorbereitet zu sein. Durch regelmäßig durchgeführte Sicherungen von Informationen kann die Integrität sehr einfach wiederhergestellt werden, andererseits dienen diese dazu, die Verfügbarkeit sicherzustellen:

Maßnahmenziel aus ISO/IEC 27001:
A.12.3 Datensicherung
Daten sind vor Verlust geschützt. ∎

Um dieses Ziel zu erreichen, wird das Backup von Informationen als effektive Maßnahme gefordert:

Maßnahme **A.12.3.1** aus ISO/IEC 27001:
Sicherung von Information
Sicherheitskopien von Information, Software und Systemabbildern werden entsprechend einer vereinbarten Sicherungsrichtlinie angefertigt und regelmäßig getestet. ∎

Eine hier geforderte Datensicherungsrichtlinie regelt die Anforderungen der Organisation in Bezug auf die Sicherung von Informationen. In der konkreten Planung für Datensicherungsmaßnahmen sollte einerseits der Umfang der zu sichernden Informationen und andererseits die Häufigkeit der Datensicherung den geschäftlichen Anforderungen der Organisation angemessen sein. Darüber hinaus ist ein offensichtlich wichtiger, aber in der Praxis häufig vernachlässigter Aspekt, dass das Sichern der Daten alleine nicht ausreicht, sondern dass auch verifiziert werden muss, ob die Daten erfolgreich aus dem Backup wiederhergestellt werden können, und vor allem, wie lange dies dauert. ISO/IEC 27001 fordert deshalb explizit auch zum Testen der gewählten Backup-Methode auf.

5.8.4   A.12.4 Protokollierung und Überwachung

Die oben behandelten Maßnahmen haben einen ausgeprägt präventiven Charakter, d. h. sie sollen IT-sicherheitsrelevante Vorfälle möglichst von Grund auf vermeiden. In der Praxis kann das Eintreten von Schadereignissen jedoch selbst bei sehr guter Planung nicht immer verhindert werden. Deshalb sieht ISO/IEC 27001 auch ein Maßnahmenziel zur Erkennung unerwünschter Ereignisse vor:

Maßnahmenziel aus ISO/IEC 27001:
A.12.4 Protokollierung und Überwachung
Ereignisse sind aufgezeichnet und Nachweise sind erzeugt.

Die Grundlage zur Identifizierung und Aufklärung entsprechender Aktivitäten bilden in der Regel Protokolldateien:

Maßnahme **A.12.4.1** aus ISO/IEC 27001:
Ereignisprotokollierung
Ereignisprotokolle, die Benutzertätigkeiten, Ausnahmen, Störungen und Informationssicherheitsvorfälle aufzeichnen, werden erzeugt, aufbewahrt und regelmäßig überprüft.

Die in den Protokollen aufgezeichneten Daten, ihr Detailgrad und ihre Speicherdauer sind datenschutzrechtlich relevant, so dass die Benutzer eines IT-Systems oder IT-Dienstes ihr explizites Einverständnis zu den Datenschutzrichtlinien, die auch auf die Protokollierung eingehen sollten, erteilen müssen.

Neben der Aufzeichnung und Speicherung sollen die Protokolle auch regelmäßig überprüft werden. Dabei ist zu beachten, dass bei einer größeren Anzahl an intensiv genutzten IT-Systemen sehr schnell so viele Protokolldaten anfallen, dass der Aufwand für eine manuelle Auswertung zu groß wird. Entsprechend müssen Hilfsmittel zur Auswertung wie z. B. *Security Information & Event Management* (-SIEM-) Systeme eingesetzt werden. Diese führen wie in Abbildung 5.10 dargestellt alle Protokolldaten zusammen, können diese systemübergreifend korrelieren und sowohl die manuelle Auswertung durch Administratoren als auch das automatisierte Reagieren auf erkannte Vorfälle unterstützen.

Aufgrund der in Ereignisprotokollen aufgezeichneten sensiblen, personenbezogenen Daten und um Manipulation vorzubeugen, gilt es, die anfallenden Protokolldaten zudem geeignet zu schützen:

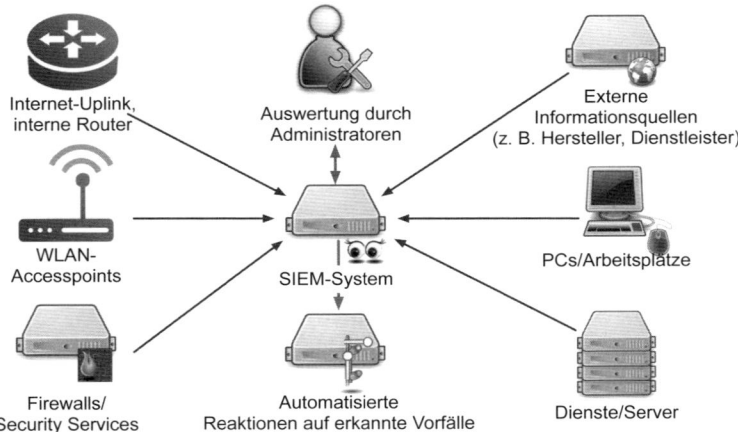

Abbildung 5.10 Auswertung von Protokolldaten mittels SIEM-System

> Maßnahme **A.12.4.2** aus ISO/IEC 27001:
> **Schutz der Protokollinformation**
> Protokollierungseinrichtungen und Protokollinformation sind vor Manipulation und un-
> befugtem Zugriff geschützt.

Protokolldaten zu schützen ist aus mehreren Gründen sinnvoll. Ein bereits über adminis-
trative Berechtigungen verfügender Angreifer könnte versuchen, Spuren seines erfolgreichen Angriffs und seiner Aktivitäten auf einem IT-System durch Entfernen entsprechender
Logeinträge oder Abschaltung der Protokollierung zu verwischen. Zur technischen Umsetzung kommen beispielsweise zentrale Log-Server infrage, an die Logfile-Einträge gesendet,
aber nachträglich nicht mehr modifiziert werden können.

Die Maßnahme A.12.4.3 deckt eine spezielle Art von Protokoll ab, denn besonders die Aktivitäten der eigenen Administratoren sollten geeignet protokolliert werden:

> Maßnahme **A.12.4.3** aus ISO/IEC 27001:
> **Administratoren- und Bedienerprotokolle**
> Tätigkeiten von Systemadministratoren und Systembedienern werden aufgezeichnet
> und die Protokolle sind geschützt und werden regelmäßig überprüft.

Dies ist beispielsweise erforderlich, um zu verhindern, dass sich im Unfrieden aus einer
Organisation ausscheidende Mitarbeiter mit administrativen Berechtigungen Hintertüren
aufhalten, um zu einem späteren Zeitpunkt zurückzukehren und Schaden zu verursachen.
Die technische Umsetzung erfolgt beispielsweise über sogenannte *Privileged Account Management Systeme*, die von Administratoren durchgeführte Tätigkeiten protokollieren und
die Auswertung dieser Protokolle unterstützen.

Die Aussagekraft vor allem bei der Analyse von Protokolldaten setzt akkurate Angaben
zum Zeitpunkt des Auftretens eines Ereignisses voraus. Die Zeitsynchronisation ist deshalb
zwingend notwendig:

Maßnahme **A.12.4.4** aus ISO/IEC 27001:
Uhrensynchronisation
Die Uhren aller relevanten informationsverarbeitenden Systeme innerhalb einer Organisation oder einem Sicherheitsbereich werden mit einer einzigen Referenzzeitquelle synchronisiert.

Exakte Zeitangaben sind insbesondere dann hilfreich, wenn Ereignismeldungen system-übergreifend korreliert werden sollen. Im Rahmen der Aufklärung eines Informationssicherheitsvorfalls müssen die protokollierten Zeiten verlässlich sein. Ungenaue Zeitangaben können die hier durchgeführten Untersuchungen behindern oder gar das Ergebnis komplett verfälschen. Zur technischen Umsetzung der Uhrensynchronisation wird meist auf das *Network Time Protocol* (NTP) zurückgegriffen.

5.8.5 A.12.5 Steuerung von Software im Betrieb

Über die Verfügbarkeit von IT-Systemen und darauf laufender Dienste ist auch die Integrität der Systeme, vor allem derer in der Produktionsumgebung, zu gewährleisten:

Maßnahmenziel aus ISO/IEC 27001:
A.12.5 Steuerung von Software im Betrieb
Die Integrität von Systemen im Betrieb ist sichergestellt.

Maßnahme **A.12.5.1** aus ISO/IEC 27001:
Installation von Software auf Systemen im Betrieb
Verfahren zur Steuerung der Installation von Software auf Systemen im Betrieb sind umgesetzt.

Es gilt, das Risiko von unbeabsichtigten und unerwünschten Änderungen an Systemen durch die Installation von Betriebs- und Anwendungssoftware oder der Aktualisierung einzelner Programmbibliotheken in der Produktionsumgebung zu minimieren. Die Umsetzung von Maßnahme A.12.5.1 erfordert auf organisatorischer Seite die Etablierung von Release-Management-Verfahren inklusive von Testprozeduren, Freigaberegelungen und geeigneter Rollout-Planung. Richtet die Organisation ihre ITSM-Prozesse beispielsweise nach ISO/IEC 20000 aus, so sind die sich aus Maßnahme A.12.5.1 ergebenden Anforderungen insbesondere bei der Umsetzung des Release Managements, aber auch des Change Managements zu berücksichtigen.

5.8.6 A.12.6 Handhabung technischer Schwachstellen

Viele IT-Systeme weisen Sicherheitslücken und Verwundbarkeiten auf, die meist erst im laufenden Betrieb erkannt und behoben werden können. Hierfür wird mit dem Schwachstellenmanagement ein eigener Prozess gefordert:

> **Maßnahmenziel aus ISO/IEC 27001:**
> **A.12.6 Handhabung technischer Schwachstellen**
> Die Ausnutzung technischer Schwachstellen ist verhindert.

Abbildung 5.11 Risikoverlauf beim Bekanntwerden von Schwachstellen

Dieses Maßnahmenziel setzt sich mit dem in Abbildung 5.11 dargestellten Risiko durch veröffentlichte Schwachstellen auseinander, also z. B. mit der Gefährdung durch bekannte Sicherheitslücken in Betriebssystemen, zu denen Informationen oder gar „Exploits" im Internet kursieren:

> **Maßnahme A.12.6.1 aus ISO/IEC 27001:**
> **Handhabung von technischen Schwachstellen**
> Information über technische Schwachstellen verwendeter Informationssysteme wird rechtzeitig eingeholt, die Gefährdung der Organisation durch derartige Schwachstellen wird bewertet und angemessene Maßnahmen werden ergriffen, um das dazugehörige Risiko zu behandeln.

Um dies effektiv umsetzen zu können, ist es allerdings notwendig, dass die in der Maßnahme angesprochenen „verwendeten Informationssysteme" alle inventarisiert sind (vgl. Maßnahme A.8.1.1). Insbesondere erleichtern Informationen zu installierter Software, Versionsnummern und der aktuelle Verteilungsstand in der Organisation die Identifikation von einer Schwachstelle betroffenen Systemen und einer Einschätzung des Gefährdungspotenzials. Es sollte festgelegt werden, wie und wie schnell auf die Veröffentlichung einer neuen Schwachstelle zu reagieren ist, wobei sich die Dringlichkeit an der Anzahl der betroffenen Systeme, ihrer Kritikalität als auch dem Schadenspotenzial bei erfolgreicher Ausnutzung der Schwachstelle orientieren sollte.

Durch die unkontrollierte Installation von Software auf einem IT-System können zusätzliche Schwachstellen entstehen, weshalb anzuraten ist, diese zu unterbinden bzw. so weit als möglich einzuschränken.

Maßnahme **A.12.6.2** aus ISO/IEC 27001:
Einschränkung von Softwareinstallation
Regeln für die Softwareinstallation durch Benutzer sind festgelegt und umgesetzt.

Anwendern von IT-Systemen sollten bekannten Sicherheitsprinzipien, wie z.B. *least privilege* folgend, so wenige Berechtigungen eingeräumt werden wie unbedingt nötig. Regeln zur Installation zusätzlicher Software oder Updates sind festzulegen und helfen auch, etwa unerlaubte Nutzung explizit für den privaten Gebrauch kostenfreier Software auf dienstlich genutzten Systemen zu verhindern.

5.8.7 A.12.7 Audit von Informationssystemen

Präventiv umgesetzten Sicherheitsmaßnahmen helfen, Informationen vor Angriffen, missbräuchlicher Verwendung oder Manipulation zu schützen und somit die Erreichung der Sicherheitsziele zu gewährleisten. Dennoch gilt es, regelmäßig Betriebsabläufe und die dort eingesetzten Informationssysteme zu überprüfen.

Maßnahmenziel aus ISO/IEC 27001:
A.12.7 Audit von Informationssystemen
Die Auswirkung von Audittätigkeiten auf Systeme im Betrieb ist minimiert.

Bei diesen Überprüfungen sollten die negativen Auswirkungen, etwa durch Systemausfälle verursachte Störungen im Betriebsablauf, vermieden werden.

Maßnahme **A.12.7.1** aus ISO/IEC 27001:
Maßnahmen für Audits von Informationssystemen
Auditanforderungen und -tätigkeiten, welche eine Überprüfung betrieblicher Systeme beinhalten, werden sorgfältig geplant und vereinbart, um Störungen der Geschäftsprozesse zu minimieren.

Technische Überprüfungen und Audits von Informationssystemen sowie deren Umfang sollten geplant und mit den Verantwortlichen vorher abgestimmt werden. Meist reicht es auch aus, nur mit eingeschränkten Berechtigungen die Tests durchzuführen, etwa in Form eines Lesezugriffs, der mitunter auch auf zuvor erstellte Kopien von Systemdateien erfolgt, die im Anschluss an die Tests wieder gelöscht werden.

Abbildung 5.12 fasst alle Maßnahmenziele und Maßnahmen zur *Betriebssicherheit* zusammen.

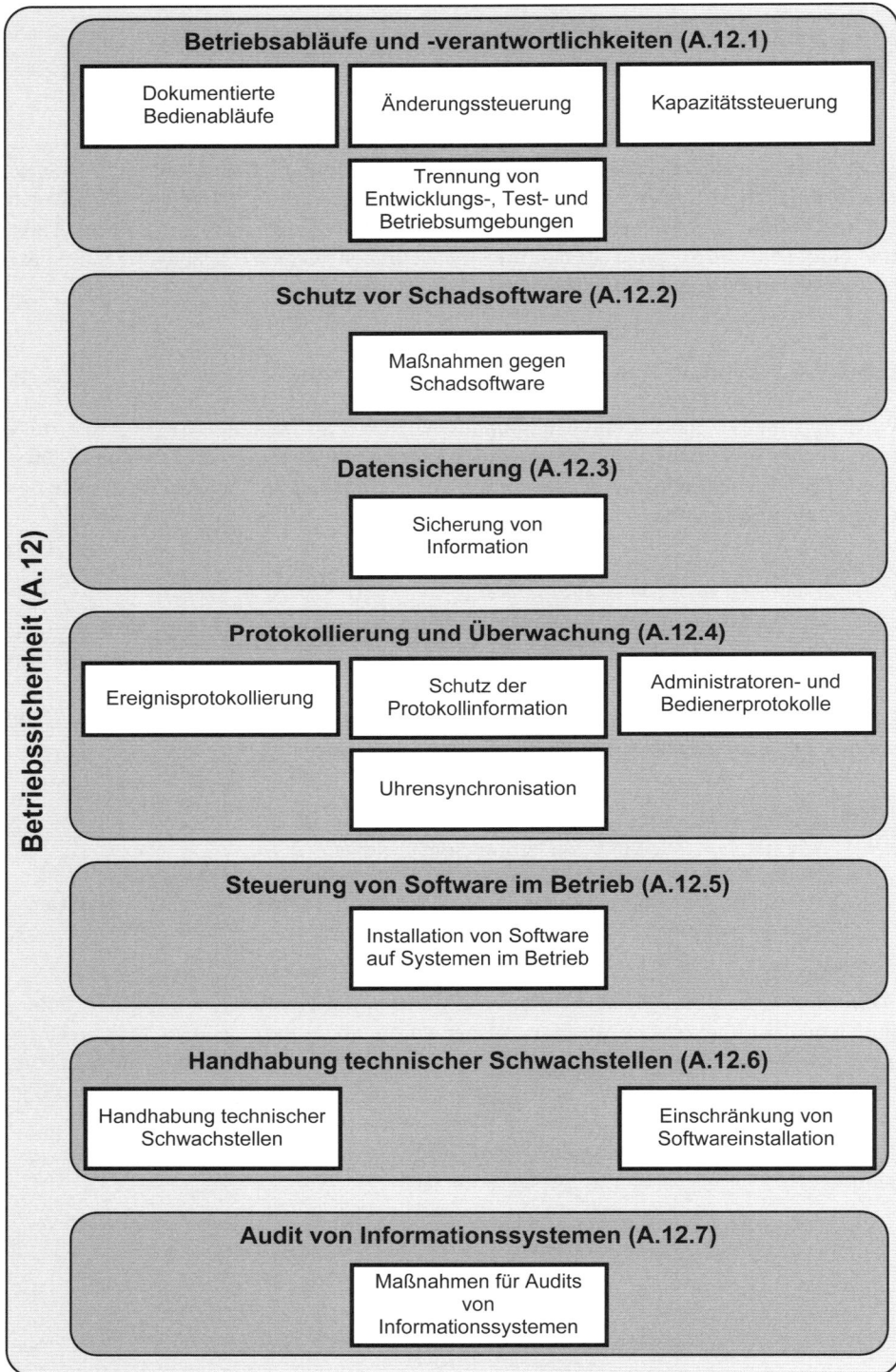

Abbildung 5.12 A.12: Betriebssicherheit

■ 5.9   A.13 Kommunikationssicherheit

IT-Dienste werden nicht isoliert auf einem einzelnen System bereitgestellt. Stattdessen sind die an der Dienstbereitstellung beteiligten Systeme vernetzt, d.h. sie kommunizieren miteinander, tauschen Informationen untereinander aus oder Informationen werden aus entfernt liegenden zentralen Datenspeichern bei Bedarf abgerufen und auf einem anderen System verarbeitet. Entsprechend ist auch die hier notwendige Kommunikation geeignet abzusichern.

5.9.1   A.13.1 Netzwerksicherheitsmanagement

Neben jedem einzelnen IT-Dienst und -System muss auch das Unternehmensnetz als Ganzes geeignet abgesichert werden. Durch die lokal angeschlossenen Systeme, das Anschließen von Gastsystemen wie Notebooks zu Besuch kommender Kooperationspartner und die Anbindung ans Internet entstehen viele zu berücksichtigende Risiken:

 Maßnahmenziel aus ISO/IEC 27001:
A.13.1 Netzwerksicherheitsmanagement
Der Schutz von Information in Netzwerken und den unterstützenden informationsverarbeitenden Einrichtungen ist sichergestellt. ■

Bei den Maßnahmen unterscheidet ISO/IEC 27001 zwischen dem Netz an sich und darauf aufbauenden Netzdiensten. Zunächst sind geeignete Maßnahmen für die Netze zu ergreifen:

 Maßnahme **A.13.1.1** aus ISO/IEC 27001:
Netzwerksteuerungsmaßnahmen
Netzwerke werden verwaltet und gesteuert, um Information in Systemen und Anwendungen zu schützen. ■

Hierzu empfiehlt es sich, Verantwortlichkeiten und Verfahren für die Verwaltung von Netzkomponenten festzulegen, darüber hinaus auch möglicherweise eine klare inhaltliche Trennung zwischen den beiden Bereichen System- und Netzadministration umzusetzen und insbesondere für öffentliche oder drahtlose Netze spezielle Maßnahmen zu ergreifen, um die Vertraulichkeit und Integrität der übertragenen Informationen sicherzustellen. Systeme ans Netz anzuschließen sollte einerseits eingeschränkt und nur für der Organisation bekannte Geräte möglich sein. Eine technische Maßnahme, die das gewährleistet, sind Network-Access-Control(-NAC-)Lösungen.

Die Sicherheit von Netzdiensten ist eine Eigenschaft, die auch im Rahmen vertraglicher Vereinbarungen mit Dritten (vgl. Kapitel 5.11) berücksichtigt werden muss:

Maßnahme **A.13.1.2** aus ISO/IEC 27001:
Sicherheit von Netzwerkdiensten
Sicherheitsmechanismen, Dienstgüte und Anforderungen an die Verwaltung aller
Netzwerkdienste sind bestimmt und werden sowohl für interne als auch für ausge-
gliederte Netzwerkdienste in Vereinbarungen aufgenommen.
■

Die Maßnahme sieht somit vor, dass die Anforderungen an die Sicherheitseigenschaften
von Netzdiensten nicht pauschalisiert, sondern dem jeweiligen Bedarf angepasst werden.
Außerdem müssen die Sicherheitseigenschaften unabhängig davon, ob ein externer Dritter an der Erbringung von Diensten beteiligt ist oder nicht, erfüllt werden. Die Organisation sollte sicherstellen, dass externe Anbieter von Netzdiensten diese Maßnahmen auch
umsetzen und die Informationen genauso gut geschützt werden wie bei ihrer rein unternehmensinternen Verarbeitung.

Zusätzlich zum Zugriffsschutz von Diagnose- und Konfigurationszugriffspunkten ist auch
die Trennung von Netzen anzustreben, so dass nur ähnlich oder gleich geartete Dienstty-
pen miteinander direkt verbunden sind:

Maßnahme **A.13.1.3** aus ISO/IEC 27001:
Trennung in Netzwerken
Informationsdienste, Benutzer und Informationssysteme werden in Netzwerken grup-
penweise voneinander getrennt gehalten.
■

Durch eine Gruppenbildung und Separation von Dienstgruppen auf Netzebene, d.h. das
Bilden sogenannter Netzwerkdomänen, kann ein zusätzliches Maß an Sicherheit durch die
frühzeitige Unterbindung von versehentlichem oder auch mutwilligem, nicht autorisier-
tem Zugriff auf fremde Dienste erwirkt werden. Im Ausnahmefall ist auch ein domänen-
übergreifender Zugriff möglich, jedoch sollte dieser mittels Gateway-Systemen, z.B. Firewalls reglementiert werden. Als besonders heikel sind hier Drahtlosnetze zu betrachten, da
hier der Netzperimeter nicht immer genau zu bestimmen ist, weshalb Zugriffe auf Dienste
aus diesen Netzen wie externe Verbindungen eingestuft werden sollten.

5.9.2   A.13.2 Informationsübertragung

Zur Verarbeitung und Nutzung müssen elektronisch gespeicherte Daten in aller Regel zwischen verschiedenen Personen sowohl organisationsintern als auch mit Externen im Rahmen geschäftlicher Partnerschaften ausgetauscht werden. Maßnahmenziel A.13.2 strebt
den Erhalt der Sicherheit der so ausgetauschten Informationen an:

Maßnahmenziel aus ISO/IEC 27001:
A.13.2 Informationsübertragung
Die Sicherheit von übertragener Information, sowohl innerhalb einer Organisation als auch mit jeglicher externen Stelle, ist aufrechterhalten. ∎

Zur Umsetzung werden vier Maßnahmen vorgegeben, die ähnlich zu anderen Bereichen zunächst mit der Definition von Regeln und Verfahren beginnen:

 Maßnahme **A.13.2.1** aus ISO/IEC 27001:
Richtlinien und Verfahren zur Informationsübertragung
Formale Übertragungsrichtlinien, -verfahren und -maßnahmen sind vorhanden, um die Übertragung von alle Arten von Information für Kommunikationseinrichtungen zu schützen. ∎

Die festzulegenden Regeln gelten für alle Beschäftigten einer Organisation und den Dienstnutzern und beziehen sich auf den Umgang mit den zur Informationsübertragung genutzten Systemen, dem Einsatz von Verschlüsselungstechnologie und Aufbewahrungsfristen für geschäftliche Korrespondenz.

Neben dieser formalen, also auch schriftlich dokumentierten Regelung zum allgemeinen, in der Regel zum Austausch von Informationen werden insbesondere für die organisationsübergreifende Informationsübermittlung explizite Vereinbarungen mit diesen Dritten gefordert:

 Maßnahme **A.13.2.2** aus ISO/IEC 27001:
Vereinbarungen zur Informationsübertragung
Vereinbarungen behandeln die sichere Übertragung von Geschäftsinformation zwischen der Organisation und externen Parteien. ∎

Bei diesen Vereinbarungen muss natürlich Rücksicht auf die Anforderungen aller Seiten genommen werden. Die Vereinbarungen können entweder bilateral erfolgen oder für ganze Gruppen von Unternehmen getroffen werden. Sie umfassen in der Regel wiederum den Einsatz kryptographischer Maßnahmen, um die Vertraulichkeit sensibler Informationen, die zwischen den Unternehmen im Rahmen ihrer Geschäftstätigkeit ausgetauscht werden müssen, sicherzustellen. Authentizität und vor allem auch die Nicht-Abstreitbarkeit können aber auch eine entscheidende Rolle spielen. Da die Informationsübertragung zwischen den Unternehmen meist nicht nur auf elektronischem Weg erfolgt, enthalten diese Vereinbarungen auch Regelungen zur Kennzeichnung eines wichtigen Schriftstücks und damit verbundene Mindestanforderungen an einen für den Versand beauftragten Kurierdienst.

Der Austausch von Informationen kann sowohl über physische Medien als auch auf elektronischem Weg erfolgen. Letztgenannter muss entsprechend für den Transport der Information geeignet geschützt werden:

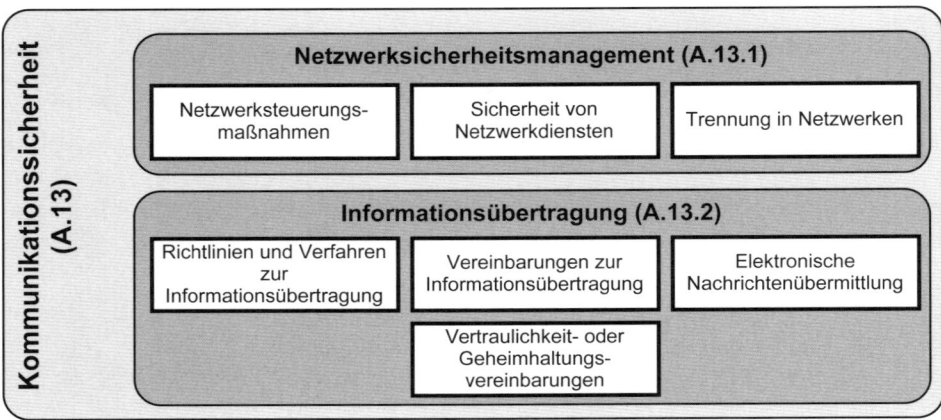

Abbildung 5.13 A.13: Kommunikationssicherheit

 Maßnahme **A.13.2.3** aus ISO/IEC 27001:
Elektronische Nachrichtenübermittlung
Information in der elektronischen Nachrichtenübermittlung ist angemessen geschützt. ∎

Zur Sicherstellung der Vertraulichkeit kann man E-Mails beispielsweise verschlüsseln. Weitere Sicherheitsziele, wie die Authentizität und Integrität stellt die Verwendung einer qualifizierten digitalen Signatur sicher. Aber nicht nur die E-Mail-basierte Kommunikation sollte hier geeignet abgesichert werden, sondern jede Art von elektronischem Datenaustausch und der Umgang mit Information in sozialen Netzwerken, welcher in der heutigen Zeit immer mehr an Bedeutung gewinnt.

Dieser Bedarf besteht aber nicht nur bei elektronischen Schnittstellen, die von Mitarbeitern unterschiedlicher Unternehmen genutzt werden, sondern auch für Schnittstellen zwischen IT-Systemen. ISO/IEC 27001 fordert deshalb auch den Schutz von Informationen, die zwischen sogenannten Geschäftsinformationssystemen ausgetauscht werden:

 Maßnahme **A.13.2.4** aus ISO/IEC 27001:
Vertraulichkeits- oder Geheimhaltungsvereinbarungen
Anforderungen an Vertraulichkeits- oder Geheimhaltungsvereinbarungen, welche die Erfordernisse der Organisation an den Schutz von Information widerspiegeln, werden identifiziert, regelmäßig überprüft und sind dokumentiert. ∎

Nach ISO/IEC 27002 behandelt eine Vertraulichkeitsvereinbarung typischerweise Dinge wie die Definition der zu schützenden Informationen, Verantwortlichkeiten und Aktionen oder auch den zulässigen Gebrauch von vertraulichen Informationen. Beim Erstellen derartiger Vereinbarungen sollte auf die Verwendung rechtsverbindlicher Begriffe genauso geachtet werden, wie die Entsprechung mit allen geltenden Gesetzen und Vorschriften der jeweiligen Rechtsordnungen.

Abbildung 5.13 fasst alle Maßnahmen und -ziele zur *Kommunikationssicherheit* zusammen.

■ 5.10   A.14 Anschaffung, Entwicklung und Instandhalten von Systemen

Die Maßnahmenziele in Anhang A.14 befassen sich mit der Beschaffung, Entwicklung und Instandhaltung von Informationssystemen. Der Begriff *Informationssysteme* ist hierbei recht breit aufzufassen. Zu Informationssystemen gehören laut ISO/IEC 27000 *Anwendungen, Dienste, informationstechnische Werte oder andere informationsverarbeitende Komponenten* – also auch von externen Quellen bezogene oder selbst entwickelte Anwendungssoftware, Betriebssysteme oder Hardwarekomponenten.

5.10.1   A.14.1 Sicherheitsanforderungen an Informationssysteme

Die Steuerung der Informationssicherheit beginnt nicht erst im Betrieb der Informationssysteme, sondern zieht sich von der Planung über die Entwicklung bzw. Beschaffung über die Wartung bzw. Änderungen bis gegebenenfalls zur Außerbetriebnahme bzw. Entsorgung (vgl. auch Maßnahme A.8.3.2).

Maßnahmenziel aus ISO/IEC 27001:
A.14.1 Sicherheitsanforderungen an Informationssysteme
Es ist sichergestellt, dass Informationssicherheit ein fester Bestandteil über den gesamten Lebenszyklus von Informationssystemen ist. Dies beinhaltet auch die Anforderungen an Informationssysteme, die Dienste über öffentliche Netze bereitstellen. ■

Zunächst sollte im Rahmen des Anforderungsmanagements für Informationssysteme die Informationssicherheit berücksichtigt werden:

Maßnahme **A.14.1.1** aus ISO/IEC 27001:
Analyse und Spezifikation von Informationssicherheitsanforderungen
Die Anforderungen, die sich auf Informationssicherheit beziehen, sind in die Anforderungen an neue Informationssysteme oder die Verbesserungen bestehender Informationssysteme aufgenommen. ■

Im Rahmen des Anforderungsmanagements bzw. *Requirements Engineering* der Organisation sind auch Informationssicherheitsanforderungen zu erheben, zu analysieren und zu spezifizieren. Die Klassifizierung der Anforderungen sollte die Bewertung der mit ihnen verbundenen Risiken, d.h. den möglichen geschäftlichen Schaden durch nicht geschlossene Sicherheitslücken, berücksichtigen.

Maßnahme **A.14.1.2** aus ISO/IEC 27001:
Sicherung von Anwendungsdiensten in öffentlichen Netzwerken
Information, die durch Anwendungsdiensten über öffentliche Netzwerke übertragen wird, ist vor betrügerischer Tätigkeit, Vertragsstreitigkeiten und unbefugter Offenlegung sowie Veränderung geschützt. ■

Bei der Entwicklung oder Beschaffung von Systemen zum Betrieb von Anwendungsdiensten muss also dafür Sorge getragen werden, dass *Vertraulichkeit*, *Integrität* und *Authentizität* der über öffentliche Netze übertragenen Informationen gesichert ist. In der Praxis bedeutet dies in der Regel den Einsatz geeigneter kryptographischer Maßnahmen (vgl. A.10).

Für Transaktionen in Anwendungsdiensten, also Vorgängen (z.B. Buchungen), die in aller Regel geschäftliche Auswirkungen haben, sollten natürlich erst recht hohe Maßstäbe für die Informationssicherheit gelten und auch die *Nicht-Abstreitbarkeit* gewährleistet werden:

Maßnahme **A.14.1.3** aus ISO/IEC 27001:
Schutz der Transaktionen bei Anwendungsdiensten
Information, die an Transaktionen bei Anwendungsdiensten beteiligt ist, ist so geschützt, dass unvollständige Übertragung, Fehlleitung, unbefugte Offenlegung, unbefugte Vervielfältigung oder unbefugte Wiederholung von Nachrichten verhindert ist. ∎

Auch zum Schutz von Transaktionen werden in der Entwicklung vorwiegend kryptographische Techniken wie elektronische Signaturen zum Einsatz kommen.

Mit dem Aspekt, dass Fehlleitung, unbefugte Vervielfältigung oder unbefugte Wiederholung von Nachrichten zu verhindern sei, geht ISO/IEC 27001 implizit auf *Man-in-the-Middle-Angriffe* ein, bei denen ein Angreifer den sich zwischen zwei Kommunikationspartner schaltet und z.B. mittels Umleitung von Nachrichten oder eines *Replay-Angriffs* unbefugte Transaktionen durchführen kann.

5.10.2   A.14.2 Sicherheit in Entwicklungs- und Unterstützungsprozessen

Das nächste Maßnahmenziel befasst sich mit den Prozessen für die Entwicklung und Pflege von Systemen.

Maßnahmenziel aus ISO/IEC 27001:
A.14.2 Sicherheit in Entwicklungs- und Unterstützungsprozessen
Es ist sichergestellt, dass Informationssicherheit im Entwicklungszyklus von Informationssystemen geplant und umgesetzt ist. ∎

Die folgenden Maßnahmen drehen sich entsprechend um die verschiedenen Aspekten, die in Entwicklungsprojekten und im laufenden Support zu berücksichtigen sind.

Am Anfang und im Zentrum steht hierbei wieder die Festlegung einer Richtlinie:

Maßnahme **A.14.2.1** aus ISO/IEC 27001:
Richtlinie für sichere Entwicklung
Regeln für die Entwicklung von Software und Systemen sind festgelegt und werden bei Entwicklungen innerhalb der Organisation angewendet. ∎

Die Richtlinie für sichere Entwicklung sollte beispielsweise Aspekte wie die Beachtung von Sicherheitsanforderungen beim Systemdesign oder die Sicherheit von Entwicklungs- und Testumgebungen berücksichtigen.

Maßnahme **A.14.2.2** aus ISO/IEC 27001:
Verfahren zur Verwaltung von Systemänderungen
Änderungen an Systemen innerhalb des Entwicklungszyklus werden durch formale Verfahren zur Verwaltung von Änderungen gesteuert.

Maßnahme A.14.2.2 fordert, die Implementierung von Änderungen bzw. Neueinführungen von Systemen durch ein formal definiertes Verfahren bzw. einen Prozess zu kontrollieren. Diese Maßnahme ist sehr ähnlich zu Maßnahme A.12.1.2, bezieht sich aber speziell auf die Systeme, deren Entwicklung und Wartung durch die Organisation selbst gesteuert werden. Wo nicht eine sehr strikte Trennung zwischen den Teilorganisationen für Systembetrieb und Systementwicklung dies zu schwierig macht, sollten Maßnahme A.12.1.2 und Maßnahme A.14.2.2 auf eine integrierte Art und Weise umgesetzt werden.

Besondere Sorgfalt erfordern an dieser Stelle vor allem Änderungen an den verwendeten technischen Plattformen, also z.B. den eingesetzten Betriebssystemen:

Maßnahme **A.14.2.3** aus ISO/IEC 27001:
Technische Überprüfung von Anwendungen nach Änderungen an der Betriebsplattform
Bei Änderungen an Betriebsplattformen, werden geschäftskritische Anwendungen überprüft und getestet, um sicherzustellen, dass es keine negativen Auswirkungen auf die Organisationstätigkeiten oder Organisationssicherheit gibt.

Durch die Umsetzung dieser Maßnahme wird also mit jeder Änderung an geschäftskritischen Plattformen die Durchführung eines Test- und Überprüfungsverfahrens ausgelöst. Bei dieser Überprüfung sollten auch Auswirkungen der Änderung auf andere Prozessen und Verfahren berücksichtigt werden, beispielsweise auf Business-Continuity-Plänen (vgl. A.17) oder die Dokumentation bekannter technischen Schwachstellen (vgl. A.12.6).

Neben den Änderungen am Betriebssystem sind auch Änderungen an einzelnen Softwarepaketen geeignet zu steuern:

Maßnahme **A.14.2.4** aus ISO/IEC 27001:
Beschränkung von Änderungen an Softwarepaketen
Änderungen an Softwarepaketen werden nicht gefördert, sind auf das Erforderliche beschränkt und alle Änderungen unterliegen einer strikten Steuerung.

Dies bedeutet, dass vor der Änderung an Software die Chancen und Risiken sorgfältig gegeneinander abzuwägen sind. Ohne einen erkennbaren und dokumentierten Nutzen, der klar schwerer wiegt als die Kosten und Risiken der Änderung, sollte der Grundsatz „never change a running system" beherzigt werden.

Maßnahme **A.14.2.5** aus ISO/IEC 27001:
Grundsätze für die Analyse, Entwicklung und Pflege sicherer Systeme
Grundsätze für die Analyse, Entwicklung und Pflege sicherer Systeme sind festgelegt,
dokumentiert, werden aktuell gehalten und bei jedem Umsetzungsvorhaben eines
Informationssystems angewendet.

Die Organisation sollte Grundsätze bzw. Prinzipien festlegen, die in der Entwicklung und
Pflege der Systeme anzuwenden sind. Ein gängiger Grundsatz ist z.B. das „Prinzip der ge-
ringsten Rechte" (*principle of least privilege*), das besagt, dass Nutzern, Software-Modulen
usw. nur die (Zugriffs-)Rechte eingeräumt werden sollten, die sie für ihre Aufgaben unbedingt benötigen. Eine Sammlung von *Engineering Principles for Information Technology
Security* findet sich beispielsweise in der „Special Publication 800-27" des NIST.[5]

Maßnahme **A.14.2.6** aus ISO/IEC 27001:
Sichere Entwicklungsumgebung
Organisationen schaffen sichere Entwicklungsumgebungen für Systementwicklungs-
und Systemintegrationsvorhaben über den gesamten Entwicklungszyklus und schützen diese angemessen.

Entwicklungsumgebungen sind zu schützen, und hierbei gelten die gleichen Grundprinzipien wie bei dem Schutz der Betriebsumgebung – es ist also nicht nur die Technologie zu
berücksichtigen, sondern auch die Prozesse und Verfahren sowie das in die Entwicklung
involvierte Personal.

Maßnahme **A.14.2.7** aus ISO/IEC 27001:
Ausgegliederte Entwicklung
Die Organisation beaufsichtigt und überwacht die Tätigkeit ausgegliederter System-
entwicklung.

Die hier geforderte Überwachung beschränkt sich nicht nur auf die Qualitätsüberprüfung
des gelieferten Codes, sondern umfasst auch die Klärung rechtlicher Fragen (Lizenzverein-
barungen etc.) sowie der Regelungen bei Eventualitäten wie etwa der Insolvenz des Her-
stellers. Diese Maßnahme steht naturgemäß auch in einem engen Zusammenhang mit
Maßnahmenziel A.15.2 (Steuerung der Dienstleistungserbringung von Lieferanten).

Maßnahme **A.14.2.8** aus ISO/IEC 27001:
Testen der Systemsicherheit
Die Sicherheitsfunktionalität wird während der Entwicklung getestet.

Bereits während der Entwicklung sollen also Systeme hinsichtlich ihrer Sicherheitseigenschaften getestet werden.

---

[5]   *National Institute of Standards and Technology* der Vereinigten Staaten

Diese Tests werden in der Regel vom Entwicklerteam selbst durchgeführt, während die in der folgenden Maßnahme verlangten Abnahmetests, idealerweise durch eine vom Entwicklerteam unabhängige Partei erfolgen:

 Maßnahme **A.14.2.9** aus ISO/IEC 27001:
Systemabnahmetest
Für neue Informationssysteme, Aktualisierungen und neue Versionen sind Abnahmetestprogramme und dazugehörige Kriterien festgelegt. ∎

Neu entwickelte oder geänderte Systeme müssen also Abnahmetests unterzogen werden, bevor sie in die Live- bzw. Betriebsumgebung eingebracht werden dürfen. In diesen Tests wird die Erfüllung sogenannter Akzeptanzkriterien (*acceptance criteria*) überprüft. Entsprechende Verfahren existieren meist bereits in softwareorientierten Organisationen im Rahmen eines Prozesses zum *Release Management*.

5.10.3 A.14.3 Testdaten

Um möglichst realistische Testbedingungen zu schaffen, werden in der Praxis Softwaretests häufig mit realen Datensätzen durchgeführt. Diese können aber auch personenbezogene oder vertrauliche Daten enthalten. Daher legt ISO/IEC 27001 fest, dass auch Testdaten zu schützen sind:

 Maßnahmenziel aus ISO/IEC 27001:
A.14.3 Testdaten
Der Schutz von Daten, die für das Testen verwendet werden, ist sichergestellt. ∎

Zu A.14.3 gibt es nur eine Maßnahme:

 Maßnahme **A.14.3.1** aus ISO/IEC 27001:
Schutz von Testdaten
Testdaten werden sorgfältig ausgewählt, geschützt und gesteuert. ∎

Idealerweise werden also nur Daten zum Testen ausgewählt, die keine persönlichen oder vertraulichen Informationen enthalten. Gegebenenfalls können die gewählten Daten für Testzwecke überarbeitet, z.B. personenbezogene Informationen aus den Datensätzen entfernt oder unkenntlich gemacht werden. Auch der Zugriff auf Testdaten muss kontrolliert und gesteuert werden. Es sollte also beispielsweise geregelt sein, wann und wie Testdaten kopiert werden dürfen oder wann sie wieder zu löschen sind.

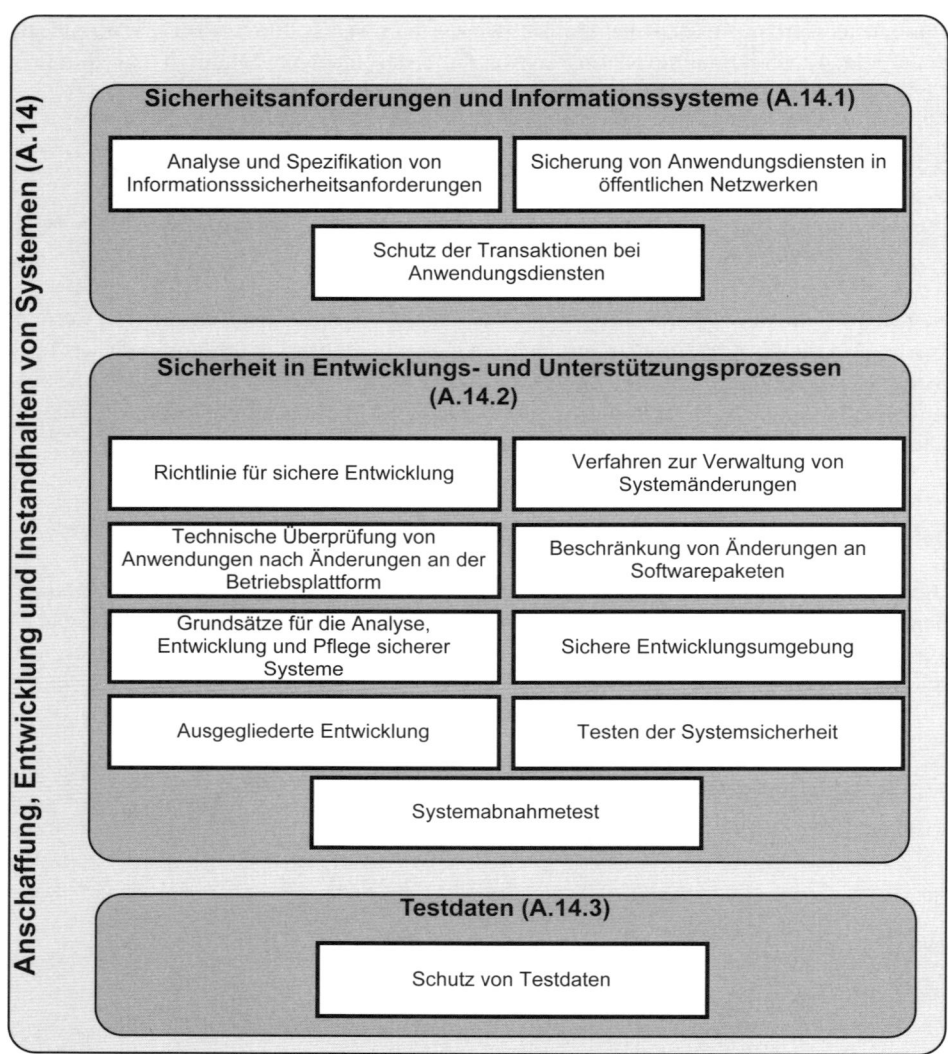

Abbildung 5.14 A.14: Anschaffung, Entwicklung und Instandhalten von Systemen

■ 5.11 A.15 Lieferantenbeziehungen[6]

In A.15 befasst sich ISO/IEC 27001 mit der Gestaltung der Beziehungen zu Lieferanten unter dem Aspekt der Informationssicherheit. Als Lieferanten werden hierbei auch Dienstleister betrachtet. Es geht also nicht nur um den Bezug von Software oder von physischen Gütern, sondern auch um ausgegliederte Service-Desks, ausgelagerte Softwareentwicklung usw. oder andere Dienstleistungen, die von extern bezogen werden.

5.11.1 A.15.1 Informationssicherheit in Lieferantenbeziehungen

Das erste Maßnahmenziel befasst sich mit dem Schutz der Werte der Organisation im Kontext von Lieferantenbeziehungen – also insbesondere mit der Frage, wie die Informationen zu schützen sind, auf die Lieferanten Zugriff haben.

 Maßnahmenziel aus ISO/IEC 27001:
A.15.1 Informationssicherheit in Lieferantenbeziehungen
Für Lieferanten zugängliche Werte des Unternehmens sind geschützt.

Am Anfang steht eine Richtlinie, die den Umgang mit Lieferanten regelt:

 Maßnahme **A.15.1.1** aus ISO/IEC 27001:
Informationssicherheitsrichtlinie für Lieferantenbeziehungen
Die Informationssicherheitsanforderungen zur Verringerung von Risiken im Zusammenhang mit dem Zugriff von Lieferanten auf Werte der Organisation werden mit dem Zulieferer vereinbart und sind dokumentiert.

In der Richtlinie sollte der Zugriff von Lieferanten auf die Werte der Organisation geregelt werden, d.h. beispielsweise, welche Mindestanforderungen für Sicherheitsvereinbarung mit Lieferanten gelten oder welche Maßnahmen (z.B. verpflichtende Security-Awareness-Schulungen) auch für Personal von Lieferanten gelten soll.

 Maßnahme **A.15.1.2** aus ISO/IEC 27001:
Behandlung von Sicherheit in Lieferantenvereinbarungen
Alle relevanten Informationssicherheitsanforderungen werden mit jedem Lieferanten festgelegt, der Zugang zu Information der Organisation haben könnte, diese verarbeiten, speichern, weitergeben könnte oder IT-Infrastrukturkomponenten dafür bereitstellt und sind vereinbart.

Es ist also gefordert, dass mit jedem Lieferanten, der in irgendeiner Weise Informationen der Organisation verarbeitet oder darauf Zugriff haben könnte, eine Sicherheitsvereinbarung geschlossen wird. In einer solchen Sicherheitsvereinbarung, die natürlich auch Teil

---

[6] Dienstleister werden hier ebenfalls als Lieferanten betrachtet.

einer umfassenderen Vereinbarung oder eines Vertrages sein kann, sollten die beiderseitigen Rechte und Verpflichtungen geregelt sein.

Maßnahme **A.15.1.3** aus ISO/IEC 27001:
Lieferkette für Informations- und Kommunikationstechnologie
Anforderungen für den Umgang mit Informationssicherheitsrisiken, die mit Informations- und Kommunikationsdienstleistungen und der Produktlieferkette verbunden sind, werden in Vereinbarungen mit Lieferanten aufgenommen. ∎

Die mit Lieferanten geschlossenen Sicherheitsvereinbarungen sollen also auch die zugrunde liegenden Dienste bzw. Dienstleistungen und die gesamte Lieferkette berücksichtigen. Nutzt beispielsweise ein Lieferant Kommunikationsdienste über einen Unterauftragnehmer, dann müssen zur Gewährleistung der Informationssicherheit wahrscheinlich die zwischen Organisation und Lieferant vereinbarten Sicherheitsanforderungen auch für diese Kommunikationsdienste gelten. Es kann auch wichtig sein, aus welchen Quellen Lieferanten ihre technischen Komponenten beziehen. In den Vereinbarungen mit Lieferanten müssen also auch sicherheitsrelevante Fragestellungen zur nachgelagerten *Supply Chain* geklärt werden.

5.11.2   A.15.2 Steuerung der Dienstleistungserbringung von Lieferanten

Das zweite Maßnahmenziel in A.15 bestimmt, dass die Erfüllung dessen, was mit den Lieferanten vereinbart worden ist, auch überwacht werden muss und gegebenenfalls korrigierend einzugreifen ist:

Maßnahmenziel aus ISO/IEC 27001:
A.15.2 Steuerung der Dienstleistungserbringung von Lieferanten
Ein vereinbartes Niveau der Informationssicherheit und der Dienstleistungserbringung ist im Einklang mit Lieferantenverträgen aufrechterhalten. ∎

Die Frage ist also, ob die Dienstleistungen der Lieferanten im vereinbarten Niveau erbracht werden bzw. ob die Vereinbarungen und Zusagen zur Einhaltung von *Service Levels* – auch, aber nicht nur in Bezug auf Sicherheitsaspekte – erfüllt werden.
Die erste Maßnahme betrifft direkt die Beantwortung dieser Frage:

Maßnahme **A.15.2.1** aus ISO/IEC 27001:
Überwachung und Überprüfung von Lieferantendienstleistungen
Organisationen überwachen, überprüfen und auditieren die Dienstleistungserbringung durch Lieferanten regelmäßig. ∎

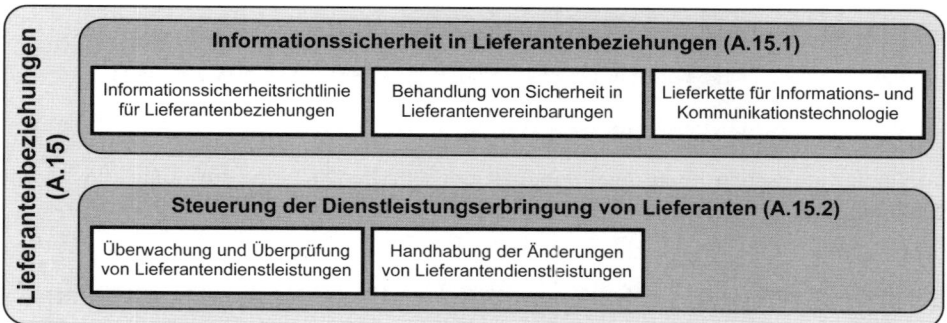

Abbildung 5.15 A.15: Lieferantenbeziehungen

ISO/IEC 27001 spricht hier drei Arten der Kontrolle an:

- „Überwachen" (*monitor*): Erfassung und ggf. Zusammenstellung von Kennzahlen, die in der Regel automatisiert und in Echtzeit gemessen werden.
- „Überprüfen" (*review*): Allgemeine Überprüfung, beispielsweise durch Auswertung von Service-Reports.
- „Auditieren" (*audit*): Durchführen oder in Auftrag geben von Audits, also formalen Konformitätsbewertungen.

Die Leistungen der Lieferanten werden also mit den gleichen Ansätzen überprüft, die in einem Managementsystemen im „Check" des PDCA-Zyklus zum Einsatz kommen.

Zuletzt adressiert ISO/IEC 27001, wie schon in A.12.1.2 und A.14.2.2, das Thema *Change Management* – dieses Mal aber unter dem Aspekt der Änderungen bei den Leistungen der Lieferanten:

 Maßnahme **A.15.2.2** aus ISO/IEC 27001:
Handhabung der Änderungen von Lieferantendienstleistungen
Änderungen bei der Bereitstellung von Dienstleistungen durch Lieferanten werden gesteuert. Solche Änderungen umfassen auch die Pflege und Verbesserung bestehender Informationssicherheitsrichtlinien, -verfahren und -maßnahmen. Dabei werden die Kritikalität der betroffenen Geschäftsinformation, -systeme und -prozesse und eine erneute Risikobeurteilung beachtet. ∎

Hierbei zu berücksichtigende Änderungen liegen also nicht nur vor, wenn sich an der Dienstleistung selbst etwas ändert, sondern auch, wenn sich z. B. sicherheitsrelevante Verfahren oder Maßnahmen in der eigenen Organisation oder beim Dritten verändern. Die Maßnahme verdeutlicht, dass sich solche Änderungen auch wieder direkt auf die Inhalte des Risikomanagements auswirken.

■ 5.12   A.16 Handhabung von Informationssicherheitsvorfällen

Ein effektiver Umgang mit Informationssicherheitsvorfällen gehört zu den wichtigsten ablauforganisatorischen Komponenten eines jeden ISMS. Die Norm formuliert hierzu ein Maßnahmenziel.

5.12.1   A.16.1 Handhabung von Informationssicherheitsvorfällen und Verbesserungen

Die Art und Weise der Handhabung muss in erster Linie eine gewisse Einheitlichkeit und Systematik sicherstellen – verbunden mit dem Ziel, effektiv mit Vorfällen umzugehen.

Maßnahmenziel aus ISO/IEC 27001:
A.16.1 Handhabung von Informationssicherheitsvorfällen und Verbesserungen
Eine konsistente und wirksame Herangehensweise für die Handhabung von Informationssicherheitsvorfällen einschließlich der Benachrichtigung über Sicherheitsereignisse und Schwächen ist sichergestellt.   ■

Im Einklang mit dem Prinzip des prozessorientierten Ansatzes, der durch ein Managementsystem verfolgt wird, müssen vor allem diese zwei Fragen klar beantwortet werden: Wer ist in welcher Rolle involviert, wenn es um Informationssicherheitsvorfälle geht? Und was ist in Abhängigkeit von der jeweiligen Situation konkret zu tun?

Der entsprechende Prozess zur Behandlung eines Informationssicherheitsvorfalls wird vorab festgelegt. Abbildung 5.16 stellt ein Beispiel eines möglichen Ablaufdiagramms dar.

Maßnahme **A.16.1.1** aus ISO/IEC 27001:
Verantwortlichkeiten und Verfahren
Handhabungsverantwortlichkeiten und -verfahren sind festgelegt, um eine schnelle, effektive und geordnete Reaktion auf Informationssicherheitsvorfälle sicherzustellen.   ■

Eindeutige und wirksam an die betroffenen Personenkreise kommunizierte Festlegungen sind hier wichtig, um den Aspekt der Konsistenz aus dem Maßnahmenziel zu adressieren. Verantwortlichkeiten werden typischerweise festgelegt, indem Rollen definiert und (dauerhaft oder temporär/situationsabhängig) Personen oder Gruppen zugewiesen werden. Denkbare Rollen sind ein Prozessverantwortlicher für den *Security Incident Response (-SIR-)* Prozess sowie ein Manager, auch als *Security Incident Coordinator (SIC)* bezeichnet, der für jeden identifizierten Informationssicherheitsvorfall bestimmt wird. Der SIC stellt ein aus festen und variablen Mitgliedern bestehendes Expertenteam zusammen, das schnell und konzentriert jeden Informationssicherheitsvorfall behandelt (siehe A.16.1.5). Zusammen bilden diese Personen, ggf. zusammen mit dem Vorfallsmelder, das SIR-Team, das den konkreten Informationssicherheitsvorall (SI) bearbeitet. In der Literatur findet man hierfür häufig auch den Begriff *Computer Security Incident Response Team (CSIRT)*. Aus dem Team

Informationssicherheitsereignis

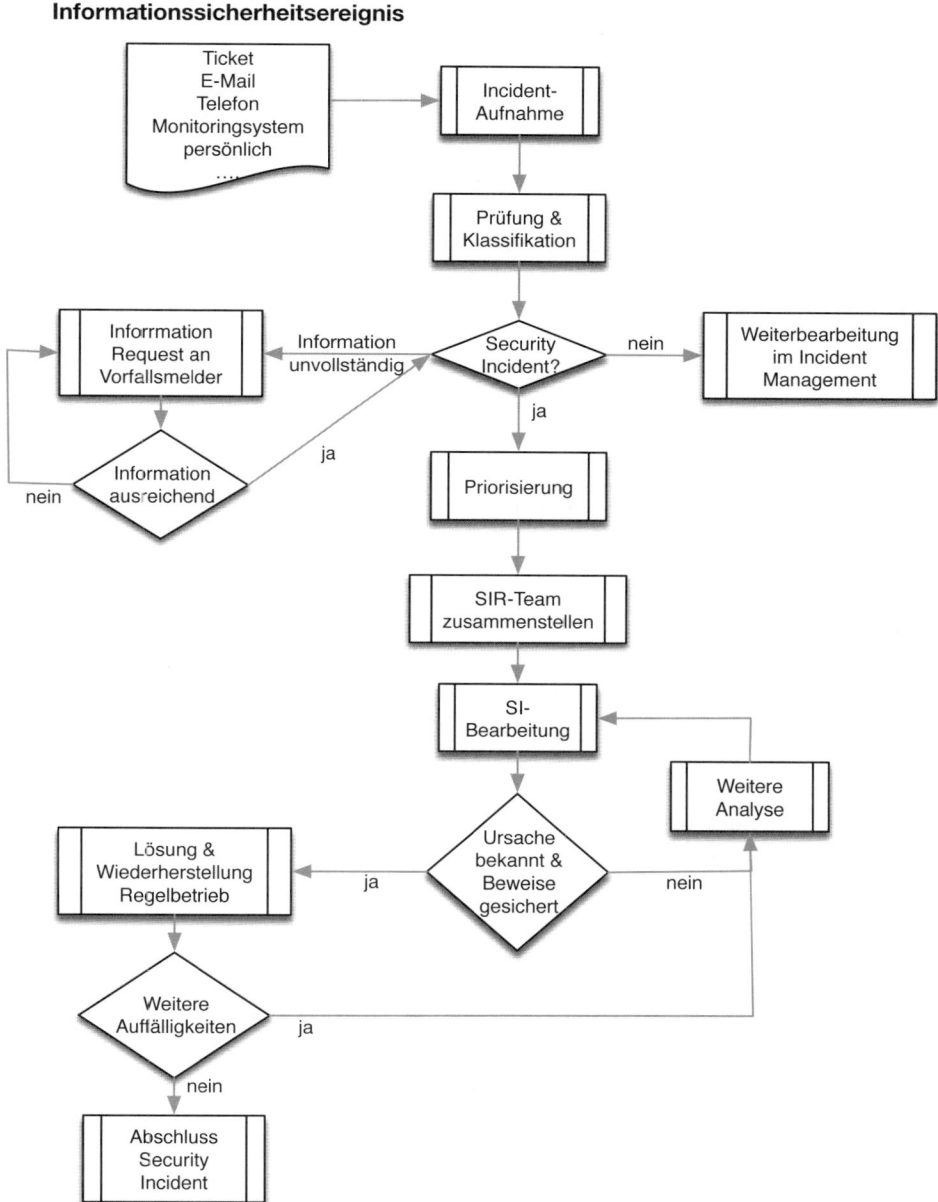

Abbildung 5.16 Prozess zur Behandlung von Informationssicherheitsvorfällen

wird ein *CSIRT-Hotliner* bestimmt, der in Abstimmung mit dem SIC die externe ebenso wie die interne Kommunikation übernimmt und damit den Experten den Rücken frei hält. Bei schwerwiegenden Sicherheitsvorfällen wird die Leitung beteiligt und mit ihr die Vorfallsbearbeitung ebenso wie die Kommunikationsstrategie abgestimmt. Sowohl die Aufgaben als auch die Befugnisse, wie etwa (temporäre) Weisungsbefugnisse gegenüber anderen Personen im Falle eines Informationssicherheitsvorfalls, sollten als Teil von Rollenbeschreibungen klar definiert werden.

Bevor man auf Informationssicherheitsvorfälle reagieren kann, stellt sich die Frage, auf Basis welcher Informationen diese eigentlich erkannt werden können. Die beiden folgenden Maßnahmen liefern dazu Anhaltspunkte:

Maßnahme **A.16.1.2** aus ISO/IEC 27001:
Meldung von Informationssicherheitsereignissen
Informationssicherheitsereignisse werden so schnell wie möglich über geeignete Kanäle zu deren Handhabung gemeldet.

Die wichtigste Quelle zur Identifikation von Informationssicherheitsvorfällen sind Informationssicherheitsereignisse. Beim Informationssicherheitsereignis liegt eine mindestens potenziell sicherheitsrelevante Situation vor, in der noch nicht notwendigerweise ein Schaden für die Organisation und ihre Werte entstanden sein muss, wie zum Beispiel

- das erkannte Auftreten eines Computervirus, der jedoch unschädlich gemacht werden konnte, bevor ein Schaden entstehen konnte,
- eine erkannte Verletzung der Zutritts- und Zugriffsregeln und -kontrollen, sofern diese nicht tatsächlich zum Schaden der Organisation ausgenutzt wurde, oder auch
- das Nichteinhalten einer Richtlinie durch eine Person, sofern die Verletzung der Richtlinie in diesem Fall keine Folgen für die Informationssicherheit hatte.

Informationssicherheitsereignisse müssen einzeln betrachtet nicht notwendigerweise negativ sein. Häufig entsteht erst in einer bestimmten Korrelation, etwa einer Häufung in einem bestimmten Zeitintervall, ein Verdacht auf eine Verletzung von Informationssicherheitsregeln oder -maßnahmen. Ein fehlgeschlagener Authentisierungsversuch aufgrund eines falschen Passworts ist ein Beispiel dafür.

Maßnahme **A.16.1.3** aus ISO/IEC 27001:
Meldung von Schwächen in der Informationssicherheit
Beschäftigte und Auftragnehmer, welche die Informationssysteme und -dienste der Organisation nutzen, werden angehalten, jegliche beobachteten oder vermuteten Schwächen in der Informationssicherheit in Systemen oder Diensten festzuhalten und zu melden.

Während in vielen Fällen ein großer Teil der Informationssicherheitsereignisse durch ein geeignetes technisches Monitoring der IT- und Kommunikationsinfrastruktur identifiziert und aufgezeichnet werden kann, darf man nicht außer Acht lassen, dass sich manche Anhaltspunkte für mögliche Verletzungen der Informationssicherheit frühzeitiger oder sogar ausschließlich aus dem Wissen und der Erfahrung von Personen in Verbindung mit der entsprechenden Aufmerksamkeit im täglichen Betrieb ergeben. Hierfür müssen entsprechende Meldewege und Dokumentationsmöglichkeiten geschaffen werden.

Maßnahme **A.16.1.4** aus ISO/IEC 27001:
Beurteilung von und Entscheidung über Informationssicherheitsereignisse
Informationssicherheitsereignisse werden beurteilt, und es wird darüber entschieden,
ob sie als Informationssicherheitsvorfälle einzustufen sind.   ∎

Als Informationssicherheitsvorfälle werden diejenigen Informationssicherheitsereignisse
verstanden, die einzeln oder in Summe zu einer Situation geführt haben oder höchstwahr-
scheinlich noch führen werden, in der eine Verletzung der Vertraulichkeit, Integrität oder
Verfügbarkeit von Werten (Informationswerten, IT-Diensten oder -Anwendungen etc.) vorliegt und die zu negativen Folgen für die Organisation führt. Ein konkret feststellbarer und
in der Regel messbarer Schaden ist die Konsequenz.

Wichtig: Nicht jedes Informationssicherheitsereignis, das eine (sofortige) Reaktion erfordert, ist automatisch ein Informationssicherheitsvorfall. Es muss klar festgelegt sein, wer
eigentlich die Entscheidung darüber trifft, ob ein Informationssicherheitsvorfall vorliegt
oder nicht. Nur ein geringer Prozentsatz feststellbarer Informationssicherheitsereignisse
stellt in der Praxis auch einen Informationssicherheitsvorfall dar, der entsprechend behandelt werden muss:

Maßnahme **A.16.1.5** aus ISO/IEC 27001:
Reaktion auf Informationssicherheitsvorfälle
Auf Informationssicherheitsvorfälle wird entsprechend den dokumentierten Verfahren
reagiert.   ∎

Typischerweise folgt die Reaktion auf Informationssicherheitsvorfälle der folgenden gene-
rischen Schrittfolge, die jedoch von Organisation zu Organisation auch variieren kann:

- Feststellung (zum Beispiel anhand von zuvor definierten Kriterien), dass es sich um
einen Informationssicherheitsvorfall handelt.
- Einleitung der erforderlichen Sofortmaßnahmen, um den (potenziellen) Schaden der
Kompromittierung zu begrenzen bzw. zu reduzieren.
- Aufzeichnung des Informationssicherheitsvorfalls in einheitlicher Art und Weise.
- Ausübung von Meldepflichten (gemäß vertraglicher oder gesetzlicher Vorgaben), falls
erforderlich.
- Beweissicherung für eventuelle disziplinarische oder rechtliche Schritte, falls erforder-
lich (siehe A.16.1.7).
- Analyse der Ursachen und möglicher Maßnahmen zur Vermeidung künftiger Sicher-
heitsvorfälle (siehe A.16.1.6).

Maßnahme **A.16.1.6** aus ISO/IEC 27001:
Erkenntnisse aus Informationssicherheitsvorfällen
Aus der Analyse und Lösung von Informationssicherheitsvorfällen gewonnene Erkenntnisse werden dazu genutzt, die Eintrittswahrscheinlichkeit oder die Auswirkungen zukünftiger Vorfälle zu verringern. ∎

Nach jedem Informationssicherheitsvorfall ist ein abschließendes Review zwingend erforderlich. Es verfolgt das Ziel, aus dem Vorfall zu lernen und künftige vergleichbare Vorfälle
zu verhindern. Ergänzend, oder falls eine vollständige Vermeidung schlicht nicht möglich
ist, können auch Maßnahmen abgeleitet werden, die im Falle des Wiederauftretens eines
ähnlich gelagerten Vorfalls eine noch schnellere, bessere und zielgerichtetere Reaktion ermöglichen. Im Rahmen der Überprüfung sollte zudem besprochen werden, ob es sich beim
zurückliegenden Informationssicherheitsvorfall auch tatsächlich um einen solchen gehan-
delt hat, oder ob die Einschätzung unzutreffend war.

Manche Informationssicherheitsvorfälle können neben einer Sofortreaktion und ursächlichen Analyse auch eine juristische Aufarbeitung oder die Einleitung disziplinarischer Maßnahmen erfordern. In diesen Fällen ist die Sicherung belastbarer Beweise unverzichtbar:

 Maßnahme **A.16.1.7** aus ISO/IEC 27001:
Sammeln von Beweismaterial
Die Organisation legt Verfahren für die Ermittlung, Sammlung, Erfassung und Aufbewahrung von Information, die als Beweismaterial dienen kann, fest und wendet diese
an. ∎

Im Rahmen des ISMS sollten vor allem Vorkehrungen getroffen werden, die verhindern,
dass mögliche Beweise absichtlich oder unabsichtlich vernichtet oder unverwertbar gemacht werden – etwa durch das Löschen oder Überschreiben von Daten oder auch durch
verfrühte bzw. übereilte Maßnahmen zur Wiederherstellung kompromittierter Systeme.

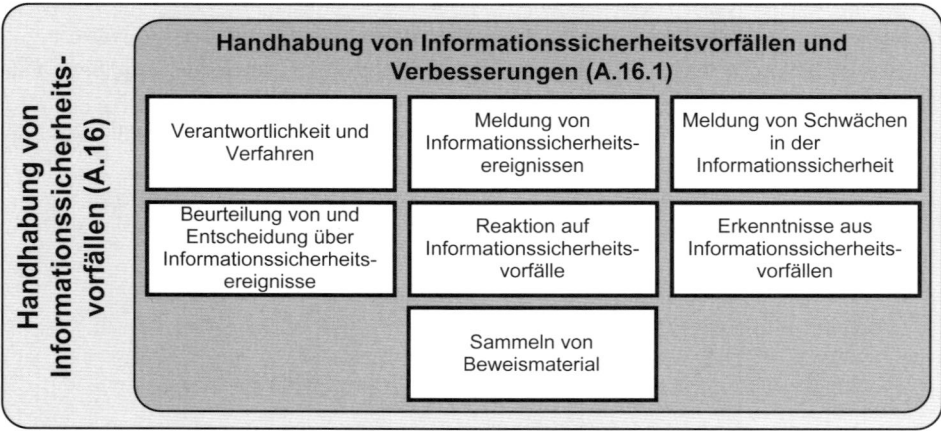

Abbildung 5.17 A.16: Informationssicherheitsvorfälle und Verbesserungen

Abbildung 5.17 fasst alle Maßnahmenziele und Maßnahmen für *A.16 Handhabung von Informationssicherheitsvorfällen und Verbesserungen* zusammen.

■ 5.13   A.17 Informationssicherheitsaspekte beim Business Continuity Management

Dieser Normabschnitt beschäftigt sich mit Maßnahmen, die als Teil des ISMS ergriffen werden, um das erforderliche (Mindest-)Niveau der Informationssicherheit dauerhaft und auch in Ausnahmesituationen aufrechtzuerhalten.

5.13.1   A.17.1 Aufrechterhalten der Informationssicherheit

Im Englischen als *Information Security Continuity Management* bezeichnet, nimmt das erste Maßnahmenziel in diesem Kapitel Bezug auf die Disziplin des *Business Continuity Managements*, das im Deutschen wiederum häufig als Notfallmanagement bezeichnet wird:

Maßnahmenziel aus ISO/IEC 27001:
A.17.1 Aufrechterhalten der Informationssicherheit
Die Aufrechterhaltung der Informationssicherheit ist in das Business Continuity Managementsystem der Organisation eingebettet.

Zusammengefasst geht es darum, in der Konzeption des Notfallmanagements, dessen Vorhandensein in einer Organisation durch die Norm ISO/IEC 27001 implizit angenommen wird, Aspekte der Aufrechterhaltung der Informationssicherheit zu integrieren. Konkret heißt das: Wenn eine Organisation Überlegungen dazu anstellt, wie kritische Geschäftsabläufe auch in Ausnahmesituationen fortgesetzt oder zumindest mit akzeptablen Einschränkungen weitergeführt werden können, sollte auch der Erhalt der Informationssicherheit und der mit ihr verbundenen Maßnahmen berücksichtigt werden. Dies beginnt mit einer entsprechenden Planung:

Maßnahme **A.17.1.1** aus ISO/IEC 27001:
Planung zur Aufrechterhaltung der Informationssicherheit
Die Organisation bestimmt ihre Anforderungen an die Informationssicherheit und zur Aufrechterhaltung des Informationssicherheitsmanagements bei widrigen Situationen, z. B. Krise oder Katastrophe.

Die zentrale Frage in der Phase der Planung lautet: Gelten in Ausnahmesituationen hinsichtlich der Informationssicherheit die gleichen Anforderungen wie unter normalen Umständen? Und wenn ja, sind die festgelegten Maßnahmen dann überhaupt noch anwendbar? Viele technische Maßnahmen beispielsweise könnten in einer Situation, in der Teile der IT-Infrastruktur nicht mehr zur Verfügung stehen, gar nicht funktionieren. Im Falle eines sogenannten manuellen Rückgriffs, also der vorübergehenden manuellen Ausführung bestimmter Geschäftsabläufe, die sonst mittels Informationstechnik unterstützt werden, müssen auch weiterhin die Vertraulichkeit, Integrität und Verfügbarkeit der involvierten Informationen in einem akzeptablen Maß gewährleistet werden können. Die Notfallplanung sollte sich mit diesen Fragen und Abhängigkeiten auseinandersetzen. Ein Standard, der sich allgemein mit Notfallmanagement beschäftigt, ist BSI 100-4 [BSI08] vom deutschen Bundesamt für Sicherheit in der Informationstechnik. Darin wird unter anderem auch definiert, was eine Störung von einem Notfall, einer Krise oder einer Katastrophe unterscheidet.

Maßnahme **A.17.1.2** aus ISO/IEC 27001:
Umsetzen der Aufrechterhaltung der Informationssicherheit
Die Organisation legt Prozesse, Verfahren und Maßnahmen fest, dokumentiert, setzt sie um und erhält diese aufrecht, um das erforderliche Niveau an Informationssicherheit in einer widrigen Situation aufrechterhalten zu können. ■

Die zuvor definierte Planung muss nun institutionalisiert, also in organisatorischen Prozessen und Verfahren verankert werden. Sofern als Teil der Notfallplanung keine in Ausnahmesituationen abweichenden Anforderungen an die Informationssicherheit formuliert wurden, sollte immer davon ausgegangen werden, dass die für den Normalbetrieb festgelegten Informationssicherheitsanforderungen weiterhin gelten. Die Umsetzung von Maßnahmen sollte das in solchen Fällen sicherstellen.

Schließlich müssen die für Ausnahmesituationen getroffenen Vorkehrungen regelmäßig hinsichtlich Eignung, Angemessenheit und Wirksamkeit überprüft werden:

Maßnahme **A.17.1.3** aus ISO/IEC 27001:
Überprüfen und Bewerten der Aufrechterhaltung der Informationssicherheit
Die Organisation überprüft in regelmäßigen Abständen die festgelegten und umgesetzten Maßnahmen zur Aufrechterhaltung der Informationssicherheit, um sicherzustellen dass diese gültig und in widrigen Situationen wirksam sind. ■

Ein wichtiges Instrument im Rahmen dieser Überprüfungen sind Tests und Übungen. Gerade die Eventualfallmaßnahmen als Teil des Notfallmanagements unterscheiden sich von den meisten anderen Informationssicherheitsvorkehrungen in einem essenziellen Punkt: Sie werden dazu entworfen, in einer Ausnahmesituation zur Anwendung gebracht zu werden, die im Idealfall niemals eintritt. Somit kann in ihrer Anwendung nicht auf „natürliche" Art und Weise Routine entstehen. Um trotzdem zu gewährleisten, dass sich alle Akteure ihrer Verantwortung bewusst sind, erforderliche Schritte beherrscht werden und die Notfallkommunikation funktioniert, sollten diese Punkte in angemessenem Umfang eingeübt werden.

5.13.2   A.17.2 Redundanzen

Durch angemessene Redundanzen soll folgendes Maßnahmenziel erreicht werden:

Maßnahmenziel aus ISO/IEC 27001:
A.17.2 Redundanzen
Die Verfügbarkeit von informationsverarbeitenden Einrichtungen ist sichergestellt. ■

Die redundante Auslegung informationsverarbeitender Systeme gehört zu den wichtigsten verfügbarkeitssichernden Maßnahmen und kann grundsätzlich auf alle denkbaren Arten der Informationsverarbeitung (Rechnen, Speichern, Übertragen) angewendet werden. Redundanz bezeichnet die Existenz zusätzlicher gleicher oder vergleichbarer Ressourcen, die eigentlich nicht benötigt werden würden, wenn ein vollständig störungsfreier Betrieb gewährleistet werden könnte.

Maßnahme **A.17.2.1** aus ISO/IEC 27001:
Verfügbarkeit von informationsverarbeitenden Einrichtungen
Informationsverarbeitende Einrichtungen werden mit ausreichender Redundanz zur Einhaltung der Verfügbarkeitsanforderungen realisiert. ■

In der Praxis findet man verschiedene Modelle zur Realisierung und Nutzung von Redundanzen, wie etwa die Unterscheidung zwischen „heißem" und „kaltem" Standby. Während ein Setup mit heißem Standby im Falle einer Störung an einer Komponente idealerweise vollständig autonom und von den Nutzern nahezu unbemerkt in der Lage ist, die gewünschte Funktionalität des Gesamtsystems aufrechtzuerhalten, erfordert eine Lösung mit kaltem Standby in der Regel manuelle Eingriffe, wie zum Beispiel Umschaltvorgänge. Abbildung 5.18 fasst alle Maßnahmenziele und Maßnahmen zu *A.17 Informationssicherheitsaspekte beim Business Continuity Management* zusammen.

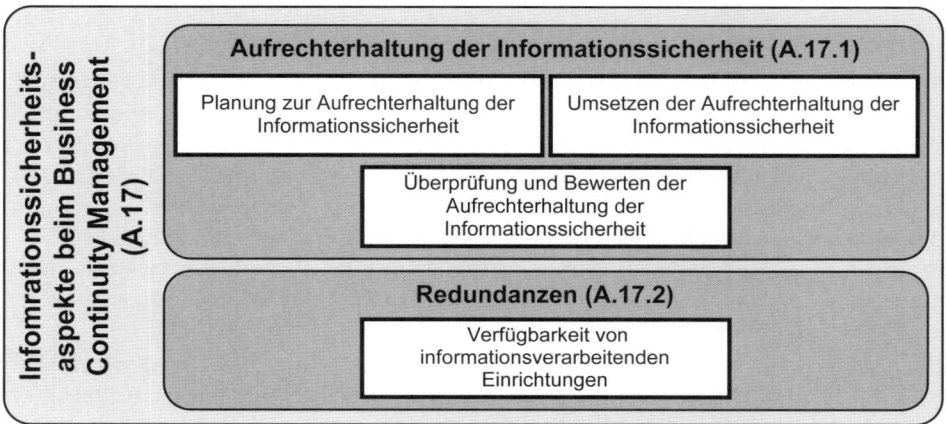

Abbildung 5.18 A.17: Informationssicherheitsaspekte beim Business Continuity Management

■ 5.14   A.18 Compliance

Mit dem Begriff *Compliance* wird häufig die Erfüllung gesetzlicher (und behördlicher) Vorgaben verbunden. Etwas weiter gefasst geht es allgemein um Konformität mit relevanten Anforderungen – seien sie Teil von Gesetzen, Verträgen, Normen oder organisationseigenen Richtlinien.

5.14.1   A.18.1 Einhaltung gesetzlicher und vertraglicher Anforderungen

Fast schon trivial klingt das Maßnahmenziel A.18.1, das zur Einhaltung gesetzlicher und vertraglich vereinbarter Anforderungen anhält.

> Maßnahmenziel aus ISO/IEC 27001:
> **A.18.1 Einhaltung gesetzlicher und vertraglicher Anforderungen**
> Verstöße gegen gesetzliche, regulatorische, selbstauferlegte oder vertragliche Verpflichtungen mit Bezug auf Informationssicherheit und gegen jegliche Sicherheitsanforderungen sind vermieden.   ■

Zunächst ist es essenziell, alle relevanten einzuhaltenden Gesetze und vertraglichen Verpflichtungen klar zu identifizieren:

> Maßnahme **A.18.1.1** aus ISO/IEC 27001:
> **Bestimmung der anwendbaren Gesetzgebung und der vertraglichen Anforderungen**
> Alle relevanten gesetzlichen, regulatorischen, selbstauferlegten oder vertraglichen Anforderungen sowie das Vorgehen der Organisation zur Einhaltung dieser Anforderungen sind für jedes Informationssystem und die Organisation ausdrücklich bestimmt und dokumentiert und werden auf dem neuesten Stand gehalten.   ■

In der Praxis bietet es sich meistens an, tabellarische Übersichten zu erstellen, in denen die jeweiligen Gesetze, Verordnungen und Verträge aufgelistet werden. Zu jeder identifizierten Vorgabe sollte dann angegeben werden, welche Schritte die Organisation ergriffen hat oder noch ergreifen wird, um die Erfüllung der jeweiligen Anforderungen sicherstellen zu können. Denkbare Optionen sind die Adressierung bestimmter Themen als Teil der Informationssicherheitsrichtlinien oder die Implementierung technischer Maßnahmen. Ebenso ist es legitim, mögliche Verstöße gegen Gesetze und Verträge auch als Risiken zu erfassen und ihre Behandlung oder Akzeptanz über die etablierten Risikomanagementprozesse als Teil des ISMS zu steuern.

Die folgenden vier Maßnahmen beschäftigen sich, ergänzend zur eher allgemeinen Maßnahme A.18.1.1, mit spezifischen Themen, zu denen häufig entsprechende gesetzliche Vorgaben existieren:

Maßnahme **A.18.1.2** aus ISO/IEC 27001:
Geistige Eigentumsrechte
Es sind angemessene Verfahren umgesetzt, mit denen die Einhaltung gesetzlicher, re-
gulatorischer und vertraglicher Anforderungen mit Bezug auf geistige Eigentumsrechte
und der Verwendung von urheberrechtlich geschützten Softwareprodukten sichergestellt ist.

Die Achtung von Urheber- und Verwertungsrechten scheint aus Sicht der Informationssicherheit auf den ersten Blick eher ein Randthema zu sein. Allerdings verbirgt sich hinter
diesem Compliance-Aspekt auch der gesamte Themenkomplex des Lizenzmanagements.
Der Einsatz unlizenzierter oder nicht ausreichend lizenzierter Softwareprodukte könnte
im schlimmsten Fall Auswirkungen auf die Fähigkeit haben, Informationssysteme im erforderlichen Umfang (weiter) zu betreiben.

Maßnahme **A.18.1.3** aus ISO/IEC 27001:
Schutz von Aufzeichnungen
Aufzeichnungen sind gemäß gesetzlichen, regulatorischen, vertraglichen und geschäftlichen Anforderungen vor Verlust, Zerstörung, Fälschung, unbefugtem Zugriff
und unbefugter Veröffentlichung geschützt.

Gesetzliche Vorgaben im Zusammenhang mit Aufzeichnungen sind häufig etwa durch
Mindestaufbewahrungsdauern für buchhalterische bzw. steuerrechtlich relevante Dokumente gegeben. Daraus resultieren entsprechende Anforderungen an die Verfügbarkeit
der betreffenden Informationswerte, aber auch an ihre Integrität und Vertraulichkeit.

Maßnahme **A.18.1.4** aus ISO/IEC 27001:
Privatsphäre und Schutz von personenbezogener Information
Die Privatsphäre und der Schutz von personenbezogener Information sind, soweit anwendbar, entsprechend den Anforderungen der relevanten Gesetze und Vorschriften
sichergestellt.

Der Schutz personenbezogener Daten ist in vielen Ländern ebenfalls gesetzlich geregelt –
in der Europäischen Union durch die Datenschutz-Grundverordnung [DSG16], die für alle
Mitgliedsstaaten der EU bindend ist (vgl. Abschnitt 1.4). Die Verordnung gilt für alle auto-
matisierten ebenso wie nichtautomatisierten Verarbeitungsverfahren personenbezogener
Daten.

Maßnahme **A.18.1.5** aus ISO/IEC 27001:
Regelungen bezüglich kryptographischer Maßnahmen
Kryptographische Maßnahmen werden unter Einhaltung aller relevanten Vereinbarungen, Gesetze und Vorschriften angewandt. ∎

5.14.2   A.18.2 Überprüfungen der Informationssicherheit

Neben dem Verständnis darüber, welche Vorgaben einzuhalten sind und wie dies durch die Organisation gefördert wird, gehört zu Compliance-Betrachtungen auch stets die Überprüfung der tatsächlichen Einhaltung.

Maßnahmenziel aus ISO/IEC 27001:
A.18.2 Überprüfungen der Informationssicherheit
Informationssicherheit ist in Übereinstimmung mit den Richtlinien und Verfahren der Organisation umgesetzt und wird entsprechend angewendet. ∎

Die Norm differenziert an dieser Stelle abschließend drei Maßnahmen:

Maßnahme **A.18.2.1** aus ISO/IEC 27001:
Unabhängige Überprüfung der Informationssicherheit
Die Vorgehensweise der Organisation für die Handhabung der Informationssicherheit und deren Umsetzung (d. h. Maßnahmenziele, Maßnahmen, Richtlinien, Prozesse und Verfahren zur Informationssicherheit) werden auf unabhängige Weise in planmäßigen Abständen oder jeweils bei erheblichen Änderungen überprüft. ∎

Diese unabhängigen Überprüfungen stellen im Rahmen des ISMS in der Regel interne und externe Managementsystem-, Prozess- oder Maßnahmenaudits dar, die bereits im Kapitel 4.9.2 thematisiert wurden. Durch ein entsprechendes umfassendes Auditprogramm lässt sich diese Maßnahme also umsetzen. Zusätzlich müssen aber insbesondere Führungskräfte dafür Sorge tragen, dass ihre Mitarbeiter die geltenden Informationssicherheitsrichtlinien jederzeit einhalten:

Maßnahme **A.18.2.2** aus ISO/IEC 27001:
Einhaltung von Sicherheitsrichtlinien und -standards
Leitende Angestellte überprüfen regelmäßig die Einhaltung der jeweils anzuwendenden Sicherheitsrichtlinien, Standards und jeglicher sonstiger Sicherheitsanforderungen bei der Informationsverarbeitung und den Verfahren in ihrem Verantwortungsbereich. ∎

Natürlich geht es dabei nicht um eine engmaschige Überwachung, sondern in erster Linie um das Vorleben und Einfordern einer verantwortlichen Handlungsweise bei allen Aktivitäten, die eine Relevanz für die Informationssicherheit haben und durch entsprechende Vorgaben geregelt sind.

Maßnahme **A.18.2.3** aus ISO/IEC 27001:
Überprüfung der Einhaltung von technischen Vorgaben
Informationssysteme werden regelmäßig auf Einhaltung der Informationssicherheits-
richtlinien und -standards der Organisation überprüft.

Schließlich muss auch das technische Sicherheitsniveau überprüft und bewertet werden, um mögliche Diskrepanzen zu Vorgaben oder Schwachstellen erkennen zu können. Ein wichtiges Mittel in diesem Zusammenhang sind Penetrationstests, in denen Methoden verwendet werden, die auch ein Angreifer verwenden würde oder könnte, der sich Zugang zu Informationssystemen und Informationen verschaffen möchte, um diese zu kompromittieren. Abbildung 5.19 fasst alle Maßnahmenziele und Maßnahmen zu *A.18 Compliance* zusammen.

Abbildung 5.19 A.18: Compliance

■ 5.15 Zusammenfassung

In diesem Kapitel wurden alle von ISO/IEC 27001 vorgegebenen Maßnahmen angesprochen, wobei sich die jeweilige Ausführlichkeit der Beschreibung an den Schwerpunkten des ISO/IEC 27001 Foundation-Kurses orientiert.

Die von ISO/IEC 27001 vorgegebenen Maßnahmenziele und Maßnahmen sind, obwohl „nur" als (dafür allerdings normativer!) Anhang deklariert, neben der Prozessbeschreibung der Kern der Norm. Die Breite der in der Norm behandelten Maßnahmenziele und Maßnahmen zielt darauf ab, dass keine für die Informationssicherheit in der Praxis wichtigen Aspekte gänzlich übersehen werden. Aber obwohl für vierzehn verschiedene Bereiche weit über 100 verschiedene Maßnahmen beschrieben werden, handelt es sich um keine vollständige Aufzählung; vielmehr muss jede Organisation prüfen, welche zusätzlichen Maßnahmen sie auf technischer bzw. organisatorischer Ebene ergreifen muss, um ihre Assets angemessen zu schützen. Insbesondere dürfen die Maßnahmen nicht als Checkliste missverstanden werden, durch deren Abarbeiten eine Organisation sozusagen automatisch sicher und unangreifbar wird.

■ 5.16   Beispiele für Prüfungsfragen zu diesem Kapitel

Nachfolgend finden Sie Beispiele für Prüfungsfragen, die sich thematisch mit den in diesem Kapitel erlernten Inhalten auseinandersetzen. Die richtigen Antworten inklusive Erläuterungen und Verweisen befinden sich in Anhang C.1 ab Seite 234.

 Prüfungsfrage 5.22:
Welches Ziel wird mit der von ISO/IEC 27001 in Anhang A.12.1.4 geforderten Aufteilung von Entwicklungs-, Test- und Produktiveinrichtungen verfolgt?

A)   Es soll verhindert werden, dass ungetestete Software produktiv eingesetzt wird.

B)   Der Aufwand zur Pflege der Systeme soll reduziert werden, damit die Administratoren mehr Zeit haben, sich um die Informationssicherheit zu kümmern.

C)   Angriffe auf das Produktivsystem sollen das Testsystem nicht beeinträchtigen.

D)   Das Risiko eines unbefugten Zugriffs auf das Produktivsystem soll verhindert werden.

 Prüfungsfrage 5.23:
Welche der folgenden Aussagen entspricht *nicht* den Maßnahmen zur Sicherheit der Geräte und Betriebsmittel (A.11.2)?

A)   Betriebsmittel müssen so platziert und geschützt werden, dass das Risiko durch Bedrohungen aus der Umgebung und die Gelegenheit für unerlaubten Zugriff reduziert werden.

B)   Betriebsmittel sind nach der Verwendung in einem geschlossenen Behältnis aufzubewahren. Der Zugang zum Schlüssel ist geeignet zu überwachen.

C)   Versorgerleitungen für Strom und Telekommunikation, die Daten transportieren oder die Informationssysteme versorgen, müssen vor Unterbrechung, Störung und Beschädigung geschützt sein.

D)   Betriebsmittel, Informationen oder Software dürfen nicht unberechtigt aus dem Standort entfernt werden.

Prüfungsfrage 5.24:
Welche Aufgabe hat das Management im Kontext der Personalsicherheit (Anhang A.7) während der Anstellung eines Mitarbeiters nach ISO/IEC 27001?

A) Das Management muss den Mitarbeiter kontinuierlich überwachen und verbessern.

B) Das Management muss verlangen, dass sich der Mitarbeiter an die festgelegten Richtlinien und Verfahren der Organisation hält.

C) Es müssen Sicherheitszonen und eine entsprechende Zutrittskontrolle definiert werden.

D) Das Management muss sicherstellen, dass Speichermedien sicher entsorgt werden.

Prüfungsfrage 5.25:
Was ist das Ziel der Sicherstellung des Geschäftsbetriebs (A.17, *Informationssicherheitsaspekte beim Business Continuity Management*)?

A) Ausgelagerte Software-Entwicklung

B) Der Grundsatz des aufgeräumten Schreibtisches

C) Schutz vor Unterbrechungen von Geschäftsaktivitäten

D) Geräteidentifikation in Netzen

Prüfungsfrage 5.26:
Welche Maßnahme entspricht dem Maßnahmenziel A.12.4 „Protokollierung und Überwachung"?

A) Betriebsmittel und Geräte dürfen nicht ohne Genehmigung vom Betriebsgelände entfernt werden.

B) In allen systemkritischen Anlagenteilen sind Videokameras zu installieren und die gelieferten Bilder zu überwachen.

C) Protokollierungseinrichtungen und Informationen aus Protokollen sollten vor Verfälschung und unbefugtem Zugang geschützt werden.

D) Die Überwachung des ISMS ist nicht notwendig.

Prüfungsfrage 5.27:

ISO/IEC 27001 beschreibt in Anhang A.9.4 mit Maßnahme A.9.4.5 die *Zugangssteuerung für Quellcode von Programmen*. Worin besteht sie inhaltlich?

A)   Für jede im Unternehmen benötigte Software soll der Quelltext verfügbar sein und geprüft werden, bevor die Software eingesetzt wird.

B)   Bei Softwareentwicklungen muss ein Software-Configuration-Management-Werkzeug eingesetzt werden.

C)   Der Zugriff auf den Quellcode muss beschränkt sein.

D)   Der Quellcode muss auf einer isolierten Maschine gespeichert werden, auf die ein manueller Zugriff nur nach Genehmigung durch den Informationssicherheits-beauftragten erlaubt wird.

Prüfungsfrage 5.28:

Welcher der folgenden Aspekte muss nach ISO/IEC 27001 in einer ISMS-Richtlinie berücksichtigt werden?

A)   Die Identifikation von Auswirkungen, die sich aus Störungen der Verfügbarkeit von Diensten und Informationen auf Assets ergeben können.

B)   Die Intervalle, in denen externe Zertifizierungsaudits nach ISO/IEC 27001 durchgeführt werden.

C)   Geschäftliche und gesetzliche Anforderungen.

D)   Das Budget, das für die Umsetzung von Maßnahmen nach ISO/IEC 27001 im aktuellen Planungszeitraum verfügbar ist.

Prüfungsfrage 5.29:

Welche Maßnahme ist *nicht* Bestandteil des Maßnahmenziels A.11.1 *Sicherheitsbereiche* zur Durchsetzung der physischen und umgebungsbezogenen Sicherheit aus ISO/IEC 27001?

A)   Sicherheitsbereiche müssen durch Zutrittssteuerung geschützt sein.

B)   Es muss ein Schutz vor Bedrohungen von außen gegeben sein.

C)   Die Sicherheit von Büros, Räumen und Einrichtungen muss gewährleistet werden.

D)   Die Sensibilisierung und Schulung des Personals zur Informationssicherheit muss durchgeführt werden.

Prüfungsfrage 5.30:

Welche Maßnahme ist nach ISO/IEC 27001 bei der *Handhabung von Informationssicherheitsvorfällen* (A.16) notwendig?

A)   Prüfung der Einhaltung technischer Vorgaben

B)   Identifikation der anwendbaren Gesetze

C)   Lernen aus Informationssicherheitsvorfällen

D)   Benutzerregistrierung

Prüfungsfrage 5.31:

Was ist *keine* inhaltliche Forderung im Rahmen des Maßnahmenziels A.12.3 *Datensicherung*?

A)   Die Verfügbarkeit von Daten sicherzustellen.

B)   Sicherheitskopien sind entsprechend einer Sicherungsrichtlinie zu erstellen.

C)   Sicherheitskopien sind regelmäßig zu testen.

D)   Gesicherte Informationen sind nur im Rahmen eines Zertifizierungsaudits wiederherzustellen, um die Funktionalität des Backups nachzuweisen.

Prüfungsfrage 5.32:

Welches Ziel wird *nicht* vom Maßnahmenziel A.10.1 *Kryptographische Maßnahmen* verfolgt?

A)   Vertraulichkeit von Informationen

B)   Integrität von Informationen

C)   Sammeln von Beweisen

D)   Authentizität von Informationen

6 Verwandte Standards und Rahmenwerke

Für das Verständnis, aber auch für die praktische Umsetzung von ISO/IEC 27000 ist es hilfreich zu verstehen, in welchem Zusammenhang diese Standardfamilie zu anderen Standards und Rahmenwerken steht. Dies ist nicht auf Werke für die Bereiche IT-Sicherheit oder Informationssicherheit beschränkt. Auch Standards für allgemeine Aspekte des Qualitätsmanagements, für Risikomanagement oder Rahmenwerke für IT Governance und IT-Service-Management können in ISMS-Projekten Unterstützung bieten oder das Verständnis zur Umsetzung bestimmter Aspekte der ISO/IEC 27000-Standards fördern.

Im Folgenden werden ausgewählte relevante und etablierte Standards und Rahmenwerke kurz vorgestellt.

■ 6.1 Standards und Rahmenwerke für IT- und Informationssicherheit

6.1.1 IT-Grundschutz-Kompendium

Herausgeber:
Deutsches Bundesamt für Sicherheit in der Informationstechnik (BSI)

Kurzbeschreibung:
Dokumentensammlung mit Anregungen sowohl für den technischen Schutz als auch für organisatorische Maßnahmen zur Absicherung von IT-Infrastrukturen

Aufbau & Inhalte

Das *IT-Grundschutz-Kompendium* wird vom BSI in HTML- und PDF-Form zur Verfügung gestellt [BSI19]. In der Fassung von 2019 enthält es 94 Bausteine, die das Thema IT-Sicherheit in den folgenden Bereichen abdecken:

- Prozess-Bausteine: Sicherheitsmanagement, Organisation und Personal, Konzepte und Vorgehensweisen, Betrieb, Detektion & Reaktion
- System-Bausteine: Anwendungen, IT-Systeme, Industrielle IT, Netze und Kommunikation, Infrastruktur

Weiterführende Informationen

Das IT-Grundschutz-Kompendium hat Ende 2017 die früheren IT-Grundschutz-Kataloge abgelöst, die auf mehr als 5.000 Seiten Umfang angewachsen waren und somit insbesondere für kleinere Unternehmen und IT-Abteilungen nur noch sehr aufwendig handhabbar waren. Das modernisierte Kompendium ist bewusst schlanker gestaltet und soll auch für kleine Unternehmen und Behörden besser zugänglich sein. Anfang Februar jedes Jahres erscheint eine neue Edition mit verbesserten und ggf. neuen Bausteinen.

In jedem Baustein werden mit Basis- und Standardanforderungen sowie Anforderungen bei erhöhtem Schutzbedarf drei Schutzniveaus unterschieden. Zudem gibt das Kompendium Empfehlungen zur Umsetzungsreihenfolge der Bausteine, indem es diese in drei Gruppen einteilt, die der empfohlenen Priorität bei der Umsetzung entsprechen.

Der BSI IT-Grundschutz bildet in Verbindung mit ISO/IEC 27001 und dem nachfolgend erläuterten BSI-Standard 200-2 die Basis für die *Zertifizierung nach ISO 27001 auf der Basis von IT-Grundschutz* [BSI18].

Erhältlich ist das IT-Grundschutz-Kompendium als kostenloser Download von der Webseite des BSI: *https://www.bsi.bund.de*.

6.1.2   BSI-Standards

Herausgeber:
Deutsches Bundesamt für Sicherheit in der Informationstechnik (BSI)

Kurzbeschreibung:
Beschreibung der IT-Grundschutz-Methodik

Aufbau & Inhalte

- **BSI-Standard 200-1: Managementsysteme für Informationssicherheit** [BSI17a] Anforderungen an ein ISMS, die zu ISO/IEC 27001 kompatibel sind und Empfehlungen aus ISO/IEC 27002 berücksichtigen.
- **BSI-Standard 200-2: IT-Grundschutz-Methodik** [BSI17b] Beschreibung von drei Ansätzen zur Umsetzung des IT-Grundschutzes, die als Basis-, Standard- und Kern-Absicherung bezeichnet werden.
- **BSI-Standard 200-3: Risikoanalyse auf Basis von IT-Grundschutz** [BSI17c] Gefährdungsmodell und risikobezogene Arbeitsschritte bei der Umsetzung des IT-Grundschutzes.
- **Leitfaden zur Basis-Absicherung nach IT-Grundschutz** [BSI17d] Beschreibung der Einführung eines ISMS in drei Schritten, insbesondere mit kleinen und mittelständischen Unternehmen und Behörden als Zielgruppe.

Weiterführende Informationen

Die BSI-Standards befassen sich mit der Gestaltung, Einführung und dem Betrieb eines ISMS, wobei konzeptionell eine weitgehende Kompatibilität mit der ISO/IEC 27000-Familie erreicht wird. Dabei stehen insbesondere die Standards 200-1 und 200-3 gewissermaßen parallel zu ISO/IEC 27001 und ISO/IEC 27005. Mit dem Leitfaden zur Basis-Absicherung nach IT-Grundschutz wird eine Aufbereitung des gesamten Themenkomplexes vorgenommen, die sich insbesondere an kleinere Organisationen wendet, die erst damit beginnen, sich mit Fragen der IT-Sicherheit auseinanderzusetzen.

Erhältlich sind die BSI-Standards als kostenloser Download von der Webseite des BSI: *https://www.bsi.bund.de.*

6.1.3   ISIS12

Herausgeber:
Bayerischer IT-Sicherheitscluster e.V.

Kurzbeschreibung:
An BSI-Grundschutz und ISO/IEC 27000 angelehntes Informationssicherheitsmanagement für kleine bis mittelgroße Organisationen

Aufbau & Inhalte

- **ISIS12-Handbuch** [Bay16] Modell zur Einführung eines ISMS in zwölf Schritten
- **ISIS12-Katalog** [Bay14] Auf BSI-Grundschutz und ISO/IEC 27001 basierender Katalog von 40 ISMS-Bausteinen bzw. Maßnahmen

Weiterführende Informationen

ISIS12 ist ein vom Netzwerk Informationssicherheit im Mittelstand (NIM) des Bayerischen IT-Sicherheitsclusters speziell für kleine bis mittelgroße öffentliche Einrichtungen (kommunale Verwaltungen) und mittelständische Unternehmen entwickelter Ansatz zur Informationssicherheit. Das ISIS12-Handbuch bietet einen pragmatischen Ansatz zur Strukturierung eines ISMS-Projektes. Der ISIS12-Katalog verweist auf die entsprechenden Bausteine aus dem BSI-Grundschutzkatalog. Die Umsetzung von ISIS12 kann daher auch ein guter Einstieg für ein eventuell auf längere Sicht angestrebtes Informationssicherheitsmanagement nach BSI-Grundschutz sein.

ISIS12 ist bestellbar über die Webseite des Bayerischen IT-Sicherheitsclusters: *https://www.it-sicherheit-bayern.de.* In der Regel werden 150 Euro Schutzgebühr verlangt, für bestimmte öffentlich-rechtliche Institutionen ist der Bezug frei.

6.1.4   Cybersecurity Framework

Herausgeber:
National Institute of Standards and Technology (NIST) der Vereinigten Staaten von Amerika

Kurzbeschreibung:
Informationssicherheitsmanagement für Betreiber kritischer Infrastrukturen in den USA

Aufbau & Inhalte

Ein Dokument [NIS14], das drei grundlegende Rahmenwerk-Komponenten umfasst:

- **Framework Core** Anforderungen an Cybersecurity-Aktivitäten und deren Ergebnisse, geordnet nach den fünf Grundfunktionen „Identify", „Protect", „Detect", „Respond", „Recover"
- **Tiers** Einfaches Modell für die Reife einer Organisation in Bezug auf Cybersecurity
- **Profiles** Ausprägung der Cybersecurity in einer Organisation, z.B. Profil der aktuellen Situation oder Zielprofil

Weiterführende Informationen

Das Cybersecurity-Rahmenwerk des NIST besteht im Kern aus 98 Anforderungen. Es beschreibt allerdings die Anforderungen selbst nicht näher, sondern referenziert entsprechende Elemente anderer Standards (ISO/IEC 27000 , COBIT 5, NIST SP 800-53, ISA 62443, CCS CSC), was es kompakt (Gesamtumfang ca. 40 Seiten) und übersichtlich hält.

Erhältlich ist das Cybersecurity Framework als kostenloser Download von der Webseite des NIST: *https://www.nist.gov/cyberframework*.

6.1.5   ISO/IEC 15408

Herausgeber:
International Organization for Standardization (ISO) & International Electrotechnical Commission (IEC)

Kurzbeschreibung:
Zertifizierbarer Standard für sicherere IT-Produkte auf Basis der „Common Criteria"

Aufbau & Inhalte

- **ISO/IEC 15408-1 – Introduction and general model** Einführung, Terminologie und allgemeines Evaluationsmodell
- **ISO/IEC 15408-2 – Security functional components** Anforderungen an die sicherheitsrelevante Funktionalität der Produkte
- **ISO/IEC 15408-3 – Security assurance components** Festlegung von Stufen der Vertrauenswürdigkeit der Produkte auf Basis von Anforderungen an die Hersteller- bzw. Entwicklungsorganisation

Weiterführende Informationen

Auf Basis ISO/IEC 15408 lässt sich die Einhaltung eines bestimmten Niveaus an Sicherheit und Vertrauenswürdigkeit durch ein IT-Produkt (z.B. Drucker, Betriebssysteme) zertifizieren. Die Prüfung ist jedoch recht aufwendig, und selbst große Hersteller lassen meist nur eine kleine Auswahl ihrer Produkte zertifizieren.

Alle Teile von ISO/IEC 15408 können bei der ISO oder beim Beuth-Verlag kostenpflichtig bezogen werden. Die „Common Criteria"-Dokumente, auf denen ISO/IEC 15408 basiert, sind auf *https://www.commoncriteriaportal.org* kostenfrei zum Download verfügbar.

6.1.6   PCI-DSS

Herausgeber:
PCI Security Standards Council

Kurzbeschreibung:
Data Security Standard (DSS) der Payment Card Industry (PCI)

Aufbau & Inhalte

Der PCI-Datensicherheitsstandard gibt Mindestanforderungen an den Schutz von Kredit-
karten-Inhaberdaten vor. Die in zwölf Kategorien eingeteilten Anforderungen orientieren
sich an übergeordneten Zielen, die in der deutschen Fassung wie folgt bezeichnet werden:

- Erstellung und Wartung sicherer Netzwerke und Systeme
- Schutz von Karteninhaberdaten
- Unterhaltung eines Anfälligkeits-Managementprogramms
- Implementierung starker Zugriffskontrollmaßnahmen
- Regelmäßige Überwachung und regelmäßiges Testen von Netzwerken
- Befolgung einer Informationssicherheitsrichtlinie

Weiterführende Informationen

Das Security Standards Council der Payment Card Industry wurde von großen Kreditkar-
tenanbietern gegründet und gibt mit dem PCI-DSS einen Sicherheitsstandard zum Schutz
von Kontodaten vor. Er ist für alle Händler und Dienstleister verbindlich, die Kreditkar-
tentransaktionen online oder per Kassenterminal abwickeln, speichern oder übermitteln.
Bei Verstößen gegen die Vorgaben drohen Strafzahlungen und der Entzug der Berechtigung, Kreditkartenzahlungen zu akzeptieren. Je nach Transaktionsvolumen einer Organisation müssen jährliche Self-Assessments ausgefüllt sowie quartalsweise externe Sicher-
heitsscans und jährliche Vor-Ort-Begehungen durchgeführt werden.

Der Standard schreibt eine Reihe von Schutzmaßnahmen vor, die technisch konkreter und
fokussierter beschrieben sind als z.B. durch die Kombination von ISO/IEC 270001 und
ISO/IEC 27002. So wird beispielsweise für die Protokollierung von Zugriffen auf Karten-
inhaberdaten exakt vorgeschrieben, aus welchen Datenfeldern ein Protokolleintrag zu bestehen hat.

Der PCI-DSS und Hilfsmittel wie ein Quick Reference Guide und Berichtsvorlagen können
auf der Webseite *https://de.pcisecuritystandards.org* heruntergeladen werden; zum Zugriff
auf einige Dokumente ist eine Registrierung erforderlich. Ein Teil der Dokumente ist auch
auf Deutsch verfügbar.

6.1.7   VDA ISA (TISAX)

Herausgeber:
Verband der Automobilindustrie (VDA)

Kurzbeschreibung:
Branchenspezifischer Informationssicherheitsstandard der Automobilindustrie

Aufbau & Inhalte

Hinter VDA ISA (Information Security Assessment) verbirgt sich ein Fragenkatalog zur Informationssicherheit, der vom VDA entwickelt wurde und laufend aktualisiert wird. Die Hauptprüfung zur Informationssicherheit besteht dabei aus ca. 50 Fragen und kann durch sogenannte Zusatzprüfungen ergänzt werden. Derzeit sind folgende Zusatzprüfungen Teil des Fragenkatalogs:

- Anbindung Dritter
- Prototypenschutz
- Datenschutz

Ablauf und Inhalt der Haupt- und Zusatzprüfungen hängen dabei auch von der Schutzbedarfsstufe ab, nach der die Prüfungen durchgeführt werden. Drei verschiedene Stufen können betrachtet werden: normaler Schutzbedarf, hoher Schutzbedarf und sehr hoher Schutzbedarf. Zudem wird im Rahmen einer Prüfung nicht nur die Erfüllung (ja oder nein) beurteilt, sondern auch der Grad der erzielten organisatorischen Reife auf Basis eines fünfstufigen Reifegradmodells.

Der Name TISAX steht für Trusted Information Security Assessment Exchange und bezeichnet nicht den Fragenkatalog selbst, sondern eine webbasierte Plattform zum Austausch von Prüfergebnissen nach VDA ISA, die von der ENX Association betrieben wird. Ziel dieser Plattform ist die unternehmensübergreifende Anerkennung der Ergebnisse von Prüfungen auf Basis von VDA ISA. Prüfungen nach VDA ISA werden allerdings häufig einfach als TISAX-Prüfungen bezeichnet, die resultierende Bestätigung über eine erfolgreiche Prüfung nicht als Zertifikat, sondern als „Label".

Weiterführende Informationen

Der häufigste Anwendungsfall von VDA ISA besteht darin, dass sich ein Unternehmen, das als Dienstleister oder Zulieferer eines Automobilherstellers agiert, nach dem Branchenstandard prüfen lässt. Hintergrund ist dabei meistens eine konkrete vertragliche Anforderung nach einer „TISAX-Zertifizierung" oder eine entsprechende Anforderung im Rahmen einer Ausschreibung. Die erforderlichen Zusatzprüfungen sowie die Schutzbedarfsstufe ergeben sich typischerweise ebenfalls aus dem Vertrag bzw. der Ausschreibung, werden also aus Sicht des Dienstleisters vom Auftraggeber festgelegt. Der Ablauf einer Prüfung nach VDA ISA lässt sich grob wie folgt skizzieren:

1. Umfang, Schutzbedarfsstufe und erforderliche Zusatzprüfungen festlegen
2. Selbsteinschätzung durchführen und Fragenkatalog ausfüllen (unter Angabe von Nachweisen)
3. Prüfdienstleister auswählen (muss durch ENX akkreditiert sein)

4. Ausgefüllten Fragenkatalog einschließlich relevanter Nachweise beim Prüfdienstleister einreichen

5. Audit (remote oder vor Ort), Umfang/Dauer abhängig von der Schutzbedarfsstufe

6. Nach Erhalt der Ergebnisse: Maßnahmenplan zur Abstellung identifizierter Abweichungen und Nebenabweichungen erstellen

7. Review und Abnahme des Maßnahmenplans durch den Auditor/Prüfdienstleister

8. Erteilung vorläufiges Label (Veröffentlichung auf der TISAX-Plattform)

9. Umsetzung der Maßnahmen aus dem Maßnahmenplan (Zeit für Umsetzung: maximal neun Monate)

10. Folge-Audit mit Prüfung der Wirksamkeit der umgesetzten Maßnahmen

11. Erteilung finales Label (Veröffentlichung auf der TISAX-Plattform)

Die Fragen in der Hauptprüfung basieren durchgängig auf den Anforderungen und Maßnahmen (Controls) aus ISO/IEC 27001, auf die auch entsprechend referenziert wird. Zu jeder Frage (wie zum Beispiel: „Inwieweit sind die Verantwortlichkeiten für Informationssicherheit definiert und zugewiesen?") gibt es einen erläuternden Text, und es werden konkretere Anforderungen aufgelistet. Hierbei wird wiederum zwischen Muss-, Sollte- und Kann-Anforderungen unterschieden. Während die Kann-Anforderungen im Rahmen einer Prüfung nach VDA ISA als optional betrachtet werden (und daher eher Empfehlungen als Anforderungen sind), sind die Muss-Anforderungen vollständig zu erfüllen. Die Sollte-Anforderungen sind grundsätzlich ebenfalls zu erfüllen, es sei denn, es wird fundiert begründet, warum eine solche Anforderung nicht umgesetzt werden kann.

■ 6.2 Standards und Rahmenwerke für Qualitätsmanagement, Auditierung und Zertifizierung

6.2.1 ISO 9000

Herausgeber:
International Organization for Standardization (ISO)

Kurzbeschreibung:
Standardfamilie für Qualitätsmanagementsysteme auf der Grundlage von Prinzipien wie Kundenorientierung, Prozessorientierung und kontinuierlicher Verbesserung

Aufbau & Inhalte

- **ISO 9000: Qualitätsmanagementsysteme – Grundlagen und Begriffe** [DIN15a] Definition der wichtigsten Begriffe im Qualitätsmanagement
- **ISO 9001: Qualitätsmanagementsysteme – Anforderungen** [DIN15b] Zertifizierbare Anforderungen an ein Qualitätsmanagementsystem

- **ISO 9004: Managing for the sustained success of an organization – A quality management approach** [DIN09] Allgemeine Prinzipien für ein funktionierendes und nachhaltiges Qualitätsmanagement

Weiterführende Informationen

ISO 9000 befasst sich branchenunabhängig und allgemein mit Managementsystemen. ISO 9001 ist sozusagen Urvater der normativen Managementsystem-Standards, dessen Einhaltung sich Organisationen weltweit mehr als eine Million mal zertifizieren haben lassen. Die Grundprinzipien, die ISO 9000 zugrunde liegen, finden auch in allen anderen Managementsystem-Standards, einschließlich ISO/IEC 27000, Anwendung. Nicht selten sind integrierte Managementsysteme mit kombinierten Zertifizierungen auf Basis von ISO 9001 und einem oder mehreren weiteren Standards.

6.2.2   ISO 19011

Herausgeber:
International Organization for Standardization (ISO)

Kurzbeschreibung:
Leitfaden zur Auditierung von Managementsystemen

Aufbau & Inhalte

Der Standard ISO 19011 (*Leitfaden zur Auditierung von ManagementsystemenLeitfaden für Audits von Qualitätsmanagement und/oder Umweltmanagementsystemen*) [DIN18] definiert wichtige Begriffe und die sechs Grundprinzipien der Auditierung: Integrität, sachliche Darstellung, Sorgfalt, Vertraulichkeit, Unabhängigkeit und nachweisbasiertes Vorgehen. Darüber hinaus liefert er Anleitungen zu folgenden Schwerpunktthemen:

- **Auditprogramm-Management** Angelehnt an den Deming-Kreislauf (Plan-Do-Check-Act) beschreibt der Leitfaden, was bei der Etablierung und Anwendung eines Auditprogramms beachtet werden sollte. Als Auditprogramm bezeichnet man eine Reihe einzelner (z.B. interner) Audits, die über einen bestimmten Zeitraum (häufig ein oder drei Jahre) geplant und durchgeführt werden.
- **Planung und Durchführung von Audits** Der Auditprozess, von der Initiierung und Planung eines Audits über die Vorbereitung und Durchführung der (Vor-Ort-)Auditaktivitäten bis hin zu Berichterstellung und Abschluss wird ausführlich dargestellt, und es werden Hinweise für eine effektive und an den grundlegenden Auditprinzipien orientierte Anwendung gegeben.
- **Kompetenz und Evaluation von Auditoren** Dieser Teil des Leitfadens richtet sich speziell an Zertifizierungsstellen oder andere Organisationen, die mehrere Auditoren beschäftigen oder beauftragen.

Weiterführende Informationen

Nahezu alle Ausbildungen für Auditoren von Managementsystemen basieren auf ISO 19011. Dieser Standard liefert sehr hilfreiche und durchaus praxisnahe Hilfestellung und Tipps für diejenigen, die Auditprogramme managen oder Audits planen und durchführen. Er kann bei der ISO kostenpflichtig bezogen werden.

6.2.3 ISO/IEC 17020

Herausgeber:
International Organization for Standardization (ISO) & International Electrotechnical Commission (IEC)

Kurzbeschreibung:
Standards für Konformitätsbewertungs- bzw. Zertifizierungsstellen

Aufbau & Inhalte

Zur Standardfamilie der ISO/IEC 17020 (*Conformity assessment – Requirements for the operation of various types of bodies performing inspection*) gehören noch mehr Dokumente, aber interessant im Zusammenhang mit Informationssicherheit sind vor allem folgende:

- **ISO/IEC 17021-1 – Conformity assessment – Requirements for bodies providing audit and certification of management systems – Part 1: Requirements** Anforderungen an Stellen, die Managementsysteme zertifizieren – also beispielsweise Konformität zu ISO/IEC 27001 überprüfen und mit einem Zertifikat bestätigen. Weitere Teile der ISO/IEC 17021 befassen sich mit der Auditierung und Zertifizierung spezifischer Arten von Managementsystemen.
- **ISO/IEC 17024 – Conformity assessment – General requirements for bodies operating certification of persons** Anforderungen an Stellen, die Kompetenzzertifikate für Personen ausstellen, wie z.B. ein ISO/IEC 27000-Foundation-Zertifikat.
- **ISO/IEC 17025 – General requirements for the competence of testing and calibration laboratories** Anforderungen an Test- und Kalibrierungsstellen, z.B. Stellen, die Produkte nach ISO/IEC 15408 zertifizieren.

Weiterführende Informationen

Die oben genannten Standards beinhalten alle Anforderungen an Konformitätsbewertungsstellen. Besonderen Stellenwert im Zusammenhang mit Managementsystemen für Informationssicherheit hat natürlich die ISO/IEC 17021-1, auf die in der ISO/IEC 27006 mehrfach verwiesen wird und mit dieser zusammen für die Akkreditierung der ISMS-Zertifizierungsstellen (siehe auch Kapitel 7.1) herangezogen wird. Die Standards können bei der ISO oder beim Beuth-Verlag kostenpflichtig bezogen werden.

■ 6.3   Standards und Rahmenwerke für Risikomanagement

6.3.1   ISO 31000

Herausgeber:
International Organization for Standardization (ISO)

Kurzbeschreibung:
Prinzipien und Leitfäden für Risikomanagement

Aufbau & Inhalte

Neben wichtigen Begriffsdefinitionen werden elf allgemeine Prinzipien des Risikomanagements beschrieben. Herzstück des Standards ist ein Modell für einen Risikomanagement-Prozess, dessen Aktivitäten u.a. Risikoeinschätzung, Risikobehandlung, Kommunikation und Konsultation sowie Überwachung und Review umfassen.

Weiterführende Informationen

ISO 31000 (*Risk management – Principles and guidelines*) [ISO09] bildet die konzeptionelle und begriffliche Grundlage für viele weitere ISO-Standards, die das Thema Risikomanagement beinhalten oder zumindest berühren. Auch ISO/IEC 27005 basiert auf dem Rahmen, den ISO 31000 liefert – insbesondere hinsichtlich der Ausprägung des Risikomanagement-Prozesses und seiner Aktivitäten. Der Standard kann bei der ISO oder beim Beuth-Verlag kostenpflichtig bezogen werden.

6.3.2   COSO ERM

Herausgeber:
Committee of Sponsoring Organizations of the Treadway Commission (COSO)

Kurzbeschreibung:
Übergreifendes Rahmenwerk für unternehmensweites Risikomanagement

Aufbau & Inhalte

Gegenstand von COSO ERM ist die Erweiterung der internen Kontrollsysteme eines Unternehmens zu einem unternehmensweiten Risikomanagementsystem zum Umgang mit Risiken im Zusammenhang mit den Wertschöpfungsprozessen. Das Modell unterscheidet zwischen zwei wesentlichen Betrachtungsperspektiven:

■ **Zielkategorien des Risikomanagements** Strategisch, betrieblich, Berichterstattung, Regeleinhaltung

- **Komponenten des Risikomanagements** Internes Umfeld, Zielfestlegung, Ereignisidentifikation, Risikobeurteilung, Risikosteuerung, Kontrollaktivitäten, Information und Kommunikation, Überwachung

Weiterführende Informationen

Bei COSO ERM handelt es sich eher um ein Modell oder auch eine „Philosophie" für ein integriertes, unternehmensübergreifendes Risikomanagement als um einen klassischen Standard, der vergleichbar mit anderen hier vorgestellten Standards wäre. Auf den Webseiten des COSO unter *http://www.coso.org* findet man einige Informationen. Diverse Leitfäden bilden die Grundlage für eine mögliche Implementierung. Darüber hinaus existiert Sekundärliteratur (über den Buchhandel zu beziehen), die aus dem Blickwinkel ihrer jeweiligen Autoren widergibt, wie das COSO ERM-Modell effektiv genutzt und angewendet werden kann.

■ 6.4 Standards und Rahmenwerke für Governance und Management in der IT

6.4.1 ITIL

Herausgeber:
AXELOS

Kurzbeschreibung:
Sammlung etablierter Praktiken („Good Practice") im IT-Service-Management (ITSM)

Aufbau & Inhalte

Die Kernpublikationen der ITIL sind die Bücher der *Lifecycle Suite*, die – neben vier „Functions" im Bereich *Service Operation* und diversen „Activities" – vor allem 26 ITSM-Prozesse beschreiben.

- **Service Strategy** Business Relationship Management, Demand Management, Financial Management for IT Services, Service Portfolio Management, Strategy Management for IT Services
- **Service Design** Availability Management, Capacity Management, Design Coordination, Information Security Management, IT Service Continuity Management, Service Catalog Management, Service Level Management, Supplier Management
- **Service Transition** Change Management, Change Evaluation, Knowledge Management, Release & Deployment Management, Service Asset & Configuration Management, Service Validation & Testing, Transition Planning & Support
- **Service Operation** Access Management, Event Management, Incident Management, Problem Management, Request Fulfillment
- **Continual Service Improvement** The 7 Step Improvement Process

Weiterführende Informationen

ITIL ist das älteste und etablierteste Rahmenwerk für IT-Service-Management. Weltweit haben hunderttausende mindestens eine ITIL-Schulung in ihrem Leben besucht und Grundlagen des ITIL-Prozessmodells vermittelt bekommen. Die detaillierten „Good Practices" der Lifecycle Suite selber werden allerdings aufgrund des großen Gesamtumfangs[1] und der (vor allem im Vergleich zu ISO-Normen) schwachen Strukturierung sowie in Teilen auch nicht ganz konsistenten Darstellung so gut wie nie eins zu eins umgesetzt, sondern eher als Nachschlagewerk und Ideensammlung verwendet.

Frühere Versionen der ITIL und Vorgänger der ISO/IEC 20000 wurden in ihrer Entwicklung aufeinander abgestimmt, wodurch es immer noch zahlreiche Übereinstimmungen in den Prozessmodellen gibt. Wie die ISO/IEC 20000 kennt auch die ITIL einen Prozess *Information Security Management*. Im Portfolio des ITIL-Eigentümers AXELOS wird das Thema Informationssicherheit für ITIL-orientierte Organisationen mittlerweile auch unter dem Namen RESILIA mit einer gesonderten Sammlung von „Cyber Resilience Best Practices" bedient.

ITIL-Publikationen können über den Buchhandel bezogen werden, sind aber auch in digitaler Form erhältlich.

6.4.2   ISO/IEC 20000

Herausgeber:
Internationale Organisation für Normung (ISO)

Kurzbeschreibung:
Standards zum Thema (IT) Service Management

Aufbau & Inhalte

- **ISO/IEC 20000-1 – Service management systems requirements** Anforderungen an Organisationen bzw. Teile von Organisationen, die mit Hilfe eines Service Management Systems (SMS) IT-gestützte Services an (interne oder externe) Kunden erbringen und dabei einen prozessorientierten und systematischen Ansatz verfolgen möchten.
- **ISO/IEC 20000-2 – Guidance on the application of service management systems** Empfehlungen und Erläuterungen in Ergänzung der Anforderungen aus ISO/IEC 20000-1.

Weiterführende Informationen

Der Standard ISO/IEC 20000-1 ist auf der Grundlage eines britischen Standards (BS 15000) entstanden, dessen Motivation darin bestand, belastbare Mindestanforderungen für wirksames IT-Service-Management festzulegen, die als Prüfgrundlage für ein Audit oder eine Selbstbewertung herangezogen werden können. In der ersten Fassung der ISO/IEC 20000, die 2005 erschien, war das Prozessmodell dieses Standards noch mit dem der damaligen

---

[1]   Die deutsche Fassung der Lifecycle Suite hat insgesamt etwa 2000 Seiten.

Version der ITIL weitgehend übereinstimmend. Mittlerweile haben sich diese beiden Rahmenwerke ein wenig voneinander entfernt.

Dafür ist die letzte Version der ISO/IEC 20000-1 von 2018 nach der aktuellen „High Level Structure" der ISO für Managementsystem-Standards [ISO19] gegliedert. Das heißt, dass die Kapitel 1 bis 10 der ISO/IEC 20000-1 in dieser letzten Version die beinahe gleiche Struktur haben wie die Kapitel 1 bis 10 ISO/IEC 27001. Dies erleichtert die gemeinsame Anwendung beider Standards.

ISO/IEC 20000-Standards können bei der ISO oder beim Beuth-Verlag kostenpflichtig bezogen werden.

6.4.3   FitSM

Herausgeber:
ITEMO e. V.

Kurzbeschreibung:
Standards für leichtgewichtiges IT-Service-Management und Aufbau eines Service-Managementsystems (SMS).

Aufbau & Inhalte

- **FitSM-0 – Overview and vocabulary** Begriffe des IT-Service-Managements
- **FitSM-1 – Requirements** Anforderungen an ein Service-Managementsystem mit 14 festgelegten ITSM-Prozessen
- **FitSM-2 – Activities** Beschreibung der Aktivitäten für Einführung und laufenden Betrieb der FitSM-Prozesse
- **FitSM-3 – Role model** Definition der grundlegenden Rollen im ITSM sowie der konkreten Rollen für jeden Prozess
- **FitSM-4 – Templates and samples** Eine Sammlung von Beispielen und Vorlagen für SMS-Dokumentation
- **FitSM-5 – Guides** Eine Sammlung von Leitfäden für ausgewählte ITSM-Aspekte
- **FitSM-6 – Maturity assessment** Excel-basiertes Werkzeug zur Bewertung des ITSM-Reifegrads einer Organisation

Weiterführende Informationen

Wie schon bei ISO/IEC 20000 steht auch bei FitSM im Kern ein Dokument mit klar formulierten und auditierbaren Mindestanforderungen an ein Service-Managementsystem (SMS) – hier in FitSM-1 [ITE16]. Das Prozessmodell mit seinen 14 Prozessen ist eng an das von ISO/IEC 20000 angelehnt und umfasst ebenfalls einen Prozess *Information security management*.

Die weiteren Teile des Standards ergänzen FitSM-1 um ausführlichere Empfehlungen und Hilfen zur Umsetzung. Ein zentrales Design-Paradigma hinter FitSM ist die Fokussierung auf eine möglichst pragmatische und schlanke Umsetzung von IT-Service-Management mit Hilfe einfach anzuwendender Beschreibungen der Aktivitäten und Rollen sowie anpassbarer Dokumentationsvorlagen. FitSM richtet sich vor allem an kleine bis mittelgroße Organisationen, für die andere ITSM-Ansätze zu komplex und aufwendig sind – es steht dabei zu ISO/IEC 20000 und ITIL in einem ähnlichen Verhältnis wie ISIS12 zu ISO/IEC 27000 und BSI Grundschutz.

Die erste Version von FitSM wurde im Rahmen eines Projekts aus dem siebten Forschungsrahmenprogramm (Seventh Framework Programme, FP7) der Europäischen Kommission entwickelt, an dem auch Autoren dieses Buches beteiligt waren. Heute wird FitSM durch den in Deutschland ansässigen Verein ITEMO e.V. gepflegt und weiterentwickelt, wodurch mittlerweile einige FitSM-Dokumente auch auf Deutsch verfügbar sind. Die Weiterentwicklung von FitSM erfolgt unter der Maßgabe, dass FitSM für jedermann frei verfügbar bleibt. Das schließt alle Bestandteile des Standards sowie das Standard-Schulungsmaterial ein. Alle Teile von FitSM unter Varianten von *Creative Commons* lizenziert und kostenfrei auf *http://fitsm.eu* verfügbar.

6.4.4   COBIT

Herausgeber:
Information Systems Audit and Control Association (ISACA)

Kurzbeschreibung:
Framework für Governance und Management der Unternehmens-IT

Aufbau & Inhalte

Mehrere Dokumente, darunter:

- **Enabler-Handbücher** z.B. *Enabling Processes* mit einem Prozessreferenzmodell aus 37 Prozessen in fünf Gruppen
- **Umsetzungsleitfäden** z.B. *COBIT Implementation, COBIT for Risk*

Weiterführende Informationen

COBIT verfolgt für IT-Governance und -Management einen Top-Down-Ansatz, basierend auf einer Zielkaskade, mittels der etwa IT-bezogene Ziele aus Unternehmenszielen abgeleitet werden. COBIT ist auf eine systematische Ableitung von Zielen ausgerichtet und definiert *Control Objectives*, also Vorgaben für die Steuerung des Einsatzes von IT. Im Gegensatz zu ITIL adressiert COBIT daher eher, *was* zu tun bzw. zu erreichen ist, und weniger *wie*. Das Prozessmodell von COBIT ist feingranularer als die Modelle, die ITIL, ISO/IEC 20000 oder FitSM zugrunde liegen. Dennoch sind die Ansätze grundsätzlich kompatibel und lassen sich kombinieren. Das Management der Informationssicherheit wird als Teil einiger COBIT-Prozesse und der damit verbundenen Control Objectives betrachtet.

6.4.5   EN 50600

Herausgeber:
CENELEC

Kurzbeschreibung:
Europäischer Standard für Design, Aufbau und Betrieb von Rechenzentren

Aufbau & Inhalte

EN 50600 befasst sich mit Einrichtungen und Infrastrukturen von Rechenzentren und gliedert seine Empfehlungen in vier Hauptteile des Standards:

- **EN 50600-1 – Overview and vocabulary** Allgemeine Konzepte und Begriffe
- **EN 50600-2 – Design** Empfehlungen für Design und den Aufbau von Rechenzentren
- **EN 50600-3 – Management and operational information** Prozesse für Steuerung und Betrieb von Rechenzentren
- **EN 50600-4 – Key Performance Indicators** Leistungskennzahlen für Rechenzentren

Die Teile 2 und 4 unterteilen sich in weitere Teile, wobei im Kontext eines ISMS insbesondere der fünfte Teil der EN 50600-2, d.h. die EN 50600-2-5, interessant ist, der sich mit Sicherheit befasst.

Weiterführende Informationen

Die EN 50600 stammt von CENELEC, dem europäischen Komitee für elektrotechnische Normung (Comité Européen de Normalisation Electrotechnique), ist aber von verschiedenen Standardisierungsorganisationen in der EU in nationale Standards adaptiert worden. Beispielsweise gibt der VDE eine deutsche Fassung der EN 50600 als VDE 0801-600 heraus. Vor allem bei der Gestaltung des Themas physische Sicherheit in einem ISMS lohnt sich ein Blick in die EN 50600-2-5. Hier finden sich unter anderem Vorschläge für Schutzklassen von Sicherheitsbereichen sowie teilweise recht konkrete Empfehlungen zur Zutrittssicherung, beispielsweise welche Widerstandsklassen nach DIN EN 1627 bestimmte Türen haben oder wie lange Aufzeichnungen von Überwachungskameras gespeichert werden sollten.

■ 6.5   Beispiele für Prüfungsfragen zu diesem Kapitel

Nachfolgend finden Sie Beispiele für Prüfungsfragen, die sich thematisch mit den in diesem Kapitel erlernten Inhalten auseinandersetzen. Die richtigen Antworten inklusive Erläuterungen und Verweisen befinden sich in Anhang C.1 ab Seite 236.

Prüfungsfrage 6.33:
Wie hängen die drei Standards ISO 9000, ISO/IEC 20000 und ISO/IEC 27001 zusammen?

A) ISO/IEC 27000 ist eine Kombination aus ISO 9000 und ISO/IEC 20000.

B) Diese drei Normen behandeln Managementsysteme in zum Teil überlappenden Anwendungsbereichen.

C) Diese drei Normen behandeln Management und Qualitätssicherung für drei unterschiedliche Branchen.

D) Die Zertifizierungen für diese Standards bauen aufeinander auf, d.h. eine Zertifizierung nach ISO/IEC 27001 ist nur möglich, wenn das Unternehmen auch nach ISO 9000 zertifiziert wurde.

Prüfungsfrage 6.34:
Mit welchem Themengebiet befasst sich die Norm ISO 9000 schwerpunktmäßig?

A) Bewertung der Informationssicherheit

B) Informationssicherheitsleitlinie

C) IT-Service-Management

D) Qualitätsmanagement

Prüfungsfrage 6.35:
Welcher der nachfolgend genannten Standards behandelt *nicht* den Themenbereich IT- oder Informationssicherheit?

A) ISO/IEC 15408

B) ISO/IEC 20000

C) ISO/IEC 27000

D) ISO 9000

Prüfungsfrage 6.36:
Welche Organisation ist Herausgeber des IT-Grundschutz-Kompendiums?

A) Bayerischer IT-Sicherheitscluster e.V.

B) National Institute of Standards and Technology (NIST)

C) International Electrotechnical Commission (IEC)

D) Deutsches Bundesamt für Sicherheit in der Informationstechnik (BSI)

Prüfungsfrage 6.37:

Zu welchem Zweck wurde die Normenreihe ISO/IEC 15408 (Common Criteria) entwickelt?

A)   ISO/IEC 15408 definiert ein formales Verfahren zur Bewertung von Sicherheitseigenschaften von IT-Produkten.

B)   Die Common Criteria enthalten Kriterien, die es bei der Speicherung von Logdaten zu berücksichtigen gilt.

C)   Die Normenreihe ISO/IEC 15408 wurde entwickelt zur Bewertung der Netzsicherheit und enthält eine dafür geeignete Sammlung von Evaluationskriterien.

D)   ISO/IEC 15408 definiert ein international anerkanntes Format für die Beschreibung von sicherheitsrelevanten Ereignissen.

Prüfungsfrage 6.38:

Welche Aussage zur Standardfamilie ISO/IEC 20000 trifft zu?

A)   ISO/IEC 20000-1 definiert Anforderungen an ein Service Management System (SMS).

B)   Die Bewertung der Informationssicherheit ist das maßgebliche Ziel, das ISO/IEC 20000-2 verfolgt.

C)   ISO/IEC 20000-3 steht in direkter Konkurrenz zu ISO/IEC 27000, da die beiden Standards das gleiche Ziel des Managements der Informationssicherheit verfolgen.

D)   ISO/IEC 20001 legt Anforderungen für ISMS-Konformitätsbewertungsstellen fest.

7 Zertifizierungs- möglichkeiten nach ISO/IEC 27000

Im Kontext von ISO/IEC 27000 gibt es zwei grundsätzlich verschiedene Arten der Zertifizierung. Zunächst kann natürlich das ISMS einer Organisation nach ISO/IEC 27001 zertifiziert werden – diese Möglichkeit zu schaffen, war ja der wesentlichste Grund für die Ergänzung des Leitfadens für Informationssicherheitsmanagement (ISO/IEC 17799 bzw. ISO/IEC 27002) um die normativen Anforderungen in ISO/IEC 27001.

Nicht hiermit zu verwechseln sind die Personenzertifizierungen, die keine Zertifizierungen nach der Norm ISO/IEC 27001 darstellen, sondern Personen ermöglichen, ihr Wissen und ihre Qualifikationen hinsichtlich der Inhalte und der Anwendung der ISO/IEC 27000-Standardfamilie nachzuweisen.

■ 7.1 ISMS-Zertifizierung nach ISO/IEC 27001

Die Zertifizierung des ISMS ermöglicht es einer Organisation, ihre Fähigkeit, ein effektives Informationssicherheitsmanagement zu betreiben, gegenüber Kunden, potenziellen Kunden oder anderen interessierten Parteien nachzuweisen.

7.1.1 Grundlagen der Zertifizierung von Managementsystemen

Nachfolgend werden die Begriffe Zertifizierung und Akkreditierung erläutert, die sehr häufig im Zusammenhang mit Konformitätsbewertungen von Managementsystemen fallen.

7.1.1.1 Zertifizierung

Zum Erreichen einer *Zertifizierung* eines Managementsystems ist ein externes, von einer akkreditierten Zertifizierungsstelle beauftragtes Audit zwingend notwendig. Im Rahmen dieses sogenannten Zertifizierungsaudits wird die Einhaltung der Anforderungen des Standards, d.h. die Konformität zum Standard überprüft und bewertet. Welche Bereiche dabei auditiert werden, ergibt sich auf Basis des erklärten Anwendungsbereichs des Managementsystems *scoping statement* und der Erklärung zur Anwendbarkeit des Standards *statement of applicability* (siehe Kapitel 4.4.3 und 4.6.1.3).

Im Nachgang eines Audits wird ein Auditbericht erstellt, der festgestellte Probleme und Abweichungen vom Sollzustand dokumentiert sowie Vorschläge zur Korrektur und Verbesserung enthält. Sind während des Audits keine Defizite festgestellt worden, so stellt die Zertifizierungsstelle ein Zertifikat als Nachweis der Standard-Konformität des Managementsystems aus.

7.1.1.2 Akkreditierung

Auch an die Organisationen, die Managementsysteme zertifizieren, werden Anforderungen gestellt. Die Erfüllung dieser Anforderungen wird von einer Akkreditierungsstelle überprüft.

Vereinfacht ausgedrückt ist eine Akkreditierung eine Art Zertifizierung der Zertifizierer bzw. Konformitätsbewertungsstellen. Obwohl die Worte Akkreditierung und Zertifizierung häufig synonym verwendet werden, sind es aber genau genommen unterschiedliche Dinge: Eine Zertifizierung bestätigt die Konformität zu einem Standard, eine Akkreditierung ist die formale Anerkennung einer Kompetenz (hier: die Kompetenz, Konformitätsbewertungen durchzuführen).

Die Europäische Union sieht Akkreditierung als eine hoheitliche Aufgabe. Entsprechend lassen sich in Europa Zertifizierungsstellen für Managementsysteme die Kompetenz, bestimmte Konformitätsbewertungsaufgaben durchzuführen, bei einem zentralen, nationalen Akkreditierer bestätigen. Dies ist beispielsweise in Deutschland die DAkkS (Deutsche Akkreditierungsstelle GmbH), in Österreich die vom Bundesministerium für Wissenschaft, Forschung und Wirtschaft betriebene „Akkreditierung Austria", in der Schweiz die SAS (Schweizerische Akkreditierungsstelle, Teil des Staatssekretariats für Wirtschaft). Die Harmonisierung und wechselseitige Anerkennung von Akkreditierungen wird durch die *European co-operation for Accreditation*[1] geregelt.

Allgemeine Anforderungen an Zertifizierungsstellen, nach denen alle in der *European co-operation for Accreditation* organisierten Akkreditierer prüfen, sind in ISO/IEC 17021 (*Konformitätsbewertung – Anforderungen an Stellen, die Managementsysteme auditieren und zertifizieren*) [DIN15c] festgelegt. ISO/IEC 27006 (*Requirements for bodies providing audit and certification of information security management systems*) [DIN15c] konkretisiert und ergänzt die Anforderungen aus ISO/IEC 17021 für Stellen, die Managementsysteme für Informationssicherheit auditieren und zertifizieren.

Abbildung 7.1 verdeutlicht die Zusammenhänge noch einmal an einem Beispiel. Will die spanische Firma Colmo S.A. beispielsweise die Archivierung ihrer Dokumente an die deutsche ACME AG auslagern, so wird es sie sicherlich interessieren, ob die ACME AG in diesem Bereich ein vernünftiges Informationssicherheitsmanagement betreibt. Hier kann die ACME AG darauf verweisen, dass es die Anforderungen der ISO/IEC 27001 erfüllt und dass dies von der Supercert GmbH bestätigt worden ist. Nun hat vielleicht bei der Colmo S.A. noch nie jemand was von der Supercert GmbH gehört. Die Kompetenz der Supercert GmbH, solche Bewertungen vorzunehmen, ist aber von einem nationalen Akkreditierer bestätigt worden, der nach denselben Prinzipien vorgeht und prüft wie die nationale Akkreditierungsstelle in Spanien. Daher kann die Colmo S.A. die von der ACME AG vorgelegte Zertifizierung als seriös ansehen.

---

[1]   http://www.european-accreditation.org/

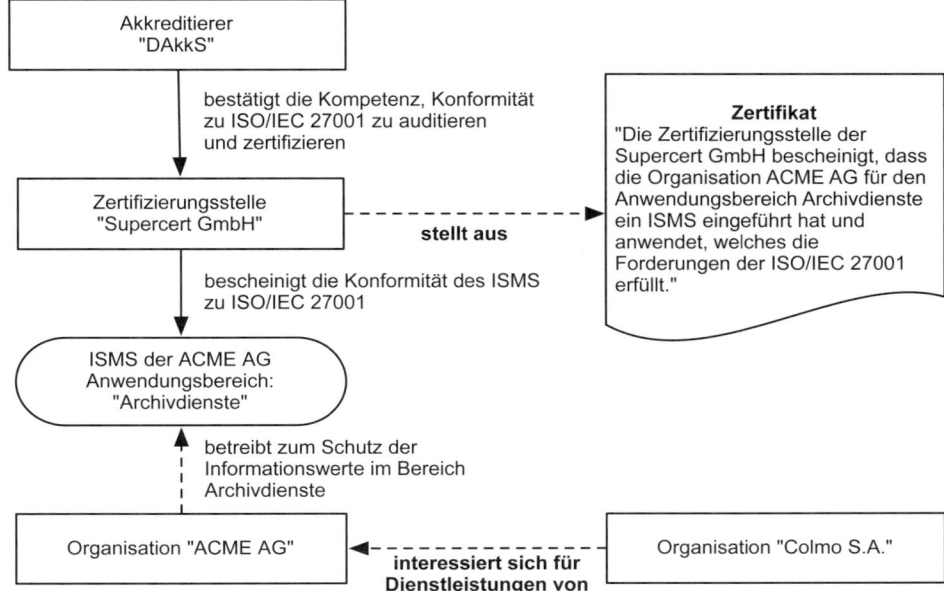

Abbildung 7.1 Zertifizierung und Akkreditierung

Natürlich erlaubt auch die Vorlage einer ISO/IEC 27001-Zertifizierung nicht das bedenkenlose Vertrauen in die Informationssicherheit bei einer Organisation. Aber sie zeigt immerhin, dass – zumindest im zertifizierten Geltungsbereich – die notwendigen Grundlagen für ein effektives Management der Informationssicherheit vorhanden sind.

7.1.2   Typischer Ablauf einer Zertifizierung

Eine Zertifizierung erfolgt durch eine entsprechend akkreditierte Zertifizierungsstelle (siehe auch Kapitel 7.1.1.2). Die Abbildung 7.2 zeigt exemplarisch einen typischen Ablauf.

Ein Zertifizierungsaudit sollte gründlich vorbereitet werden. Die Ergebnisse interner Audits (siehe Kapitel 4.9.2) bzw. Self-Assessments helfen bei der Erkennung von Lücken bis zur Erfüllung aller in ISO/IEC 27001 enthaltenen Anforderungen. Es lohnt sich aber oft, bereits frühzeitig mit der gewünschten Zertifizierungsstelle Kontakt aufzunehmen, um z. B. in Vorgesprächen zu klären, welche Unterlagen die Auditoren erwarten oder wie die wichtigsten Verbesserungsmaßnahmen grob zu priorisieren sind. Viele Zertifizierungsstellen bieten auch ein sogenanntes Vor-Audit als Dienstleistung an, welches eine Art vereinfachten Probelauf für das Zertifizierungsaudit bietet und hilft, unangenehme Überraschungen zu vermeiden.

Das eigentliche Zertifizierungsaudit läuft meist in zwei Phasen ab. In der ersten Phase (Stufe 1) werden von den Auditoren primär Dokumente und Aufzeichnungen überprüft. Basierend auf den Ergebnissen dieses Dokumentenaudits geben die Auditoren eine Empfehlung ab, ob es sinnvoll ist, mit dem Audit zu diesem Zeitpunkt weiter zu verfahren. Wenn ja, wird ein Auditplan für die zweite Phase erstellt. In der zweiten Phase (Stufe 2) führt ein Team von

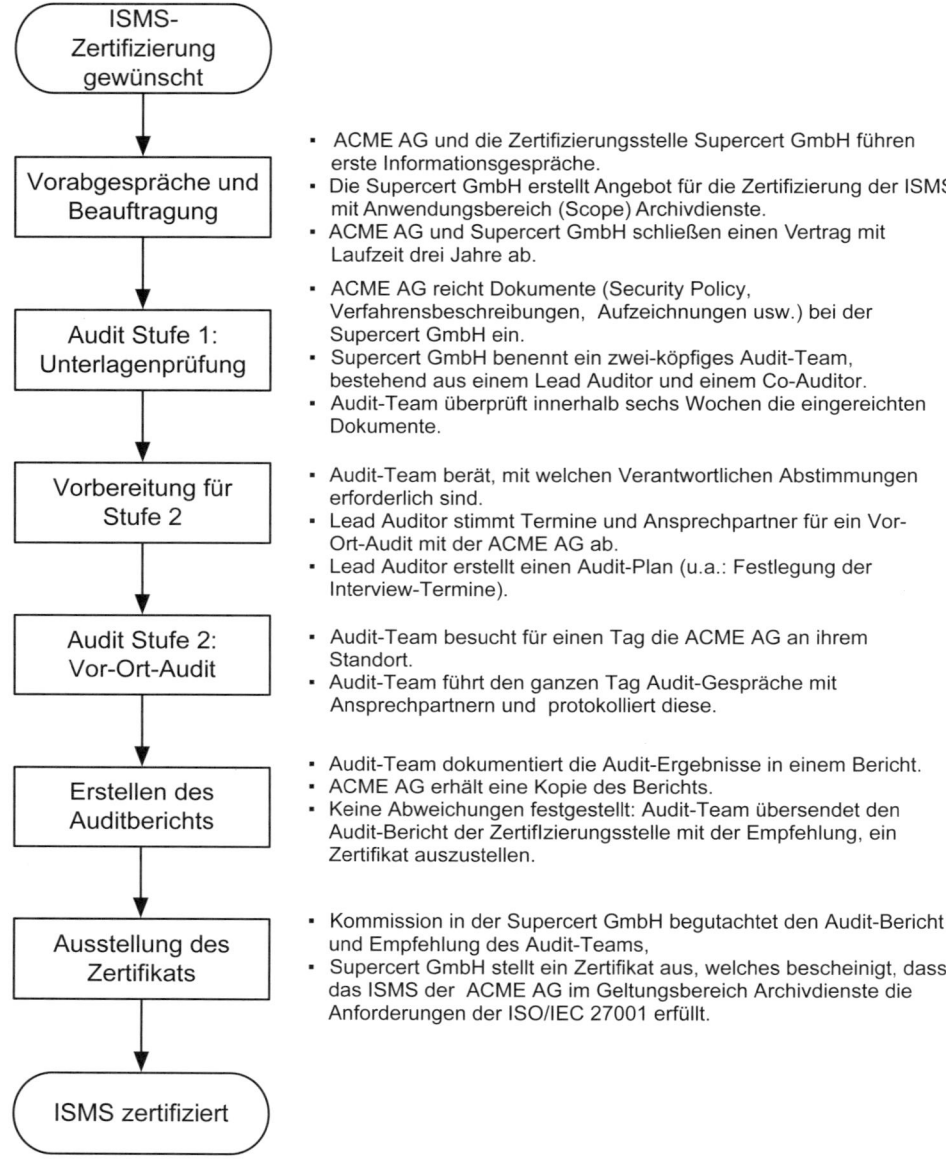

Abbildung 7.2 Beispielhafter Ablauf einer Zertifizierung

Auditoren verschiedene Vor-Ort-Überprüfungen und Interviews durch, um sicherzustellen, dass die Organisation tatsächlich nach den eigenen Richtlinien und Prozessen agiert, das ISMS also tatsächlich wirksam ist und „gelebt wird".

Allerdings sind weder der Audit-Ablauf noch die Form der Dokumentation von Auditergebnissen in den relevanten Normen (ISO/IEC 17021, ISO/IEC 27006 oder ISO 19011) sehr genau festgelegt. Jede Zertifizierungsstelle kann dies anders ausgestalten, so dass es im Detail zu Variationen im Ablauf und der Verwendung von Begriffen kommt. Der hier vorgestellte Ablauf und die Begriffe sind aber relativ typisch.

7.1.3   Auditumfang

Die Zertifizierung bezieht sich immer auf einen definierten Bereich, der bei der Beauftragung zwischen Auftraggeber und Zertifizierungsstelle vereinbart und folglich im Rahmen des Zertifizierungsaudits überprüft wird. Dieser Bereich (*scope*) entspricht naturgemäß dem Anwendungsbereich des zu zertifizierenden ISMS, welcher von der beauftragenden Organisation festgelegt und dokumentiert wurde (die Dokumentation des Anwendungsbereichs des ISMS ist eine explizite Anforderung in ISO/IEC 27001, Abschnitt 4.3).

Dieser Gültigkeitsbereich (z. B. „Archivdienste am Standort X") wird entsprechend auch auf dem Zertifikat vermerkt. Ist man selbst in der Rolle des Kunden, den interessiert, ob ein Dienstleister in der Lage ist, für bestimmte Dienste oder Geschäftsbereiche ein effektives Informationssicherheitsmanagement zu leisten, so lohnt sich durchaus ein genauerer Blick auf das Zertifikat.[2]

7.1.4   Akzeptanz und Gültigkeit des Zertifikats

Durch die Akkreditierung der Zertifizierungsstellen (vgl. Kapitel 7.1.1.2) ist die weltweite Anerkennung einer ISO/IEC 27001-Zertifizierung sichergestellt.

Ein ausgestelltes Zertifikat hat eine Gültigkeit von maximal drei Jahren. In aller Regel führt während dieser Zeit die Zertifizierungsstelle (mindestens) jährlich ein Überwachungsaudit durch. Nach spätestens drei Jahren muss eine komplette Rezertifizierung mit einem Wiederholungsaudit (meist mit einer entfallenden oder reduzierten Phase 1) erfolgen.

7.1.5   Aufwände und Kosten für Zertifizierungen

Die Zertifizierungsstellen stehen miteinander im Wettbewerb, der entsprechend auch über die Preise für die Dienstleistungen rund um die Zertifizierung ausgetragen wird. Der entscheidende Kostenfaktor ist die Auditierung durch einen oder mehrere ausgebildete Auditoren. Die Tagessätze der Auditoren werden normalerweise durch die Zertifizierungsstelle an den beauftragenden Kunden verrechnet und sowohl auf die Auditplanung, die eigentliche Auditdurchführung (in der Regel vor Ort) und die Berichterstellung angewendet. Dazu kommen beispielsweise Reisekosten und Kosten für die Ausstellung und den Druck der Zertifikate.

Damit Zertifizierungsstellen nicht über eine geringere Auditdauer die Preise ihrer Mitbewerber unterbieten und eine gewisse Audittiefe erreicht wird, definiert ISO/IEC 27006 hierzu verbindliche Vorgaben. Bei einem Erst-Zertifizierungsaudit eines ISMS muss das Audit insgesamt (Stufe 1 und 2 zusammengenommen) fünf Auditorentage in Anspruch nehmen. Auditieren zwei Auditoren gemeinsam, kann sich die Gesamtdauer des Audits ent-

---

[2]   Viele Dienstleister bieten den Download einer eingescannten Kopie ihres Zertifikats auf ihren Webseiten an.

sprechend auf 2,5 Tage reduzieren – allerdings nur, wenn die Audittätigkeiten parallelisiert werden. Außerdem gilt die Zahl von fünf Auditorentagen nur für Organisationen, in deren Geltungsbereich des ISMS höchstens zehn Personen in Vollzeit beschäftigt sind. Dabei ist unerheblich, ob es sich um angestellte oder freiberufliche bzw. externe Mitarbeiter handelt, solange sie Tätigkeiten durchführen, die der Kontrolle der Organisation unterliegen. Sind es mehr als zehn Personen, erhöht sich auch die Auditorenzeit – beispielsweise auf sieben Auditorentage bei bis zu 25 Mitarbeitern, zehn Auditorentage bei bis zu 65 Mitarbeitern, zwölf Auditorentage bei bis zu 125 Mitarbeitern, 15 Auditorentage bei bis zu 425 Mitarbeitern oder 21 Auditorentage bei bis zu 2.025 Mitarbeitern. Eine vollständige tabellarische Übersicht aller Werte findet man in ISO/IEC 27006, Anhang B.

Der so ermittelte Referenzwert für die erforderlichen Auditorentage kann in der Praxis durch komplexitätserhöhende oder -reduzierende Faktoren entsprechend nach oben oder unten angepasst werden. Eine hohe Anzahl gleichartiger Tätigkeiten in der Organisation kann zum Beispiel ein Faktor sein, der die Auditdauer verringert. Der für das Erst-Zertifizierungsaudit festgelegte Wert ist sehr wichtig, da er sich auch auf die künftigen Überwachungsaudits und das Wiederholungsaudit nach drei Jahren auswirkt. Für ein Überwachungsaudit gilt ein Drittel des Werts für das ursprüngliche Zertifizierungsaudit, für das Wiederholungsaudit gelten zwei Drittel – immer unter der Voraussetzung, dass sich die Berechnungsgrundlage (Anzahl der Mitarbeiter) inzwischen nicht verändert hat.

■ 7.2   Personenqualifizierung auf Basis von ISO/IEC 27000

Im Rahmen der Einführung eines ISMS in einer Organisation ist in der Regel auch eine Weiterqualifizierung des Personals notwendig, damit es die verschiedenen Rollen im Rahmen des Managementsystems übernehmen und die entsprechenden Aufgaben kompetent ausführen kann. Von verschiedenen Stellen wurden Ausbildungsprogramme geschaffen, die entsprechende Grundkompetenzen im Bereich des Managements von Informationssicherheit vermitteln sollen.

7.2.1   Programme zur Ausbildung und Zertifizierung von Personal

Qualifizierungsprogramme für ISO/IEC 27000 umfassen ein Curriculum, welches das zu vermittelnde Wissen und Kompetenzen auf verschiedene Kurse bzw. Trainingsmodule aufteilt. Mehrere dieser Programme bieten dabei auch die Möglichkeit, sich erworbene Kenntnisse und Fähigkeiten, nach Bestehen einer Prüfung, mit einem Zertifikat bestätigen zu lassen.

Die Qualifizierungsprogramme werden hierbei meist von *Examination Institutes* festgelegt. *Examination Institutes* sind die Stellen, welche diese Prüfungen abnehmen und die Zertifikate ausstellen – und in der Regel unabhängig von den zugelassenen Trainingsor-

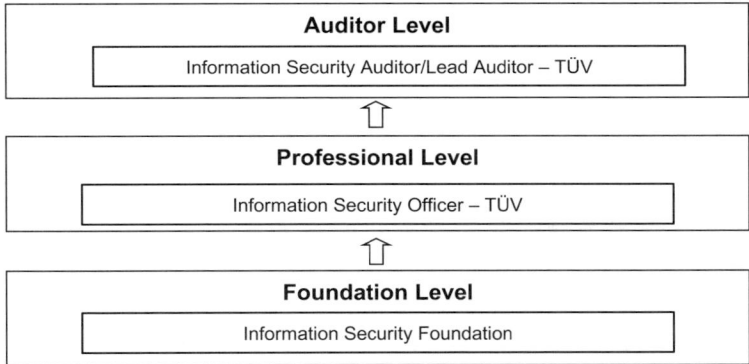

Abbildung 7.3 Qualifizierungsprogramm der TÜV Süd Akademie

ganisationen[3] arbeiten, welche die entsprechenden Schulungen durchführen. Durch diese Trennung soll eine objektivere Kompetenzüberprüfung gewährleistet werden, als dies der Fall bei von Trainingsorganisationen selbst festgelegten und durchgeführten Prüfungen wäre.

Bei einigen der in Kapitel 6 diskutierten Rahmenwerken nutzen die Herausgeber die Namensrechte oder sonstige Rechte an geistigem Eigentum, um passende Qualifizierungsprogramme zu steuern oder ggf. auch zu lizenzieren. ISO und IEC machen aber keine Vorgaben zur Ausbildung im Bereich Informationssicherheitsmanagement nach ISO/IEC 27000. Entsprechend gibt es eine Reihe von Ausbildungs- und Zertifizierungsprogrammen, die eine meist *Foundation* genannte Grundlagenschulung vorsehen und in Umfang und Anspruch sehr ähnlich geartet sind. Im Folgenden werden die wichtigsten der im deutschsprachigen Raum vertretenen Programme kurz vorgestellt.

7.2.1.1   TÜV Süd: Qualifizierungsprogramm nach ISO/IEC 27000

Das Qualifizierungsprogramm des TÜV Süd, an dessen Ausgestaltung die Autoren dieses Buches mitgewirkt haben, war nicht das erste ISO/IEC 27000-orientierte Ausbildungs- und Zertifizierungsprogramm, aber das erste, für das Schulungsunterlagen und Prüfungen auf Deutsch entwickelt wurden. Es wurde 2010 unter der Verantwortung der TÜV Süd Akademie entwickelt und wird seitdem auch von dieser betrieben. Abbildung 7.3 zeigt das Qualifizierungsschema, das aus unterschiedlichen Ausbildungsmodulen in drei Ebenen besteht.

Das Fundament stellt dabei die Grundlagenschulung (ISMS Foundation) dar, die in der Regel über zwei Schulungstage geht. Der erfolgreiche Erwerb des Foundation-Zertifikats nach Bestehen einer Prüfung mit 40 Multiple-Choice-Fragen bietet die Möglichkeit, weiter die höherwertige, fünftägige *Information Security Officer - TÜV*-Schulung zu besuchen. Das *Information Security Officer*-Zertifikat wiederum ermöglicht den Besuch der Schulung *Information Security Auditor/Lead Auditor - TÜV* und den Erwerb, erfolgreiche Teilnahme an der Prüfung vorausgesetzt, des entsprechenden Zertifikats.

---

[3]   Diese Trainingspartner der *Examination Institutes* werden oft in diesem Zusammenhang als *Accredited Training Organizations* (ATOs) bezeichnet, auch wenn es sich in der Regel hierbei um keine Akkreditierung im gleichen Sinne, wie in Kapitel 7.1.1.2 diskutiert, handelt.

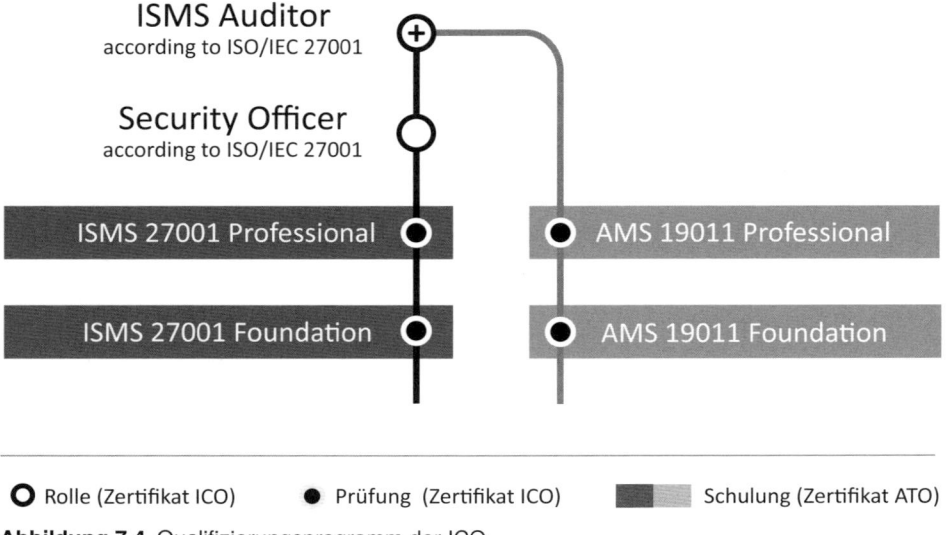

O Rolle (Zertifikat ICO)   ● Prüfung (Zertifikat ICO)   Schulung (Zertifikat ATO)

Abbildung 7.4 Qualifizierungsprogramm der ICO

7.2.1.2   APMG: ISO/IEC 27001 Certification

Das älteste, noch aktive Programm kommt von der APMG, welches aus einer i.d.R. ebenfalls zweitägigen Foundation-Schulung und einer darauf aufbauenden, dreitägigen *Practitioner*-Schulung besteht [APM14]. Für das von der APMG herausgegebene Foundation-Zertifikat müssen mindestens 50% der Punkte in einer 50 Fragen umfassenden Multiple-Choice-Prüfung erreicht werden.

7.2.1.3   ICO: Ausbildungsschema ISMS nach ISO/IEC 27000

Am neuesten ist das in Abbildung 7.4 dargestellte Ausbildungsprogramm der ICO (*International Certification Organization*) im Bereich ISO/IEC 27000, an dem mehrere Autoren dieses Buches mitwirken. Auch dieses Schema [ICO17] sieht eine zweitägige Foundation-Schulung als Einstieg vor, welche mit einer Multiple-Choice-Prüfung abgeschlossen wird. Im Gegensatz zu den vom TÜV Süd angebotenen Prüfungen kann bei den 30 Fragen dieser Foundation-Prüfung allerdings jeweils mehr als eine Antwortmöglichkeit richtig sein. Auf der Foundation baut auch in diesem Ausbildungsschema wieder eine fünftägige *Professional*-Schulung auf, die mit dem Rollenzertifikat ICO ISMS Security Manager nach ISO/IEC 27001abgeschlossen wird.

ICO unterscheidet zwischen Prüfungs- und Rollenzertifikaten. So ist beispielsweise kein Schulungsmodul und keine Prüfung für *ISMS Auditor* vorgesehen – man erhält dieses Zertifikat aber durch die Kombination des automatisch bei erfolgreichem Abschluss der Professional-Prüfung vergebenen Rollenzertifikats *ICO ISMS Security Manager* mit dem Prüfungszertifikat *AMS 19011 Professional* einer allgemeinen Auditoren-Ausbildung.

7.2.2 Das Foundation-Zertifikat des TÜV Süd

Im Folgenden wird noch einmal speziell auf die Foundation-Prüfung des TÜV Süd eingegangen. Die Ausführungen gelten in weiten Teilen auch für die Foundation-Prüfungen der anderen Qualifizierungsprogramme (vgl Kapitel 7.2.1). Es handelt sich in allen Fällen um eine maximal einstündige Multiple-Choice-Prüfung zu Grundlagen der ISO/IEC 27001. Allerdings unterscheiden sich die verschiedenen Prüfungsspezifikationen in vielen Details (genaue Lernziele, Anzahl Fragen, Fragenformat, Bestehensgrenzen) dann doch.

Mit einem Foundation-Zertifikat weist sein Inhaber nach, dass er die grundlegenden Prinzipien und Konzepte im Zusammenhang mit einem ISMS nach ISO/IEC 27001 versteht. Welche Kenntnisse das genau sind, wurde von der TÜV Süd Akademie unter Einbeziehung eines Expertenkomitees in einer Prüfungsspezifikation festgelegt [TÜV14].

7.2.2.1 Prüfungsspezifikation

Die Prüfung für das Foundation-Zertifikat des TÜV Süd besteht aus 40 Multiple-Choice-Fragen, welche sich auf die verschiedenen relevanten Themengebiete entsprechend einer festgelegten Prüfungsspezifikation aufteilen. Zu jeder Frage gibt es vier Antwortmöglichkeiten, von denen genau eine richtig ist. Die Prüfung gilt als bestanden, wenn 65% der möglichen Punkte erreicht werden bzw. mindestens 26 von 40 Fragen richtig beantwortet wurden. Die Prüfungszeit beträgt 60 Minuten.

Die folgende Spezifikation entspricht inhaltlich und strukturell der offiziellen Prüfungsspezifikation des TÜV Süd. Zum besseren Verständnis und zur besseren Lesbarkeit wurden einige Lernziele leicht verkürzt und umformuliert.

1. Der Teilnehmer versteht die Definitionen und Grundsätze des Managements der Informationssicherheit. Dies umfasst:
   - Grundbegriffe (wie z. B. „Managementsystem", „Risiko", ...)
   - Teilaspekte der Informationssicherheit
   - Risikomanagement
   - Kontinuierliche Verbesserung

2. Der Teilnehmer versteht die Stellung der Norm ISO/IEC 27001 im Rahmen des Informationssicherheitsmanagements. Dies umfasst:
   - Verwandte Standards und Rahmenwerke
   - Begriffe der Zertifizierungspraxis
   - Ziele und Aufbau der ISO/IEC 27000-Reihe

3. Der Teilnehmer versteht die Konzepte und Inhalte des Informationssicherheitsmanagements gemäß ISO/IEC 27001. Dies umfasst die Anforderungen aus ISO/IEC 27001 hinsichtlich:
   - Aufbau, Umsetzung und Dokumentation eines ISMS
   - Umgang mit Risiken (Risikomanagement)
   - Überwachung und Verbesserung des ISMS
   - Schulung, Sicherheitsbewusstsein und Sicherheitskompetenz

4. Der Teilnehmer versteht die Struktur des Anhangs A der ISO/IEC 27001 und kennt die Maßnahmenziele im Überblick, also unter anderem die grundlegenden Inhalte der Maßnahmenziele ...

- zur internen Organisation des ISMS
- zur Personalsicherheit
- zur Verwaltung der Werte
- zur Handhabung von Informationssicherheitsvorfällen

7.2.2.2 Vorbereitung auf die Foundation-Prüfung

Das vorliegende Buch wurde geschrieben, um dem Leser die wichtigsten Grundlagen aus dem Themenbereich Informationssicherheitsmanagement gemäß ISO/IEC 27000 zu vermitteln. Es ist dabei in der Breite der Themen sowie in der Tiefe der Darstellung auf die Foundation-Zertifizierungsprüfung abgestimmt. Somit kann es entweder zur selbständigen Vorbereitung auf eine solche Prüfung oder als kursbegleitende Lektüre und Nachschlagewerk im Rahmen einer ISO/IEC 27000 Grundlagenschulung[4] eingesetzt werden.

Die Autoren dieses Buches sind Dozenten in den Bereichen IT- und Informationssicherheit, haben aber auch selbst zahlreiche Zertifizierungsprüfungen, darunter auch die Prüfung ISO/IEC 27000 Foundation, absolviert. Basierend auf den Erfahrungen mit solchen Prüfungen ist der folgende kurze *Leitfaden zur Prüfungsvorbereitung* entstanden:

Schritte zur Vorbereitung auf die Prüfungsinhalte

1. Besuch einer Schulung und/oder Lesen dieses Buchs.
2. Eventuell Herausschreiben der wichtigsten Inhalte in komprimierter Form – mit Verweis auf das jeweilige Kapitel im Buch bzw. den Abschnitt im Standard.
3. Lernen der Begriffsdefinitionen (insbesondere die in ISO/IEC 27000 definierten Begriffe, siehe Anhang A).
4. Vertiefung besonders wichtiger und zentraler Inhalte (ohne Anspruch auf Vollständigkeit):
   - Allgemeine Anforderungen an ein ISMS, also die Abschnitte 4 bis 10 der ISO/IEC 27001, siehe Kapitel 4.
   - Die 14 Themengebiete des Anhang A (A.5 bis A.18) und die damit jeweils verbundenen Maßnahmenziele, siehe Kapitel 5.
   - Zusammenhang zwischen ISO/IEC 27000 und anderen Standards und Rahmenwerken, siehe Kapitel 6.
5. Vorbereiten anhand der Muster-Prüfungsfragen in diesem Buch.

Prüfungstaktische Hinweise

- Es gibt keine „Muster" in den Antworten, d. h. es ist ohne Weiteres möglich, dass mehrmals hintereinander die gleiche Antwort richtig ist oder die Verteilung der korrekten Antworten auf die Optionen A, B, C und D in einer Prüfung aus 40 Fragen insgesamt ungleichmäßig ist. Dies hängt damit zusammen, dass die Fragen und Antwortkonstellationen zumeist aus einer Fragendatenbank automatisch generiert werden.
- Beantworten Sie jede Frage!

---

[4] Der offizielle Titel der Grundlagenschulung lautet: Foundation in Information Security Systems (ISMS) according to ISO/IEC 27001.

- Falls Sie unsicher sind: Gehen Sie eventuell nach dem Ausschlussprinzip vor – streichen Sie also zunächst Antworten, bei denen Sie sicher sind, dass sie falsch sind.
- Achten Sie auf Verneinungen in der Fragestellung, wie z. B.: „Was ist *keine* Anforderung...?", „Was gehört *nicht* zu den sieben Teilaspekten der Informationssicherheit...?" usw. Markieren Sie die entsprechenden Wörter im Prüfungsfragebogen z. B. mit einem Textmarker, um sie auch beim zweiten Durchsehen der Frage nicht zu übersehen und eine falsche Antwort zu geben.
- Nehmen Sie sich im Rahmen der Prüfungszeit genügend Zeit, um Ihre Antworten sorgfältig in den Antwortbogen zu übertragen.[5] Achten Sie beim Übertrag auf den Antwortbogen auf die jeweilige Fragennummer.

Im nachfolgenden Anhang C.2 (beginnend ab Seite 238) finden Sie 40 exemplarische Prüfungsfragen. Dies entspricht exakt dem Umfang der Prüfung.

■ 7.3 Zusammenfassung

Bezüglich der Zertifizierung muss zwischen Organisationen und Personen unterschieden werden. Organisationen können sich ihr ISMS zertifizieren lassen. Hierfür wird ein externes, von einer akkreditierten Zertifizierungsstelle beauftragtes Audit durchgeführt. Umfang und der Inhalt dieses Audits hängen dabei maßgeblich vom Anwendungsbereich des Managementsystems und der Erklärung zur Anwendbarkeit des Standards ab. Derartige Zertifizierungsaudits müssen im Allgemeinen sehr gründlich vorbereitet werden; durch ein Vor-Audit können böse Überraschungen im „Ernstfall" vermieden werden. Das Audit selbst basiert zum einen auf der Überprüfung von Dokumenten und Aufzeichnungen, maßgeblich aber auch Vor-Ort-Audittätigkeiten, insbesondere Auditgespräche bzw. -interviews. Das Zertifikat für die Organisation ist maximal drei Jahre gültig; zudem werden jährliche Überwachungsaudits durchgeführt.

Die Zertifizierung von Personen dient dazu, dass Individuen bestimmte Rollen im Rahmen eines ISMS übernehmen und die damit verbundenen Aufgaben effektiv ausführen können. Die in diesem Buch enthaltenen Prüfungsfragen basieren auf der Grundlagenschulung *ISMS Foundation* der TÜV Süd Akademie. Eine *ISMS Foundation* oder *ISO/IEC 27001 Foundation* existiert aber auch in anderen ISMS-Qualifizierungsprogrammen und ist dort meistens in Umfang, Prüfungsstoff und Prüfungsformat sehr ähnlich gestaltet.

---

[5] In der Regel erhalten Sie einen mehrseitigen Fragebogen mit den Multiple-Choice-Prüfungsfragen sowie einen einseitigen Antwortbogen, der eine Tabelle enthält, in der Sie für jede Frage die Spalte der aus Ihrer Sicht korrekten Antwort ankreuzen – also A, B, C oder D.

■ 7.4   Beispiele für Prüfungsfragen zu diesem Kapitel

Nachfolgend finden Sie Beispiele für Prüfungsfragen, die sich thematisch mit den in diesem Kapitel erlernten Inhalten auseinandersetzen. Die richtigen Antworten inklusive Erläuterungen und Verweisen befinden sich in Anhang C.1 ab Seite 237.

Prüfungsfrage 7.39:
Welche Arten der Zertifizierung sieht ISO/IEC 27000 vor?

A)   Organisations- und Personenzertifizierung.

B)   ISO/IEC 27000 ist rein normativ und sieht keine Zertifizierungen vor.

C)   Zertifizierungen von Server-Hardware.

D)   Zertifizierung von Software-Produkten.

Prüfungsfrage 7.40:
Welcher Schritt gehört *nicht* zu einem typischen Ablauf eines Zertifizierungsaudits nach ISO/IEC 27001?

A)   Unterlagenprüfung

B)   Personenzertifizierung des Managements

C)   Vor-Ort-Audit

D)   Erstellung und Bewertung eines Auditberichts

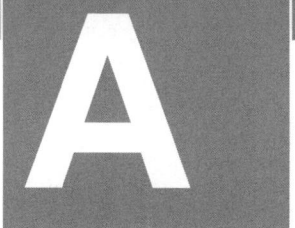

A Begriffsbildung nach ISO/IEC 27000

Der Entwurf E DIN ISO/IEC 27000:2019-08 definiert insgesamt 77 Begriffe, die nachfolgend ebenfalls im Wortlaut der deutschen Übersetzung der ISO/IEC 27000 abgedruckt sind.

Zitat aus ISO/IEC 27000:
3.1 Zugangssteuerung
(en: access control)
Mittel um sicherzustellen, dass der Zugang zu Werten aufgrund von Geschäfts- und Sicherheitsanforderungen (3.56) befugt und eingeschränkt ist ∎

Zitat aus ISO/IEC 27000:
3.2 Angriff
(en: attack)
Versuch einen Wert zu zerstören, aufzudecken, zu verändern, außer Funktion zu nehmen, zu stehlen, zu diesem unbefugten Zugang zu erhalten oder diesen unbefugt zu verwenden ∎

Zitat aus ISO/IEC 27000:
3.3 Audit
(en: audit)
systematischer, unabhängiger und dokumentierter **Prozess** (3.54) zum Erlangen von Auditnachweisen und zu deren objektiver Auswertung, um zu bestimmen, inwieweit die Auditkriterien erfüllt sind
Anmerkung 1 zum Begriff: Ein Audit kann ein internes (Erstparteien-Audit) oder ein externes (Zweitparteien- oder Drittparteien-Audit) Audit sein und es kann ein kombiniertes Audit sein (Verbindung zweier oder mehrerer Disziplinen).
Anmerkung 2 zum Begriff: „Auditnachweise" und „Auditkriterien" sind in ISO 19011 definiert. ∎

Zitat aus ISO/IEC 27000:
3.4 Auditumfang
(en: audit scope)
Ausmaß und Grenzen eines **Audits** (3.3) ∎

Zitat aus ISO/IEC 27000:
3.5 Authentisierung
(en: authentication)
Sicherstellung, dass die von einer Entität behaupteten Eigenschaften richtig sind

Zitat aus ISO/IEC 27000:
3.6 Authentizität
(en: authenticity)
Eigenschaft, dass eine Entität das ist, was sie angibt zu sein

Zitat aus ISO/IEC 27000:
3.7 Verfügbarkeit
(en: availability)
Eigenschaft zugänglich und nutzbar zu sein, wenn eine befugte Entität Bedarf hat

Zitat aus ISO/IEC 27000:
3.8 Elementarmessgröße
(en: base measure)
Messgröße (3.42), die mittels eines Attributs und der Methode ihrer Quantifizierung definiert ist
Anmerkung 1 zum Begriff: Eine Elementarmessgröße ist funktional unabhängig von anderen **Messgrößen** (3.42)
[QUELLE: ISO/IEC 15939:2007,2.2, modifiziert — Anmerkung 2 zum Begriff wurde gestrichen]

Zitat aus ISO/IEC 27000:
3.9 Kompetenz
(en: competence)
Fähigkeit, Wissen und Fertigkeiten anzuwenden, um beabsichtigte Ergebnisse zu erzielen

Zitat aus ISO/IEC 27000:
3.10 Vertraulichkeit
(en: confidentiality)
Eigenschaft, dass Information unbefugten Personen, Entitäten oder **Prozessen** (3.54) nicht verfügbar gemacht oder offengelegt wird

Zitat aus ISO/IEC 27000:
3.11 Konformität
(en: conformity)
Erfüllung einer **Anforderung** (3.56)

 Zitat aus ISO/IEC 27000:
3.12 Folge
(en: consequence)
Ergebnis eines **Ereignisses** (3.21), welches **Ziele** (3.49) beeinflusst
Anmerkung 1 zum Begriff: Ein Ereignis kann eine Reihe von Folgen haben.
Anmerkung 2 zum Begriff: Eine Folge kann gewiss oder ungewiss sein und ist im Kontext von Informationssicherheit in der Regel negativ.
Anmerkung 3 zum Begriff: Folgen kann man qualitativ oder quantitativ beschreiben.
Anmerkung 4 zum Begriff: Ursprüngliche Folgen können sich durch Dominoeffekte verstärken
[QUELLE: ISO Guide 73:2009, 3.6.1.3, modifiziert - Anmerkung 2 zum Begriff wurde nach dem „und" geändert]

 Zitat aus ISO/IEC 27000:
3.13 fortlaufende Verbesserung
(en: continual improvement)
wiederkehrende Tätigkeit zum Steigern der **Leistung** (3.52)

 Zitat aus ISO/IEC 27000:
3.14 Maßnahme
(en: control)
Mittel zur Veränderung von **Risiken** (3.61)
Anmerkung 1 zum Begriff: Maßnahmen umfassen Prozesse, Richtlinien, Geräte, Methoden oder anderweitige Handlungen, die **Risiken** (3.61) verändern.
Anmerkung 2 zum Begriff: Maßnahmen haben nicht immer den erwünschten oder angenommenen Veränderungseffekt.
[QUELLE: ISO Guide 73:2009, 3.8.1.1, modifiziert - Anmerkung 2 zum Begriff wurde geändert]

 Zitat aus ISO/IEC 27000:
3.15 Maßnahmenziel
(en: control objective)
Beschreibung dessen, was als Ergebnis umgesetzter **Maßnahmen** (3.14) erzielt werden soll

Zitat aus ISO/IEC 27000:
3.16 Korrektur
(en: correction)
Maßnahme zum Beseitigen einer erkannten **Nichtkonformität** (3.47)

Zitat aus ISO/IEC 27000:
3.17 Korrekturmaßnahme
(en: corrective action)
Maßnahme zum Beseitigen der Ursache einer **Nichtkonformität** (3.47) und zum Verhindern des erneuten Auftretens

Zitat aus ISO/IEC 27000:
3.18 abgeleitete Messgröße
(en: derrived measure)
Messgröße (3.42), die als Funktion von zwei oder mehr Werten von **Elementarmessgrößen** (3.8) definiert ist
[QUELLE: ISO/IEC 15939:2007, 2.8, modifiziert - Anmerkung 1 zum Begriff wurde gestrichen]

Zitat aus ISO/IEC 27000:
3.19 dokumentierte Information
(en: documented information)
Information, die von einer **Organisation** (3.50) gelenkt und aufrechterhalten werden muss, und das Medium, auf dem sie enthalten ist
Anmerkung 1 zum Begriff: Dokumentierte Information kann in jeglichem Format oder Medium vorliegen, sowie aus jeglicher Quelle stammen.
Anmerkung 2 zum Begriff: Dokumentierte Information kann sich beziehen auf:

- das **Managementsystem** (3.41), einschließlich damit verbundener **Prozesse** (3.54);

- Information, die für den Betrieb der **Organisation** (3.50) geschaffen wurden (Dokumentation);

- Nachweise erreichter Ergebnisse (Aufzeichnungen).

Zitat aus ISO/IEC 27000:
3.20 Wirksamkeit
(en: effectiveness)
Ausmaß, in dem geplante Tätigkeiten verwirklicht und geplante Ergebnisse erreicht werden

Zitat aus ISO/IEC 27000:
3.21 Ereignis
(en: event)

Auftreten oder Veränderung einer bestimmten Menge von Umständen

Anmerkung 1 zum Begriff: Ein Ereignis kann aus einem oder mehreren Vorkommnissen bestehen und verschiedene Gründe haben.

Anmerkung 2 zum Begriff: Ein Ereignis kann darin bestehen, dass etwas nicht passiert,

Anmerkung 3 zum Begriff: Ein Ereignis wird manchmal „Vorfall" oder „Zwischenfall" genannt.

[QUELLE: ISO Guide 73:2009, 3.5.1.3, modifiziert - Anmerkung 4 zum Begriff wurde gestrichen]

Zitat aus ISO/IEC 27000:
3.22 externer Kontext
(en: external context)

externes Umfeld, in dem die **Organisation** (3.50) versucht ihre **Ziele** (3.49) zu erreichen

[ISO Guide 73:2009]

Anmerkung 1 zum Begriff: Der externe Kontext kann beinhalten:

- die kulturelle, soziale, politische, gesetzliche, regulatorische, finanzielle, technologische, ökonomische, natürliche und wettbewerbliche Umgebung, die internationalen, nationalen, regionalen oder lokalen Charakter haben kann;

- wesentliche Treiber und Trends, die sich auf die **Ziele** (3.49) der **Organisation** (3.50) auswirken; und

- Beziehungen zu externen **Stakeholdern** (3.37)[1] sowie deren Auffassungen und Werte.

[QUELLE: ISO Guide 73:2009, 3.3.1.1]

Zitat aus ISO/IEC 27000:
3.23 Steuerung der Informationssicherheit
(en: governance of information security)

System, mittels dessen die Tätigkeiten einer **Organisation** (3.50), die auf Informationssicherheit (3.28) bezogen sind, geführt und überwacht werden

Zitat aus ISO/IEC 27000:
3.24 Steuerungsgremium
(en: governing body)

Person oder Personengruppe, welche die rechtliche Verantwortung für die **Leistung** (3.52) und Konformität der **Organisation** (3.50) trägt

Anmerkung 1 zum Begriff: Das Steuerungsgremium kann in einigen Rechtssystemen der Aufsichtsrat, der Verwaltungsrat oder der Vorstand sein.

Zitat aus ISO/IEC 27000:
3.25 Indikator
(en: indicator)
Messgröße (3.42), die eine Einschätzung oder Bewertung liefert

Zitat aus ISO/IEC 27000:
3.26 Informationsbedarf
(en: information need)
Verständnis, das erforderlich ist, um **Ziele** (3.49), Risiken oder Probleme zu handhaben
[QUELLE: ISO/IEC 15939:2007, 3.12]

Zitat aus ISO/IEC 27000:
3.27 informationsverarbeitende Einrichtungen
(en: information processing facilities)
jedes informationsverarbeitende System, jeder informationsverarbeitende Dienst oder jede informationsverarbeitende Infrastruktur oder der physische Standort, der diese beherbergt

Zitat aus ISO/IEC 27000:
3.28 Informationssicherheit
(en: information security)
Aufrechterhaltung der **Vertraulichkeit** (3.10), **Integrität** (3.36) und **Verfügbarkeit** (3.7) von Information
Anmerkung 1 zum Begriff: Zusätzlich können auch andere Eigenschaften wie **Authentizität** (3.6), Zurechenbarkeit, **Nichtabstreitbarkeit** (3.48) und **Verlässlichkeit** (3.55) einbezogen werden.

Zitat aus ISO/IEC 27000:
3.29 Aufrechterhaltung der Informationssicherheit
(en: information security continuity)
Prozesse (3.54) und Verfahren zur Sicherstellung, dass Tätigkeiten beständig durchgeführt werden, welche die **Informationssicherheit** (3.28) fördern

Zitat aus ISO/IEC 27000:
3.30 Informationssicherheitsereignis
(en: information security event)
erkanntes Auftreten eines Zustands eines Systems, Dienstes oder Netzwerks, der eine mögliche Verletzung der **Informationssicherheitspolitik** (3.53) oder die Unwirksamkeit von **Maßnahmen** (3.14) oder eine vorher nicht bekannte Situation, die sicherheitsrelevant sein kann, anzeigt

Zitat aus ISO/IEC 27000:
3.31 Informationssicherheitsvorfall
(en: information security incident)

einzelnes ungewolltes oder unerwartetes **Informationssicherheitsereignis** (3.30) die
eine erhebliche Wahrscheinlichkeit besitzen Geschäftstätigkeiten zu gefährden und
die **Informationssicherheit** (3.28) zu bedrohen

Zitat aus ISO/IEC 27000:
3.32 Handhabung von Informationssicherheitsvorfällen
(en: information security incident management)
Prozesse (3.54) zum Entdecken von, Berichten über, Bewerten von, Reagieren auf,
Umgehen mit und Lernen aus **Informationssicherheitsvorfällen** (3.31)

Zitat aus ISO/IEC 27000:
3.33 Informationssicherheitsmanagementsystem Fachkraft
(en: information security management system professional)
Person, die einen oder mehrere **Informationssicherheitsprozesse** (3.54) einrichtet,
umsetzt, aufrecht erhält und fortlaufend verbessert.

Zitat aus ISO/IEC 27000:
3.34 informationsaustauschende Gemeinschaft
(en: information sharing community)
Gruppe von **Organisationen** (3.50), die sich darauf geeinigt haben Information miteinander zu teilen
Anmerkung 1 zum Begriff: Eine Organisation kann auch eine Einzelperson sein.

Zitat aus ISO/IEC 27000:
3.35 Informationssystem
(en: information system)
Anwendungen, Dienste, informationstechnische Werte oder andere informationsverarbeitende Komponenten

Zitat aus ISO/IEC 27000:
3.36 Integrität
(en: integrity)
Eigenschaft der Richtigkeit und Vollständigkeit

Zitat aus ISO/IEC 27000:
3.37 Interessierte Partei
(en: interested party)
Person oder **Organisation** (3.50), die eine Entscheidung oder Tätigkeit beeinflussen kann, die davon beeinflusst sein kann, oder die sich davon beeinflusst fühlen kann

Zitat aus ISO/IEC 27000:
3.38 interner Kontext
(en: internal context)
interne Umgebung, innerhalb derer die **Organisation** (3.50) versucht ihre Ziele zu erreichen
Anmerkung 1 zum Begriff: Der interne Kontext kann beinhalten:

- Steuerung durch die Unternehmensführung, die Organisationsstruktur, Rollen und Verantwortlichkeiten;

- **Richtlinien** (3.53), **Ziele** (3.49) und Strategien, die in Kraft sind mit dem Ziel sie einzuhalten beziehungsweise sie zu erreichen;

- das Potenzial in Form von Ressourcen und Wissen (zum Beispiel Kapital, Zeit, Menschen, **Prozesse** (3.54), Systeme und Technologien);

- **Informationssysteme** (3.35), Informationsflüsse und Prozesse zur Entscheidungsfindung (sowohl formell als auch informell);

- Beziehungen zu internen **interessierten Parteien** (3.37) sowie deren Auffassungen und Werte;

- die Organisationskultur;

- Standards, Leitfäden und Modelle, die von der Organisation übernommen worden sind; und

- Gestalt und Ausmaß vertraglicher Beziehungen.

[QUELLE: ISO Guide 73:2009, 3.3.1.2]

Zitat aus ISO/IEC 27000:
3.39 Risikoniveau
(en: level of risk)
Größe eines **Risikos** (3.61), das mittels einer Kombination von **Folgen** (3.12) und deren **Wahrscheinlichkeit** (3.40) ausgedrückt wird
[QUELLE: ISO Guide 73:2009, 3.6.1.8, modifiziert „oder Kombination von Risiken" wurde entfernt]

Zitat aus ISO/IEC 27000:
3.40 Wahrscheinlichkeit
(en: likelihood)
Möglichkeit, dass etwas passiert
[QUELLE: ISO Guide 73:2009, 3.6.1.1, modifiziert - Anmerkungen 1 und 2 zum Begriff wurden gestrichen]

Zitat aus ISO/IEC 27000:
3.41 Managementsystem
Satz zusammenhängender und sich gegenseitig beeinflussender Elemente einer **Organisation** (3.50), um **Politiken** (3.53), **Ziele** (3.49) und **Prozesse** (3.54) zum Erreichen dieser Ziele festzulegen
Anmerkung 1 zum Begriff: Ein Managementsystem kann eine oder mehrere Disziplinen behandeln.
Anmerkung 2 zum Begriff: Die Elemente des Systems beinhalten die Struktur der Organisation, Rollen und Verantwortlichkeiten, Planung, Betrieb, usw.
Anmerkung 3 zum Begriff: Der Anwendungsbereich eines Managementsystems kann die ganze Organisation, bestimmte Funktionen der Organisation, bestimmte Bereiche der Organisation oder eine oder mehrere Funktionen über eine Gruppe von Organisationen hinweg umfassen.

Zitat aus ISO/IEC 27000:
3.42 Messgröße
(en: measure)
Variable, der ein Wert als Ergebnis einer **Messung** (3.43) zugeordnet ist
[QUELLE: ISO/IEC 15939:2007, 3.15, modifiziert - Anmerkung 2 zum Begriff wurde gelöscht]

Zitat aus ISO/IEC 27000:
3.43 Messung
(en: measurement)
Prozess (3.54) zum Bestimmen eines Wertes

Zitat aus ISO/IEC 27000:
3.44 Messfunktion
(en: measurement function)
Algorithmus oder Berechnung, der bzw. die zwei oder mehr **Elementarmessgrößen** (3.8) kombiniert
[QUELLE: ISO/IEC 15939:2007, 3.20]

Zitat aus ISO/IEC 27000:
3.45 Messmethode
(en: measurement method)

Logische, generisch beschriebene Folge von Handlungen, die durchgeführt wird, um ein Attribut mit Bezug auf eine festgelegte Skala zu quantifizieren

Anmerkung 1 zum Begriff: Der Typ der Messmethode hängt von der Art der Handlungen ab, die durchgeführt werden, um ein Attribut zu quantifizieren. Zwei Typen lassen sich unterscheiden:

▪ Subjektiv: Quantifizierung, die menschliches Ermessen einbezieht;

▪ Objektiv: Quantifizierung, die auf numerischen Regeln basiert.

[QUELLE: ISO/IEC 15939:2007, 2.22, modifiziert - Anmerkung 2 zum Begriff wurde gestrichen]

Zitat aus ISO/IEC 27000:
3.46 Überwachung
(en: monitoring)

Bestimmung des Zustands eines Systems, eines **Prozesses** (3.54) oder einer Tätigkeit

Anmerkung 1 zum Begriff: Zum Bestimmen des Zustands kann es erforderlich sein zu prüfen, zu beaufsichtigen oder kritisch zu beobachten.

Zitat aus ISO/IEC 27000:
3.47 Nichtkonformität
(en: nonconformity)

Nichterfüllung einer **Anforderung** (3.56)

Zitat aus ISO/IEC 27000:
3.48 Nichtabstreitbarkeit

Fähigkeit, das Eintreten eines behaupteten **Ereignisses** (3.21) oder einer behaupteten Handlung samt ihren ursächlichen Entitäten nachzuweisen

Zitat aus ISO/IEC 27000:
3.49 Ziel
(en: objective)

zu erreichendes Ergebnis

Anmerkung 1 zum Begriff: Ein Ziel kann strategisch, taktisch oder operativ sein.

Anmerkung 2 zum Begriff: Ziele können sich auf verschiedene Disziplinen beziehen (z.B. finanzielle, gesundheits- und sicherheitsbezogene sowie umweltbezogene Ziele) und für verschiedene Ebenen gelten (z.B. strategische, organisationsweite, Projekt, Produkt und **Prozess** (3.54)).

Anmerkung 3 zum Begriff: Ein Ziel kann auf andere Weise ausgedrückt werden, z.B. als beabsichtigtes Ergebnis, als Zweck, als betriebliches Kriterium, als Informationssicherheitsziel oder durch andere Wörter mit ähnlicher Bedeutung (en: aim, goal, target).

Anmerkung 4 zum Begriff: Im Kontext von Informationssicherheitsmanagementsystemen werden Informationssicherheitsziele von Organisationen im Einklang mit ihrer Informationssicherheitspolitik gesetzt, um bestimmte Ergebnisse zu erreichen. ∎

Zitat aus ISO/IEC 27000:
3.50 Organisation
(en: organization)

Person oder Personengruppe, die eigene Funktionen mit Verantwortlichkeiten, Befugnissen und Beziehungen hat, um ihre **Ziele** (3.49) zu erreichen

Anmerkung zum Begriff: Der Begriff Organisation umfasst unter anderem Einzelunternehmer, Gesellschaft, Konzern, Firma, Unternehmen, Behörde, Handelsgesellschaft, Wohltätigkeitsorganisation, Institution, oder Teile oder eine Kombination der genannten, ob eingetragen oder nicht, öffentlich oder privat. ∎

Zitat aus ISO/IEC 27000:
3.51 ausgliedern (Verb)
(en: outsource, verb)

eine Vereinbarung treffen, bei der eine externe **Organisation** (3.50) einen Teil einer Funktion oder eines **Prozesses** (3.54) einer **Organisation** (3.50) wahrnimmt bzw. durchführt

Anmerkung 1 zum Begriff: Eine externe Organisation befindet sich außerhalb des Anwendungsbereichs eines **Managementsystems** (3.41), obwohl die ausgegliederte Funktion oder der ausgegliederte **Prozess** (3.54) im Rahmen des Anwendungsbereichs liegen. ∎

Zitat aus ISO/IEC 27000:
3.52 Leistung
(en: performance)

messbares Ergebnis

Anmerkung 1 zum Begriff: Leistung kann sich entweder auf quantitative oder qualitative Feststellungen beziehen.

Anmerkung 2 zum Begriff: Leistung kann sich auf das Führen und Steuern von Tätigkeiten, **Prozessen** (3.54), Produkten (einschließlich Dienstleistungen), Systemen oder **Organisationen** (3.50) beziehen. ∎

Zitat aus ISO/IEC 27000:
3.53 Politik
(en: policy)
Absichten und Ausrichtung einer **Organisation** (3.50), wie von der **obersten Leitung**
(3.75) formell ausgedrückt ∎

Zitat aus ISO/IEC 27000:
3.54 Prozess
(en: process)
Satz zusammenhängender und sich gegenseitig beeinflussender Tätigkeiten, der Eingaben in Ergebnisse umwandelt ∎

Zitat aus ISO/IEC 27000:
3.55 Verlässlichkeit
(en: reliability) Eigenschaft der Übereinstimmung zwischen beabsichtigtem Verhalten
und den Ergebnissen ∎

Zitat aus ISO/IEC 27000:
3.56 Anforderung
(en: requirement)
Erfordernis oder Erwartung, das oder die festgelegt, üblicherweise vorausgesetzt oder
verpflichtend ist
Anmerkung 1 zum Begriff: „Üblicherweise vorausgesetzt" bedeutet, dass es für die
Organisation, und andere interessierte Parteien üblich oder allgemeine Praxis ist, dass
das entsprechende Erfordernis oder die entsprechende Erwartung vorausgesetzt wird.
Anmerkung 2 zum Begriff: Eine festgelegte Anforderung ist eine, die beispielsweise in
dokumentierter Information enthalten ist. ∎

Zitat aus ISO/IEC 27000:
3.57 Restrisiko
(en: residual risk)
Risiko (3.61), das nach einer **Risikobehandlung** (3.72) verbleibt
Anmerkung 1 zum Begriff: Das Restrisiko kann nicht identifizierte Risiken beinhalten.
Anmerkung 2 zum Begriff: Das Restrisiko ist auch unter dem Namen „zurückbehalte-
nes Risiko" bekannt. ∎

Zitat aus ISO/IEC 27000:
3.58 Überprüfung
(en: review)
Tätigkeit, die durchgeführt wird, um die Eignung, Angemessenheit und **Wirksamkeit** (3.20) eines Gegenstands zu bestimmen, um festgelegte **Ziele** (3.49) zu erreichen
[QUELLE: ISO Guide 73:2009, 3.8.2.2, modifiziert - Anmerkung 1 zum Begriff wurde gestrichen]

Zitat aus ISO/IEC 27000:
3.59 Überprüfungsobjekt
(en: review object)
bestimmter Gegenstand, der überprüft wird

Zitat aus ISO/IEC 27000:
3.60 Ziel der Überprüfung
(en: review objective)
Aussage, die beschreibt, was als Ergebnis der **Überprüfung** (3.58) erreicht werden soll

Zitat aus ISO/IEC 27000:
3.61 Risiko
(en: risk)
Auswirkung von Ungewissheit auf **Ziele** (3.49)
Anmerkung 1 zum Begriff: Eine Auswirkung ist eine Abweichung vom Erwarteten – in positiver oder negativer Hinsicht.
Anmerkung 2 zum Begriff: Ungewissheit ist der Zustand des auch teilweisen Fehlens von Informationen im Hinblick auf das Verständnis eines Ereignisses oder Wissen über ein Ereignis, seine Folgen oder seine Wahrscheinlichkeit.
Anmerkung 3 zum Begriff: Risiko wird häufig durch Bezugnahme auf mögliche **Ereignisse** und **Folgen**, oder eine Kombination beider charakterisiert.
Anmerkung 4 zum Begriff: Risiko wird oft häufig mittels der Folgen eines Ereignisses (einschließlich Veränderungen der Umstände) in Verbindung mit der Wahrscheinlichkeit seines Eintretens beschrieben.
Anmerkung 5 zum Begriff: Im Kontext von Informationssicherheitsmanagementsystemen können Informationssicherheitsrisiken als Auswirkung von Ungewissheit auf Informationssicherheitsziele beschrieben werden.
Anmerkung 6 zum Begriff: Informationssicherheitsrisiko ist mit der Möglichkeit verbunden, dass Bedrohungen Schwachstellen eines Informationswerts oder einer Gruppe solcher Werte ausnutzen und damit einer Organisation Schaden zufügen.

Zitat aus ISO/IEC 27000:
3.62 Risikoakzeptanz
(en: risk acceptance)
fundierte Entscheidung ein bestimmtes **Risiko** (3.61) zu tragen
Anmerkung 1 zum Begriff: Risikoakzeptanz kann ohne **Risikobehandlung** (3.72) oder während des **Risikobehandlungsprozesses** (3.54) erfolgen.
Anmerkung 2 zum Begriff: Akzeptierte Risiken werden einer **Überwachung** (3.46) und **Überprüfung** (3.58) unterzogen.
[QUELLE: ISO Guide 73:2009, 3.7.1.6]

Zitat aus ISO/IEC 27000:
3.63 Risikoanalyse
(en: risk analysis)
Prozess (3.54), um die Beschaffenheit des **Risikos** (3.61) zu verstehen und das **Risikoniveau** (3.39) zu bestimmen
Anmerkung 1 zum Begriff: Die Risikoanalyse liefert die Grundlage für die **Risikobewertung** (3.67) und die Entscheidungen im Zuge der **Risikobehandlung** (3.72).
Anmerkung 2 zum Begriff: Die Risikoanalyse beinhaltet die Risikoabschätzung.
[QUELLE: ISO Guide 73:2009, 3.6.1]

Zitat aus ISO/IEC 27000:
3.64 Risikobeurteilung
(en: risk assessment)
übergreifender Prozess (3.54), der aus **Risikoidentifizierung** (3.68), **Risikoanalyse** (3.63) und **Risikobewertung** (3.67) besteht
[QUELLE: ISO Guide 73:2009, 3.4.1]

Zitat aus ISO/IEC 27000:
3.65 Risikokommunikation und -absprachen
(en: risk communication and consultation)
Satz fortlaufender und iterativer **Prozesse** (3.54), den eine Organisation durchführt, um Informationen zu liefern, zu teilen oder zu erhalten und den Dialog mit **interessierten Parteien** (3.37) in Bezug auf die Handhabung von **Risiken** (3.61) zu suchen
Anmerkung 1 zum Begriff: Die Information kann sich auf die Existenz, die Beschaffenheit, die Gestalt, die **Wahrscheinlichkeit** (3.41), die Signifikanz, die Bewertung, die Akzeptanz und die Behandlung von Risiken beziehen.
Anmerkung 2 zum Begriff: Bei Absprachen handelt es sich um einen bidirektionalen Prozess von fundierter Kommunikation zwischen einer **Organisation** (3.50) und ihren interessierten Parteien zu einer Angelegenheit, bevor eine Entscheidung getroffen oder eine Zielrichtung für diese Angelegenheit bestimmt wird. Eine Absprache ist

- ein Prozess, der sich auf eine Entscheidung eher durch Beeinflussung als durch Machtbefugnis auswirkt;

- eine Eingabe für das Treffen von Entscheidungen, nicht aber das gemeinsame Treffen von Entscheidungen.

Zitat aus ISO/IEC 27000:
3.66 Risikokriterien
(en: risk criteria)

Festlegungen, um die Signifikanz eines **Risikos** (3.61) zu bewerten

Anmerkung 1 zum Begriff: Risikokriterien basieren auf Zielen der Organisation sowie dem **externen** (3.22) und **internen Kontext** (3.38).

Anmerkung 2 zum Begriff: Risikokriterien können aus Standards, Gesetzen, Richtlinien und anderen **Anforderungen** (3.56) abgeleitet werden.

[QUELLE: ISO Guide 73:2009, 3.3.1.3]

Zitat aus ISO/IEC 27000:
3.67 Risikobewertung
(en: risk evaluation)

Prozess (3.54), der die Ergebnisse der **Risikoanalyse** (3.63) mit den **Risikokriterien** (3.66) vergleicht, um zu bestimmen, ob das **Risiko** (3.61) und/oder seine Größe akzeptabel oder tragbar sind

Anmerkung 1 zum Begriff: Die Risikobewertung unterstützt bei der Entscheidung über die **Risikobehandlung** (2.79).

[QUELLE: ISO Guide 73:2009, 3.7.1]

Zitat aus ISO/IEC 27000:
3.68 Risikoidentifizierung
(en: risk identification)

Prozess (3.54) zum Finden, Erkennen und Beschreiben von **Risiken** (3.61)

Anmerkung 1 zum Begriff: Die Risikoidentifizierung beinhaltet die Identifizierung der Risikoquellen, der Ereignisse (3.21), ihrer Ursachen und möglichen Folgen (3.12).

Anmerkung 2 zum Begriff: Die Risikoidentifizierung kann historische Daten, theoretische Analysen, fundierte Meinungen und Expertenmeinungen sowie Bedürfnisse von **interessierten Parteien** (3.37) umfassen.

[QUELLE: ISO Guide 73:2009, 3.5.1]

Zitat aus ISO/IEC 27000:
3.69 Risikomanagement
(en: risk management)

koordinierte Tätigkeiten zum Zwecke der Führung und Steuerung einer **Organisation** (3.50) in Bezug auf **Risiken** (3.61)

[QUELLE: ISO Guide 73:2009, 2.1]

Zitat aus ISO/IEC 27000:
3.70 Risikomanagementprozess
(en: risk maanagement process)

systematische Anwendung von Managementrichtlinien, -verfahren und -praktiken auf die Tätigkeiten des Kommunizierens, Abstimmens und Festlegens des Kontextes sowie der Identifizierung, Analyse, Bewertung, Behandlung, Überwachung und Überprüfung von **Risiken** (3.61)

Anmerkung 1 zum Begriff: ISO/IEC 27005 benutzt den Begriff „Prozess", um das Risikomanagement insgesamt zu beschreiben. Die Elemente des Risikomanagementprozesses werden „Tätigkeiten" genannt.

[QUELLE: ISO Guide 73:2009, 3.1, modifiziert - Anmerkung 1 zum Begriff wurde hinzugefügt] ∎

Zitat aus ISO/IEC 27000:
3.71 Risikoeigentümer
(en: risk owner)

Person oder Entität, die Verantwortung und Berechtigung hat ein **Risiko** (3.61) zu handhaben

[QUELLE: ISO Guide 73:2009, 3.5.1.5] ∎

Zitat aus ISO/IEC 27000:
3.72 Risikobehandlung
(en: risk treatment)

Prozess (3.54) um **Risiken** (3.61) zu verändern

Anmerkung 1 zum Begriff: Die Risikobehandlung kann umfassen:

- Vermeiden des Risikos, indem entschieden wird, die Tätigkeit, die Anlass zu dem Risiko gibt, nicht zu beginnen oder fortzusetzen;

- Eingehen oder Vergrößern des Risikos mit dem Ziel eine Chance wahrzunehmen;

- Beseitigen der Risikoquelle;

- Verändern der **Wahrscheinlichkeit** (3.40);

- Verändern der **Folgen** (3.12);

- Teilen des Risikos mit einer anderen Partei oder anderen Parteien (einschließlich Verträgen und Finanzierung von Risiken); und

- Beibehalten des Risikos im Rahmen einer fundierten Wahl.

Anmerkung 2 zum Begriff: Risikobehandlungen, die sich mit negativen **Folgen** (3.12) beschäftigen, heißen manchmal auch „Risikominderung", „Risikoeliminierung", „Risikovorsorge" und „Risikoreduzierung".

Anmerkung 3 zum Begriff: Die Risikobehandlung kann zu neuen **Risiken** (3.61) führen oder vorhandene **Risiken** (3.61) verändern.

[QUELLE: ISO Guide 73:2009, 3.8.1, modifiziert - in Anmerkung 1 zum Begriff wurde Entscheidung durch Wahl ersetzt] ∎

Zitat aus ISO/IEC 27000:
3.73 Standard zur Einführung von Sicherheit
(en: security implementation standard)
Dokument, das genehmigte Wege zur Umsetzung von Sicherheit festlegt

Zitat aus ISO/IEC 27000:
3.74 Bedrohung
(en: threat)
mögliche Ursache eines unerwünschten Vorfalls, der zu Schaden für ein System oder eine **Organisation** (3.50) führen kann

Zitat aus ISO/IEC 27000:
3.75 oberste Leitung
(en: top management)
Person oder Personengruppe, die eine **Organisation** (3.50) auf der obersten Ebene führt und steuert
Anmerkung 1 zum Begriff: Die oberste Leitung ist innerhalb der **Organisation** (3.50) in der Lage Verantwortung zu delegieren und Ressourcen bereitzustellen.
Anmerkung 2 zum Begriff: Wenn der Anwendungsbereich des **Managementsystems** (3.41) nur einen Teil einer **Organisation** (3.50) umfasst, bezieht sich „oberste Leitung" auf diejenigen, die diesen Teil der Organisation führen und steuern.
Anmerkung 3 zum Begriff: Die oberste Leitung wird manchmal executive management genannt und kann Chief Executive Officer, Chief Financial Officer, Chief Information Officer und vergleicbare Rollen beinhalten.

Zitat aus ISO/IEC 27000:
3.76 vertrauenswürdige Einheit zur Informationsverbreitung
selbständige **Organisation** (3.50), die den Informationsaustausch innerhalb einer **informationsaustauschenden Gemeinschaft** (3.34) unterstützt

Zitat aus ISO/IEC 27000:
3.77 Schwachstelle
Schwäche eines Wertes oder einer **Maßnahme** (3.14), die durch eine oder mehrere **Bedrohungen** (3.74) ausgenutzt werden kann

B

Abdruck der DIN ISO/IEC 27001

Auf den folgenden 35 Seiten ist die deutsche Fassung der Norm ISO/IEC 27001 vollständig und im Original-Layout abgedruckt. [1]

Mit Ausnahme der Titelei, des Vorworts und der Literaturhinweise sind alle Inhalte der Norm bereits im Wortlaut in den einzelnen Kapiteln dieses Buchs abgedruckt und erläutert worden. Dieser Anhang soll deshalb zum einen auch einen visuellen Eindruck davon vermitteln, wie die offiziellen Normendokumente aufgebaut sind, und fungiert zum anderen als Referenz, mit deren Hilfe die Inhalte der Norm sowohl bei der Prüfungsvorbereitung als auch bei der praktischen Umsetzung eines ISMS rekapituliert werden können.

Die weiteren Dokumente aus der Normenreihe ISO/IEC 27000 können über das Deutsche Institut für Normung (DIN) e.V. bzw. die Beuth Verlag GmbH entweder als Papierexemplare oder digital als PDF-Dateien erworben werden.

---

[1] Wiedergegeben mit Erlaubnis von DIN Deutsches Institut für Normung e.V. Maßgebend für das Anwenden der DIN-Norm ist deren Fassung mit dem neuesten Ausgabedatum, die bei der Beuth Verlag GmbH, Am DIN Platz, Burggrafenstraße 6, 10787 Berlin, erhältlich ist.

DEUTSCHE NORM   **Juni 2017**

DIN EN ISO/IEC 27001

ICS 03.100.70; 35.030

Ersatz für
DIN ISO/IEC 27001:2015-03 und
DIN ISO/IEC 27001
Berichtigung 1:2017-03

Informationstechnik –
Sicherheitsverfahren –
Informationssicherheitsmanagementsysteme – Anforderungen
(ISO/IEC 27001:2013 einschließlich Cor 1:2014 und Cor 2:2015);
Deutsche Fassung EN ISO/IEC 27001:2017

Information technology –
Security techniques –
Information security management systems – Requirements (ISO/IEC 27001:2013 including
Cor 1:2014 and Cor 2:2015);
German version EN ISO/IEC 27001:2017

Technologies de l'information –
Techniques de sécurité –
Systèmes de management de la sécurité de l'information – Exigences (ISO/IEC 27001:2013 y
compris Cor 1:2014 et Cor 2:2015);
Version allemande EN ISO/IEC 27001:2017

Gesamtumfang 35 Seiten

DIN-Normenausschuss Informationstechnik und Anwendungen (NIA)

Preisgruppe 15
www.din.de
www.beuth.de

2634923

DIN EN ISO/IEC 27001:2017-06

Nationales Vorwort

Die dieser Norm zugrunde liegende Internationale Norm ISO/IEC 27001 wurde von ISO/IEC JTC 1/SC 27 (International Organization for Standardization/International Electrotechnical Commission – Joint Technical Committee 1 „Information Technology" / Subcommittee 27 „Security techniques") erarbeitet.

Die Internationale Norm ISO/IEC 27001:2013 einschließlich Cor 1:2014 und Cor 2:2015 wurde in deutscher Sprachfassung unverändert in das Deutsche Normenwerk übernommen. Fachlich zuständig ist für diese Deutsche Norm der Arbeitsausschuss NA 043-01-27 AA „IT-Sicherheitsverfahren" des DIN-Normenausschusses Informationstechnik und Anwendungen (NIA).

Diese deutsche Sprachfassung dieses Dokuments wurde vom DIN-Normenausschuss Informationstechnik und Anwendungen (NIA) in Zusammenarbeit mit dem Austrian Standards Institute (ASI) und der Schweizerischen Normenvereinigung (SNV) erarbeitet.

DIN EN ISO/IEC 27001 beinhaltet Anforderungen an ein ISMS, das mittelbar zur Informationssicherheit beiträgt. Da das Dokument sehr generisch gehalten ist, um auf alle Organisationen unabhängig von Typ, Größe und Geschäftsfeld anwendbar zu sein, haben diese Anforderungen einen niedrigen technischen Detaillierungsgrad, wobei die Anforderungen an die Prozesse wohl definiert sind.

Der Beginn und das Ende des durch Corrigendum 1 und Corrigendum 2 geänderten Textes werden durch die Markierungen ⒞₁⟩ ⟨⒞₁ und ⒞₂⟩ ⟨⒞₂ angezeigt.

Für die in diesem Dokument zitierten Internationalen Normen wird im Folgenden auf die entsprechenden Deutschen Normen hingewiesen:

ISO/IEC 27000   siehe DIN ISO/IEC 27000
ISO/IEC 27002:2013   siehe DIN ISO/IEC 27002:2016-11

Änderungen

Gegenüber DIN ISO/IEC 27001:2015-03 und DIN ISO/IEC 27001 Berichtigung 1:2017-03 wurden folgende Änderungen vorgenommen:

a)   EN ISO/IEC 27001:2017 wurde ohne Änderungen als DIN EN ISO/IEC übernommen.

Frühere Ausgaben

DIN ISO/IEC 27001: 2008-09, 2015-03
DIN ISO/IEC 27001 Berichtigung 1: 2017-03

2

Nationaler Anhang NA
(informativ)

Literaturhinweise

DIN ISO/IEC 27000, *Informationstechnik — IT-Sicherheitsverfahren — Informationssicherheits-Management-systeme — Überblick und Terminologie*

DIN ISO/IEC 27002:2016-11, *Informationstechnologie — IT-Sicherheitsverfahren — Leitfaden für Informationssicherheits-Maßnahmen (ISO/IEC 27002:2013 + Cor.1:2014 + Cor.2:2015)*

3

DIN EN ISO/IEC 27001:2017-06

— Leerseite —

EUROPÄISCHE NORM

EUROPEAN STANDARD

NORME EUROPÉENNE

EN ISO/IEC 27001

Februar 2017

ICS 03.100.70; 35.030

Deutsche Fassung

Informationstechnik —
Sicherheitsverfahren —
Informationssicherheits-Managementsysteme —
Anforderungen
(ISO/IEC 27001:2013 einschließlich Cor 1:2014 und Cor 2:2015)

Information technology —	Technologies de l'information —
Security techniques —	Techniques de sécurité —
Information security management systems —	Systèmes de management de la sécurité de l'information —
Requirements	Exigences
(ISO/IEC 27001:2013 including Cor 1:2014 and Cor 2:2015)	(ISO/IEC 27001:2013 y compris Cor 1:2014 et Cor 2:2015)

Diese Europäische Norm wurde vom CEN am 26. Januar 2017 angenommen.

Die CEN-Mitglieder sind gehalten, die CEN/CENELEC-Geschäftsordnung zu erfüllen, in der die Bedingungen festgelegt sind, unter denen dieser Europäischen Norm ohne jede Änderung der Status einer nationalen Norm zu geben ist. Auf dem letzten Stand befindliche Listen dieser nationalen Normen mit ihren bibliographischen Angaben sind beim Management-Zentrum des CEN-CENELEC oder bei jedem CEN-Mitglied auf Anfrage erhältlich.

Diese Europäische Norm besteht in drei offiziellen Fassungen (Deutsch, Englisch, Französisch). Eine Fassung in einer anderen Sprache, die von einem CEN-Mitglied in eigener Verantwortung durch Übersetzung in seine Landessprache gemacht und dem Management-Zentrum mitgeteilt worden ist, hat den gleichen Status wie die offiziellen Fassungen.

CEN-Mitglieder sind die nationalen Normungsinstitute von Belgien, Bulgarien, Dänemark, Deutschland, der ehemaligen jugoslawischen Republik Mazedonien, Estland, Finnland, Frankreich, Griechenland, Irland, Island, Italien, Kroatien, Lettland, Litauen, Luxemburg, Malta, den Niederlanden, Norwegen, Österreich, Polen, Portugal, Rumänien, Schweden, der Schweiz, der Slowakei, Slowenien, Spanien, der Tschechischen Republik, der Türkei, Ungarn, dem Vereinigten Königreich und Zypern.

EUROPÄISCHES KOMITEE FÜR NORMUNG
EUROPEAN COMMITTEE FOR STANDARDIZATION
COMITÉ EUROPÉEN DE NORMALISATION

CEN-CENELEC Management-Zentrum: Avenue Marnix 17, B-1000 Brüssel

DIN EN ISO/IEC 27001:2017-06
EN ISO/IEC 27001:2017 (D)

Inhalt

Seite

Europäisches Vorwort 3

Vorwort 4

0   Einleitung 5

1   Anwendungsbereich 6

2   Normative Verweisungen 6

3   Begriffe 6

4   Kontext der Organisation 6
4.1   Verstehen der Organisation und ihres Kontextes 6
4.2   Verstehen der Erfordernisse und Erwartungen interessierter Parteien 6
4.3   Festlegen des Anwendungsbereichs des Informationssicherheitsmanagementsystems ... 7
4.4   Informationssicherheitsmanagementsystem 7

5   Führung 7
5.1   Führung und Verpflichtung 7
5.2   Politik 8
5.3   Rollen, Verantwortlichkeiten und Befugnisse in der Organisation 8

6   Planung 8
6.1   Maßnahmen zum Umgang mit Risiken und Chancen 8
6.2   Informationssicherheitsziele und Planung zu deren Erreichung 10

7   Unterstützung 11
7.1   Ressourcen 11
7.2   Kompetenz 11
7.3   Bewusstsein 11
7.4   Kommunikation 12
7.5   Dokumentierte Information 12

8   Betrieb 13
8.1   Betriebliche Planung und Steuerung 13
8.2   Informationssicherheitsrisikobeurteilung 13
8.3   Informationssicherheitsrisikobehandlung 14

9   Bewertung der Leistung 14
9.1   Überwachung, Messung, Analyse und Bewertung 14
9.2   Internes Audit 14
9.3   Managementbewertung 15

10   Verbesserung 16
10.1   Nichtkonformität und Korrekturmaßnahmen 16
10.2   Fortlaufende Verbesserung 16

Anhang A (normativ) Referenzmaßnahmenziele und -maßnahmen 17

Literaturhinweise 31

DIN EN ISO/IEC 27001:2017-06
EN ISO/IEC 27001:2017 (D)

Europäisches Vorwort

Der Text von ISO/IEC 27001:2013 einschließlich Cor 1:2014 und Cor 2:2015 wurde vom Technischen Komitee ISO/IEC JTC 1 „Information technology" der Internationalen Organisation für Normung (ISO) und der Internationalen Elektrotechnischen Kommission (IEC) erarbeitet und als EN ISO/IEC 27001:2017 übernommen.

Diese Europäische Norm muss den Status einer nationalen Norm erhalten, entweder durch Veröffentlichung eines identischen Textes oder durch Anerkennung bis August 2017, und etwaige entgegenstehende nationale Normen müssen bis August 2017 zurückgezogen werden.

Es wird auf die Möglichkeit hingewiesen, dass einige Elemente dieses Dokuments Patentrechte berühren können. CEN [und/oder CENELEC] sind nicht dafür verantwortlich, einige oder alle diesbezüglichen Patentrechte zu identifizieren.

Entsprechend der CEN-CENELEC-Geschäftsordnung sind die nationalen Normungsinstitute der folgenden Länder gehalten, diese Europäische Norm zu übernehmen: Belgien, Bulgarien, Dänemark, Deutschland, die ehemalige jugoslawische Republik Mazedonien, Estland, Finnland, Frankreich, Griechenland, Irland, Island, Italien, Kroatien, Lettland, Litauen, Luxemburg, Malta, Niederlande, Norwegen, Österreich, Polen, Portugal, Rumänien, Schweden, Schweiz, Serbien, Slowakei, Slowenien, Spanien, Tschechische Republik, Türkei, Ungarn, Vereinigtes Königreich und Zypern.

Anerkennungsnotiz

Der Text von ISO/IEC 27001:2013 einschließlich Cor 1:2014 und Cor 2:2015 wurde vom CEN als EN ISO/IEC 27001:2017 ohne irgendeine Abänderung genehmigt.

DIN EN ISO/IEC 27001:2017-06
EN ISO/IEC 27001:2017 (D)

Vorwort

ISO (die Internationale Organisation für Normung) und IEC (die Internationale Elektrotechnische Kommission) bilden das auf die weltweite Normung spezialisierte System. Nationale Normungsorganisationen, die Mitglieder von ISO oder IEC sind, beteiligen sich an der Entwicklung von Internationalen Normen in Technischen Komitees, die von der jeweiligen Organisation eingerichtet wurden, um spezifische Gebiete technischer Aktivitäten zu behandeln. Auf Gebieten von beiderseitigem Interesse arbeiten die Technischen Komitees von ISO und IEC zusammen. Internationale Organisationen, staatlich und nichtstaatlich, in Liaison mit ISO und IEC, nehmen ebenfalls an der Arbeit teil. Auf dem Gebiet der Informationstechnologie haben ISO und IEC ein gemeinsames technisches Komitee (JTC, en: joint technical committee), ISO/IEC JTC 1, eingerichtet.

Internationale Normen werden in Übereinstimmung mit den Regeln nach ISO/IEC Direktive, Teil 2 erarbeitet.

Die Hauptaufgabe von Technischen Komitees ist es Internationale Normen zu erarbeiten. Internationale Norm-Entwürfe, die von Technischen Komitees verabschiedet wurden, werden den Mitgliedsorganisationen zur Abstimmung zur Verfügung gestellt. Für die Veröffentlichung als Internationale Norm werden mindestens 75 % Zustimmung der Mitgliedsorganisationen benötigt.

Es wird auf die Möglichkeit hingewiesen, dass einige Elemente dieses Dokuments Patentrechte berühren können. ISO und IEC sind nicht dafür verantwortlich, einige oder alle diesbezüglichen Patentrechte zu identifizieren.

ISO/IEC 27001 wurde vom Technischen Komitee ISO/IEC JTC 1 „Information technology", Unterkomitee SC 27 „IT Security techniques", erarbeitet.

Diese zweite Ausgabe ersetzt die erste Ausgabe (ISO/IEC 27001:2005), welche technisch überarbeitet wurde.

4

DIN EN ISO/IEC 27001:2017-06
EN ISO/IEC 27001:2017 (D)

0 Einleitung

0.1 Allgemeines

Diese Internationale Norm wurde erarbeitet, um Anforderungen für die Einrichtung, Umsetzung, Aufrechterhaltung und fortlaufende Verbesserung eines Informationssicherheitsmanagementsystems (ISMS) festzulegen. Die Einführung eines Informationssicherheitsmanagementsystems stellt für eine Organisation eine strategische Entscheidung dar. Erstellung und Umsetzung eines Informationssicherheitsmanagementsystems innerhalb einer Organisation richten sich nach deren Bedürfnissen und Zielen, den Sicherheitsanforderungen, den organisatorischen Abläufen sowie nach Größe und Struktur der Organisation. Es ist davon auszugehen, dass sich alle diese Einflussgrößen im Laufe der Zeit ändern.

Das Informationssicherheitsmanagementsystem wahrt die Vertraulichkeit, Integrität und Verfügbarkeit von Information unter Anwendung eines Risikomanagementprozesses und verleiht interessierten Parteien das Vertrauen in eine angemessene Steuerung von Risiken.

Es ist wichtig, dass das Informationssicherheitsmanagementsystem als Teil der Abläufe der Organisation in deren übergreifende Steuerungsstruktur integriert ist und die Informationssicherheit bereits bei der Konzeption von Prozessen, Informationssystemen und Maßnahmen berücksichtigt wird. Es wird erwartet, dass die Umsetzung eines Informationssicherheitsmanagementsystems entsprechend den Bedürfnissen der Organisation skaliert wird.

Diese Internationale Norm kann von internen und externen Parteien dazu eingesetzt werden, die Fähigkeit einer Organisation zur Einhaltung ihrer eigenen Informationssicherheitsanforderungen zu beurteilen.

Die Reihenfolge, in der die Anforderungen in dieser Internationalen Norm aufgeführt sind, spiegelt nicht deren Bedeutung wider noch die Abfolge, in der sie umzusetzen sind. Die Einträge sind lediglich zu Referenzierungszwecken nummeriert.

ISO/IEC 27000 liefert einen Überblick und die Begrifflichkeiten von Informationssicherheitsmanagementsystemen und verweist auf die Informationssicherheitsmanagementsystem-Normenfamilie (einschließlich ISO/IEC 27003 [2], ISO/IEC 27004 [3] und ISO/IEC 27005 [4]), einschließlich deren Begriffe.

0.2 Kompatibilität mit anderen Normen für Managementsysteme

Diese Internationale Norm wendet die Grundstrukturen, den einheitlichen Basistext, die gemeinsamen Benennungen und die Basisdefinitionen für den Gebrauch in Managementsystemnormen an, die jeweils im Anhang SL der ISO/IEC-Direktiven, Teil 1, „Consolidated ISO Supplement" festgelegt sind, und stellt so die Übereinstimmung mit anderen Managementsystemnormen her, die ebenfalls den Anhang SL anwenden.

Die in Anhang SL festgelegte allgemeine Herangehensweise nützt jenen Organisationen, die sich für den Betrieb eines einzigen Managementsystems entscheiden, um die Anforderungen von zwei oder mehr Normen für Managementsysteme zu erfüllen.

5

DIN EN ISO/IEC 27001:2017-06
EN ISO/IEC 27001:2017 (D)

1 Anwendungsbereich

Diese Internationale Norm legt die Anforderungen für die Einrichtung, Umsetzung, Aufrechterhaltung und fortlaufende Verbesserung eines Informationssicherheitsmanagementsystems im Kontext der Organisation fest. Darüber hinaus beinhaltet diese Internationale Norm Anforderungen für die Beurteilung und Behandlung von Informationssicherheitsrisiken entsprechend den individuellen Bedürfnissen der Organisation. Die in dieser Internationalen Norm festgelegten Anforderungen sind allgemein gehalten und sollen auf alle Organisationen, ungeachtet ihrer Art und Größe, anwendbar sein. Wenn eine Organisation Konformität mit dieser Internationalen Norm für sich beansprucht, darf sie keine der Anforderungen in den Abschnitten 4 bis 10 ausschließen.

2 Normative Verweisungen

Die folgenden Dokumente, die in diesem Dokument teilweise oder als Ganzes zitiert werden, sind für die Anwendung des Dokuments erforderlich. Bei datierten Verweisungen gilt nur die in Bezug genommene Ausgabe. Bei undatierten Verweisungen gilt die letzte Ausgabe des in Bezug genommenen Dokuments (einschließlich aller Änderungen).

ISO/IEC 27000, *Information technology — Security Techniques — Information security management systems — Overview and vocabulary*

3 Begriffe

Für die Anwendung dieses Dokuments gelten die in ISO/IEC 27000 angegebenen Begriffe.

4 Kontext der Organisation

4.1 Verstehen der Organisation und ihres Kontextes

Die Organisation muss externe und interne Themen bestimmen, die für ihren Zweck relevant sind und sich auf ihre Fähigkeit auswirken, die beabsichtigten Ergebnisse ihres Informationssicherheitsmanagementsystems zu erreichen.

ANMERKUNG   Die Bestimmung dieser Themen bezieht sich auf die Festlegung des externen und internen Kontexts des Unternehmens, wie in ISO 31000:2009 [5], 5.3, beschrieben.

4.2 Verstehen der Erfordernisse und Erwartungen interessierter Parteien

Die Organisation muss:

a)   die interessierten Parteien, die für ihr Informationssicherheitsmanagementsystem relevant sind; und

b)   die Anforderungen dieser interessierten Parteien mit Bezug zur Informationssicherheit

bestimmen.

ANMERKUNG   Die Anforderungen interessierter Parteien können gesetzliche und regulatorische Vorgaben sowie vertragliche Verpflichtungen beinhalten.

6

4.3 Festlegen des Anwendungsbereichs des Informationssicherheitsmanagementsystems

Die Organisation muss die Grenzen und die Anwendbarkeit des Informationssicherheitsmanagementsystems bestimmen, um dessen Anwendungsbereich festzulegen.

Bei der Festlegung des Anwendungsbereichs muss die Organisation:

a) die unter 4.1 genannten externen und internen Themen;

b) die unter 4.2 genannten Anforderungen; und

c) Schnittstellen und Abhängigkeiten zwischen Tätigkeiten, die von der Organisation selbst durchgeführt werden, und Tätigkeiten, die von anderen Organisationen durchgeführt werden,

berücksichtigen.

Der Anwendungsbereich muss als dokumentierte Information verfügbar sein.

4.4 Informationssicherheitsmanagementsystem

Die Organisation muss entsprechend den Anforderungen dieser Internationalen Norm ein Informationssicherheitsmanagementsystem aufbauen, verwirklichen, aufrechterhalten und fortlaufend verbessern.

5 Führung

5.1 Führung und Verpflichtung

Die oberste Leitung muss in Bezug auf das Informationssicherheitsmanagementsystem Führung und Verpflichtung zeigen, indem sie:

a) sicherstellt, dass die Informationssicherheitspolitik und die Informationssicherheitsziele festgelegt und mit der strategischen Ausrichtung der Organisation vereinbar sind;

b) sicherstellt, dass die Anforderungen des Informationssicherheitsmanagementsystems in die Geschäftsprozesse der Organisation integriert werden;

c) sicherstellt, dass die für das Informationssicherheitsmanagementsystem erforderlichen Ressourcen zur Verfügung stehen;

d) die Bedeutung eines wirksamen Informationssicherheitsmanagements sowie die Wichtigkeit der Erfüllung der Anforderungen des Informationssicherheitsmanagementsystems vermittelt;

e) sicherstellt, dass das Informationssicherheitsmanagementsystem sein beabsichtigtes Ergebnis bzw. seine beabsichtigten Ergebnisse erzielt;

f) Personen anleitet und unterstützt, damit diese zur Wirksamkeit des Informationssicherheitsmanagementsystems beitragen können;

g) fortlaufende Verbesserung fördert; und

h) andere relevante Führungskräfte unterstützt, um deren Führungsrolle in deren jeweiligen Verantwortungsbereichen deutlich zu machen.

DIN EN ISO/IEC 27001:2017-06
EN ISO/IEC 27001:2017 (D)

5.2   Politik

Die oberste Leitung muss eine Informationssicherheitspolitik festlegen, die:

a)   für den Zweck der Organisation angemessen ist;

b)   Informationssicherheitsziele (siehe 6.2) beinhaltet oder den Rahmen zum Festlegen von Informations-sicherheitszielen bietet;

c)   eine Verpflichtung zur Erfüllung zutreffender Anforderungen mit Bezug zur Informationssicherheit enthält; und

d)   eine Verpflichtung zur fortlaufenden Verbesserung des Informationssicherheitsmanagementsystems enthält.

Die Informationssicherheitspolitik muss:

e)   als dokumentierte Information verfügbar sein;

f)   innerhalb der Organisation bekanntgemacht werden; und

g)   für interessierte Parteien verfügbar sein, soweit angemessen.

5.3   Rollen, Verantwortlichkeiten und Befugnisse in der Organisation

Die oberste Leitung muss sicherstellen, dass die Verantwortlichkeiten und Befugnisse für Rollen mit Bezug zur Informationssicherheit zugewiesen und bekannt gemacht werden.

Die oberste Leitung muss die Verantwortlichkeit und Befugnis zuweisen für:

a)   das Sicherstellen, dass das Informationssicherheitsmanagementsystem die Anforderungen dieser Internationalen Norm erfüllt; und

b)   das Berichten an die oberste Leitung über die Leistung des Informationssicherheitsmanagement-systems.

ANMERKUNG   Die oberste Leitung darf auch Verantwortlichkeiten und Befugnisse für das Berichten der Leistung des Informationssicherheitsmanagementsystems innerhalb der Organisation zuweisen.

6   Planung

6.1   Maßnahmen zum Umgang mit Risiken und Chancen

6.1.1   Allgemeines

Bei der Planung für das Informationssicherheitsmanagementsystem muss die Organisation die in 4.1 genannten Themen und die in 4.2 genannten Anforderungen berücksichtigen sowie die Risiken und Chancen bestimmen, die betrachtet werden müssen, um:

a)   sicherzustellen, dass das Informationssicherheitsmanagementsystem seine beabsichtigten Ergebnisse erzielen kann;

b)   unerwünschte Auswirkungen zu verhindern oder zu verringern; und

c)   fortlaufende Verbesserung zu erreichen.

8

Die Organisation muss planen:

d)   Maßnahmen zum Umgang mit diesen Risiken und Chancen; und

e)   wie

    1)   die Maßnahmen in die Informationssicherheitsmanagementsystemprozesse der Organisation integriert und dort umgesetzt werden; und

    2)   die Wirksamkeit dieser Maßnahmen bewertet wird.

6.1.2   Informationssicherheitsrisikobeurteilung

Die Organisation muss einen Prozess zur Informationssicherheitsrisikobeurteilung festlegen und anwenden, der:

a)   Informationssicherheitsrisikokriterien festlegt und aufrechterhält, welche:

    1)   die Kriterien zur Risikoakzeptanz; und

    2)   Kriterien für die Durchführung von Informationssicherheitsrisikobeurteilungen

beinhalten;

b)   sicherstellt, dass wiederholte Informationssicherheitsrisikobeurteilungen zu konsistenten, gültigen und vergleichbaren Ergebnissen führen;

c)   die Informationssicherheitsrisiken identifiziert:

    1)   den Prozess zur Informationssicherheitsrisikobeurteilung anwendet, um Risiken im Zusammenhang mit dem Verlust der Vertraulichkeit, Integrität und Verfügbarkeit von Information innerhalb des Anwendungsbereichs des ISMS zu ermitteln; und

    2)   die Risikoeigentümer identifiziert;

d)   die Informationssicherheitsrisiken analysiert:

    1)   die möglichen Folgen bei Eintritt der nach 6.1.2 c) 1) identifizierten Risiken abschätzt;

    2)   die realistischen Eintrittswahrscheinlichkeiten der nach 6.1.2 c) 1) identifizierten Risiken abschätzt; und

    3)   die Risikoniveaus bestimmt;

e)   die Informationssicherheitsrisiken bewertet:

    1)   die Ergebnisse der Risikoanalyse mit den nach 6.1.2 a) festgelegten Risikokriterien vergleicht; und

    2)   die analysierten Risiken für die Risikobehandlung priorisiert.

Die Organisation muss dokumentierte Information über den Informationssicherheitsrisikobeurteilungsprozess aufbewahren.

DIN EN ISO/IEC 27001:2017-06
EN ISO/IEC 27001:2017 (D)

6.1.3   Informationssicherheitsrisikobehandlung

Die Organisation muss einen Prozess für die Informationssicherheitsrisikobehandlung festlegen und anwenden, um:

a)   angemessene Optionen für die Informationssicherheitsrisikobehandlung unter Berücksichtigung der Ergebnisse der Risikobeurteilung auszuwählen;

b)   alle Maßnahmen, die zur Umsetzung der gewählte(n) Option(en) für die Informationssicherheitsrisikobehandlung erforderlich sind, festzulegen;

    ANMERKUNG Organisationen können Maßnahmen nach Bedarf gestalten oder aus einer beliebigen Quelle auswählen.

c)   die nach 6.1.3 b) festgelegten Maßnahmen mit den Maßnahmen in Anhang A zu vergleichen und zu überprüfen, dass keine erforderlichen Maßnahmen ausgelassen wurden;

    ANMERKUNG 1   Anhang A enthält eine umfassende Liste von Maßnahmenzielen und Maßnahmen. Anwender dieser Internationalen Norm werden auf Anhang A verwiesen, um sicherzustellen, dass keine wichtigen Maßnahmen übersehen wurden.

    ANMERKUNG 2   In den ausgewählten Maßnahmen sind implizit Maßnahmenziele enthalten. Die Liste der Maßnahmenziele und Maßnahmen in Anhang A ist nicht erschöpfend und weitere Maßnahmenziele und Maßnahmen könnten erforderlich sein.

d)   ⟦C2⟩ eine Erklärung zur Anwendbarkeit zu erstellen, welche

    — die erforderlichen Maßnahmen (siehe 6.1.3 b) und c));

    — Gründe für deren Einbeziehung;

    — ob sie umgesetzt sind oder nicht; sowie

    — Gründe für die Nichteinbeziehung von Maßnahmen aus Anhang A

    enthält; ⟨C2⟧

e)   einen Plan für die Informationssicherheitsrisikobehandlung zu formulieren; und

f)   bei den Risikoeigentümern eine Genehmigung des Plans für die Informationssicherheitsrisikobehandlung sowie ihre Akzeptanz der Informationssicherheitsrestrisiken einzuholen.

Die Organisation muss dokumentierte Information über den Informationssicherheitsrisikobehandlungsprozess aufbewahren.

ANMERKUNG   Der in dieser Internationalen Norm genannte Prozess für die Informationssicherheitsrisikobeurteilung und -behandlung steht im Einklang mit den Grundsätzen und allgemeinen Leitlinien in ISO 31000 [5].

6.2   Informationssicherheitsziele und Planung zu deren Erreichung

Die Organisation muss Informationssicherheitsziele für relevante Funktionen und Ebenen festlegen.

Die Informationssicherheitsziele müssen:

a)   im Einklang mit der Informationssicherheitspolitik stehen;

b)   messbar sein (sofern machbar);

10

c) anwendbare Informationssicherheitsanforderungen sowie die Ergebnisse, der Risikobeurteilung und Risikobehandlung berücksichtigen;

d) vermittelt werden; und

e) soweit erforderlich, aktualisiert werden.

Die Organisation muss dokumentierte Information zu den Informationssicherheitszielen aufbewahren.

Bei der Planung zum Erreichen der Informationssicherheitsziele muss die Organisation bestimmen:

f) was getan wird;

g) welche Ressourcen erforderlich sind;

h) wer verantwortlich ist;

i) wann es abgeschlossen wird; und

j) wie die Ergebnisse bewertet werden.

7   Unterstützung

7.1   Ressourcen

Die Organisation muss die erforderlichen Ressourcen für den Aufbau, die Verwirklichung, die Aufrecht-erhaltung und die fortlaufende Verbesserung des Informationssicherheitsmanagementsystems bestimmen und bereitstellen.

7.2   Kompetenz

Die Organisation muss:

a) für Personen, die unter ihrer Aufsicht Tätigkeiten verrichten, welche die Informationssicherheits-leistung der Organisation beeinflussen, die erforderliche Kompetenz bestimmen;

b) sicherstellen, dass diese Personen auf Grundlage angemessener Ausbildung, Schulung oder Erfahrung kompetent sind;

c) wenn erforderlich, Maßnahmen einleiten, um die benötigte Kompetenz zu erwerben, und die Wirksamkeit der getroffenen Maßnahmen zu bewerten; und

d) angemessene dokumentierte Information als Nachweis der Kompetenz aufbewahren.

ANMERKUNG   Geeignete Maßnahmen können zum Beispiel sein: Schulung, Mentoring oder Versetzung von gegenwärtig angestellten Personen, oder Anstellung oder Beauftragung kompetenter Personen.

7.3   Bewusstsein

Personen, die unter Aufsicht der Organisation Tätigkeiten verrichten, müssen sich:

a) der Informationssicherheitspolitik;

b) ihres Beitrags zur Wirksamkeit des Informationssicherheitsmanagementsystems, einschließlich der Vorteile einer verbesserten Informationssicherheitsleistung; und

c) der Folgen einer Nichterfüllung der Anforderungen des Informationssicherheitsmanagementsystems

bewusst sein.

DIN EN ISO/IEC 27001:2017-06

EN ISO/IEC 27001:2017 (D)

7.4 Kommunikation

Die Organisation muss die interne und externe Kommunikation in Bezug auf das Informationssicherheits-managementsystem bestimmen, einschließlich

a)   worüber kommuniziert wird;

b)   wann kommuniziert wird;

c)   mit wem kommuniziert wird;

d)   wer kommuniziert; und

e)   der Prozesse, mit welchen die Kommunikation bewerkstelligt wird.

7.5   Dokumentierte Information

7.5.1   Allgemeines

Das Informationssicherheitsmanagementsystem der Organisation muss beinhalten:

a)   die von dieser Internationalen Norm geforderte dokumentierte Information; und

b)   dokumentierte Information, welche die Organisation als notwendig für die Wirksamkeit des Managementsystems bestimmt hat.

ANMERKUNG   Der Umfang dokumentierter Information für ein Informationssicherheitsmanagementsystem kann sich von Organisation zu Organisation unterscheiden, und zwar aufgrund:

1)   der Größe der Organisation und der Art ihrer Tätigkeiten, Prozesse, Produkte und Dienstleistungen;

2)   der Komplexität der Prozesse und deren Wechselwirkungen; und

3)   der Kompetenz der Personen.

7.5.2   Erstellen und Aktualisieren

Beim Erstellen und Aktualisieren dokumentierter Information muss die Organisation:

a)   angemessene Kennzeichnung und Beschreibung (z. B. Titel, Datum, Autor oder Referenznummer);

b)   angemessenes Format (z. B. Sprache, Softwareversion, Graphiken) und Medium (z. B. Papier, elektronisches Medium); und

c)   angemessene Überprüfung und Genehmigung im Hinblick auf Eignung und Angemessenheit

sicherstellen.

DIN EN ISO/IEC 27001:2017-06
EN ISO/IEC 27001:2017 (D)

7.5.3 Lenkung dokumentierter Information

Die für das Informationssicherheitsmanagementsystem erforderliche und von dieser Internationalen Norm geforderte dokumentierte Information muss gelenkt werden, um sicherzustellen, dass sie

a) verfügbar und für die Verwendung geeignet ist, wo und wann sie benötigt wird; und

b) angemessen geschützt wird (z. B. vor Verlust der Vertraulichkeit, unsachgemäßem Gebrauch oder Verlust der Integrität).

Zur Lenkung dokumentierter Information muss die Organisation, falls zutreffend, folgende Tätigkeiten berücksichtigen:

c) Verteilung, Zugriff, Auffindung und Verwendung;

d) Ablage/Speicherung und Erhaltung, einschließlich Erhaltung der Lesbarkeit;

e) Überwachung von Änderungen (z. B. Versionskontrolle); und

f) Aufbewahrung und Verfügung über den weiteren Verbleib.

Dokumentierte Information externer Herkunft, die von der Organisation als notwendig für Planung und Betrieb des Informationssicherheitsmanagementsystems bestimmt wurde, muss angemessen gekennzeichnet und gelenkt werden.

ANMERKUNG   Zugriff kann eine Entscheidung voraussetzen, mit der die Erlaubnis erteilt wird, dokumentierte Information lediglich zu lesen, oder die Erlaubnis und Befugnis zum Lesen und Ändern dokumentierter Information usw.

8   Betrieb

8.1   Betriebliche Planung und Steuerung

Die Organisation muss die Prozesse zur Erfüllung der Informationssicherheitsanforderungen und zur Durchführung der unter 6.1 bestimmten Maßnahmen planen, verwirklichen und steuern. Die Organisation muss darüber hinaus Pläne verwirklichen, um die in 6.2 bestimmten Informationssicherheitsziele zu erreichen.

Die Organisation muss dokumentierte Information im notwendigen Umfang aufbewahren, so dass darauf vertraut werden kann, dass die Prozesse wie geplant umgesetzt wurden.

Die Organisation muss geplante Änderungen überwachen sowie die Folgen unbeabsichtigter Änderungen beurteilen und, falls notwendig, Maßnahmen ergreifen, um jegliche negativen Auswirkungen zu vermindern.

Die Organisation muss sicherstellen, dass ausgegliederte Prozesse bestimmt und gesteuert werden.

8.2   Informationssicherheitsrisikobeurteilung

Die Organisation muss in geplanten Abständen Informationssicherheitsrisikobeurteilungen vornehmen oder immer dann, wenn erhebliche Änderungen vorgeschlagen werden oder auftreten. Dabei sind die in 6.1.2 a) festgelegten Kriterien zu berücksichtigen.

Die Organisation muss dokumentierte Information über die Ergebnisse der Informationssicherheitsrisikobeurteilungen aufbewahren.

DIN EN ISO/IEC 27001:2017-06
EN ISO/IEC 27001:2017 (D)

8.3   Informationssicherheitsrisikobehandlung

Die Organisation muss den Plan für die Informationssicherheitsrisikobehandlung umsetzen.

Die Organisation muss dokumentierte Information über die Ergebnisse der Informationssicherheitsrisiko-behandlung aufbewahren.

9   Bewertung der Leistung

9.1   Überwachung, Messung, Analyse und Bewertung

Die Organisation muss die Informationssicherheitsleistung und die Wirksamkeit des Informationssicher-heitsmanagementsystems bewerten.

Die Organisation muss bestimmen:

a)   was überwacht und gemessen werden muss, einschließlich der Informationssicherheitsprozesse und Maßnahmen;

b)   die Methoden zur Überwachung, Messung, Analyse und Bewertung, sofern zutreffend, um gültige Ergebnisse sicherzustellen;

   ANMERKUNG Die ausgewählten Methoden sollten zu vergleichbaren und reproduzierbaren Ergebnissen führen, damit sie als gültig zu betrachten sind.

c)   wann die Überwachung und Messung durchzuführen ist;

d)   wer überwachen und messen muss;

e)   wann die Ergebnisse der Überwachung und Messung zu analysieren und zu bewerten sind; und

f)   wer diese Ergebnisse analysieren und bewerten muss.

Die Organisation muss geeignete dokumentierte Information als Nachweis der Ergebnisse aufbewahren.

9.2   Internes Audit

Die Organisation muss in geplanten Abständen interne Audits durchführen, um Informationen darüber zu erhalten, ob das Informationssicherheitsmanagementsystem:

a)   die Anforderungen

   1)   der Organisation an ihr Informationssicherheitsmanagementsystem; und

   2)   dieser Internationalen Norm

erfüllt;

b)   wirksam verwirklicht und aufrechterhalten wird.

DIN EN ISO/IEC 27001:2017-06
EN ISO/IEC 27001:2017 (D)

Die Organisation muss:

c) ein oder mehrere Auditprogramme planen, aufbauen, verwirklichen und aufrechterhalten einschließlich der Häufigkeit von Audits, Methoden, Verantwortlichkeiten, Anforderungen an die Planung sowie Berichterstattung. Die Auditprogramme müssen die Bedeutung der betroffenen Prozesse und die Ergebnisse vorheriger Audits berücksichtigen;

d) für jedes Audit die Auditkriterien sowie den Umfang festlegen;

e) Auditoren so auswählen und Audits so durchführen, dass die Objektivität und Unparteilichkeit des Auditprozesses sichergestellt sind;

f) sicherstellen, dass die Ergebnisse der Audits gegenüber der zuständigen Leitung berichtet werden; und

g) dokumentierte Information als Nachweis des/der Auditprogramms(e) und der Ergebnisse der Audits aufbewahren.

9.3 Managementbewertung

Die oberste Leitung muss das Informationssicherheitsmanagementsystem der Organisation in geplanten Abständen bewerten, um dessen fortdauernde Eignung, Angemessenheit und Wirksamkeit sicherzustellen.

Die Managementbewertung muss folgende Aspekte behandeln:

a) den Status von Maßnahmen vorheriger Managementbewertungen;

b) Veränderungen bei externen und internen Themen, die das Informationssicherheitsmanagementsystem betreffen;

c) Rückmeldung über die Informationssicherheitsleistung, einschließlich Entwicklungen bei:

    1) Nichtkonformitäten und Korrekturmaßnahmen;

    2) Ergebnissen von Überwachungen und Messungen;

    3) Auditergebnissen; und

    4) Erreichung von Informationssicherheitszielen;

d) Rückmeldung von interessierten Parteien;

e) Ergebnisse der Risikobeurteilung und Status des Plans für die Risikobehandlung; und

f) Möglichkeiten zur fortlaufenden Verbesserung.

Die Ergebnisse der Managementbewertung müssen Entscheidungen zu Möglichkeiten der fortlaufenden Verbesserung sowie zu jeglichem Änderungsbedarf am Informationssicherheitsmanagementsystem enthalten.

Die Organisation muss dokumentierte Information als Nachweis der Ergebnisse der Managementbewertung aufbewahren.

15

DIN EN ISO/IEC 27001:2017-06
EN ISO/IEC 27001:2017 (D)

10 Verbesserung

10.1 Nichtkonformität und Korrekturmaßnahmen

Wenn eine Nichtkonformität auftritt, muss die Organisation:

a) darauf reagieren und falls zutreffend:

    1) Maßnahmen zur Überwachung und zur Korrektur ergreifen; und

    2) mit den Folgen umgehen;

b) die Notwendigkeit von Maßnahmen zur Beseitigung der Ursache von Nichtkonformitäten bewerten, damit diese nicht erneut oder an anderer Stelle auftreten, und zwar durch:

    1) Überprüfen der Nichtkonformität;

    2) Bestimmen der Ursachen der Nichtkonformität; und

    3) Bestimmen, ob vergleichbare Nichtkonformitäten bestehen, oder möglicherweise auftreten könnten;

c) jegliche erforderliche Maßnahme einleiten;

d) die Wirksamkeit jeglicher ergriffener Korrekturmaßnahme überprüfen; und

e) sofern erforderlich, das Informationssicherheitsmanagementsystem ändern.

Korrekturmaßnahmen müssen den Auswirkungen der aufgetretenen Nichtkonformitäten angemessen sein.

Die Organisation muss dokumentierte Information aufbewahren, als Nachweis:

f) der Art der Nichtkonformität sowie jeder daraufhin getroffenen Maßnahme; und

g) der Ergebnisse jeder Korrekturmaßnahme.

10.2 Fortlaufende Verbesserung

Die Organisation muss die Eignung, Angemessenheit und Wirksamkeit ihres Informationssicherheitsmanagementsystems fortlaufend verbessern.

DIN EN ISO/IEC 27001:2017-06
EN ISO/IEC 27001:2017 (D)

Anhang A
(normativ)

Referenzmaßnahmenziele und -maßnahmen

Die in Tabelle A.1 aufgeführten Maßnahmenziele und Maßnahmen sind aus denjenigen, die in ISO/IEC 27002 [1], Abschnitte 5 bis 18, genannt sind, direkt abgeleitet, daran ausgerichtet und müssen im Kontext mit 6.1.3 angewendet werden.

Tabelle A.1 — Maßnahmenziele und Maßnahmen

A.5 Informationssicherheitsrichtlinien		
A.5.1	**Vorgaben der Leitung für Informationssicherheit**	
Ziel: Vorgaben und Unterstützung für die Informationssicherheit sind seitens der Leitung in Übereinstimmung mit geschäftlichen Anforderungen und den relevanten Gesetzen und Vorschriften bereitgestellt.		
A.5.1.1	Informationssicherheits-richtlinien	*Maßnahme* Ein Satz Informationssicherheitsrichtlinien ist festgelegt, von der Leitung genehmigt, herausgegeben und den Beschäftigten sowie relevanten externen Parteien bekanntgemacht.
A.5.1.2	Überprüfung der Informations-sicherheitsrichtlinien	*Maßnahme* Die Informationssicherheitsrichtlinien werden in geplanten Abständen oder jeweils nach erheblichen Änderungen überprüft, um sicherzustellen, dass sie nach wie vor geeignet, angemessen und wirksam sind.
A.6 Organisation der Informationssicherheit		
A.6.1	**Interne Organisation**	
Ziel: Ein Rahmenwerk für die Leitung, mit dem die Umsetzung der Informationssicherheit in der Organisation eingeleitet und gesteuert werden kann, ist eingerichtet.		
A.6.1.1	Informationssicherheitsrollen und -verantwortlichkeiten	*Maßnahme* Alle Informationssicherheitsverantwortlichkeiten sind festgelegt und zugeordnet.
A.6.1.2	Aufgabentrennung	*Maßnahme* Miteinander in Konflikt stehende Aufgaben und Verantwortlichkeitsbereiche sind getrennt, um die Möglichkeiten zu unbefugter oder unbeabsichtigter Änderung oder zum Missbrauch der Werte der Organisation zu reduzieren.
A.6.1.3	Kontakt mit Behörden	*Maßnahme* Angemessene Kontakte mit relevanten Behörden werden gepflegt.
A.6.1.4	Kontakt mit speziellen Interessensgruppen	*Maßnahme* Angemessene Kontakte mit speziellen Interessensgruppen oder sonstigen sicherheitsorientierten Expertenforen und Fachverbänden werden gepflegt.
A.6.1.5	Informationssicherheit im Projektmanagement	*Maßnahme* Informationssicherheit wird im Projektmanagement berücksichtigt, ungeachtet der Art des Projekts.

17

DIN EN ISO/IEC 27001:2017-06
EN ISO/IEC 27001:2017 (D)

A.6.2	Mobilgeräte[N1)] und Telearbeit	
Ziel: Die Informationssicherheit bei Telearbeit und der Nutzung von Mobilgeräten ist sichergestellt.		
A.6.2.1	Richtlinie zu Mobilgeräten	*Maßnahme* Eine Richtlinie und unterstützende Sicherheitsmaßnahmen sind umgesetzt, um die Risiken, welche durch die Nutzung von Mobilgeräten bedingt sind, zu handhaben.
A.6.2.2	Telearbeit	*Maßnahme* Eine Richtlinie und unterstützende Sicherheitsmaßnahmen zum Schutz von Information, auf die von Telearbeitsplätzen aus zugegriffen wird oder die dort verarbeitet oder gespeichert werden, sind umgesetzt.
A.7 Personalsicherheit		
A.7.1	**Vor der Beschäftigung**	
Ziel: Es ist sichergestellt, dass Beschäftigte und Auftragnehmer ihre Verantwortlichkeiten verstehen und für die für sie vorgesehenen Rollen geeignet sind.		
A.7.1.1	Sicherheitsüberprüfung	*Maßnahme* Alle Personen, die sich um eine Beschäftigung bewerben, werden einer Sicherheitsüberprüfung unterzogen, die im Einklang mit den relevanten Gesetzen, Vorschriften und ethischen Grundsätzen sowie in einem angemessenen Verhältnis zu den geschäftlichen Anforderungen, der Einstufung der einzuholenden Information und den wahrgenommenen Risiken ist.
A.7.1.2	Beschäftigungs- und Vertragsbedingungen	*Maßnahme* In den vertraglichen Vereinbarungen mit Beschäftigten und Auftragnehmern sind deren Verantwortlichkeiten und diejenigen der Organisation festgelegt.
A.7.2	**Während der Beschäftigung**	
Ziel: Es ist sichergestellt, dass Beschäftigte und Auftragnehmer sich ihrer Verantwortlichkeiten bezüglich der Informationssicherheit bewusst sind und diesen nachkommen.		
A.7.2.1	Verantwortlichkeiten der Leitung	*Maßnahme* Die Leitung verlangt von allen Beschäftigten und Auftragnehmern, dass sie die Informationssicherheit im Einklang mit den eingeführten Richtlinien und Verfahren der Organisation umsetzen.
A.7.2.2	Informationssicherheits-bewusstsein, -ausbildung und -schulung	*Maßnahme* Alle Beschäftigten der Organisation und, wenn relevant, Auftragnehmer, bekommen ein angemessenes Bewusstsein durch Ausbildung und Schulung sowie regelmäßige Aktualisierungen zu den Richtlinien und Verfahren der Organisation, die für ihr berufliches Arbeitsgebiet relevant sind.
A.7.2.3	Maßregelungsprozess	*Maßnahme* Ein formal festgelegter und bekanntgegebener Maßregelungsprozess ist eingerichtet, um Maßnahmen gegen Beschäftigte zu ergreifen, die einen Informationssicherheitsverstoß begangen haben.

N1) Nationale Fußnote: Mobilgeräte umfassen mobile Endgeräte jeder Art (Smartphones, Tablets, Laptops, Netbooks usw.).

DIN EN ISO/IEC 27001:2017-06
EN ISO/IEC 27001:2017 (D)

A.7.3	**Beendigung und Änderung der Beschäftigung**	
Ziel: Der Schutz der Interessen der Organisation ist Teil des Prozesses der Änderung oder Beendigung einer Beschäftigung.		
A.7.3.1	Verantwortlichkeiten bei Beendigung oder Änderung der Beschäftigung	*Maßnahme* Verantwortlichkeiten und Pflichten im Bereich der Informationssicherheit, die auch nach Beendigung oder Änderung der Beschäftigung bestehen bleiben, sind festgelegt, dem Beschäftigten oder Auftragnehmer mitgeteilt und durchgesetzt.

A.8 Verwaltung der Werte		
A.8.1	**Verantwortlichkeit für Werte**	
Ziel: Die Werte der Organisation sind identifiziert und angemessene Verantwortlichkeiten zu ihrem Schutz sind festgelegt.		
A.8.1.1	Inventarisierung der Werte	*Maßnahme* ⒞₁ Information und andere ⒞₁ Werte, die mit Information und informationsverarbeitenden Einrichtungen in Zusammenhang stehen, sind erfasst und ein Inventar dieser Werte ist erstellt und wird gepflegt.
A.8.1.2	Zuständigkeit für Werte	*Maßnahme* Für alle Werte, die im Inventar geführt werden, gibt es Zuständige.
A.8.1.3	zulässiger Gebrauch von Werten	*Maßnahme* Regeln für den zulässigen Gebrauch von Information und Werten, die mit Information und informationsverarbeitenden Einrichtungen in Zusammenhang stehen, sind aufgestellt, dokumentiert und angewendet.
A.8.1.4	Rückgabe von Werten	Alle Beschäftigten und sonstige Benutzer, die zu externen Parteien gehören, geben bei Beendigung des Beschäftigungsverhältnisses, des Vertrages oder der Vereinbarung sämtliche in ihrem Besitz befindlichen Werte, die der Organisation gehören, zurück.
A.8.2	**Informationsklassifizierung**	
Ziel: Es ist sichergestellt, dass Information ein angemessenes Schutzniveau entsprechend ihrer Bedeutung für die Organisation erhält.		
A.8.2.1	Klassifizierung von Information	*Maßnahme* Information ist anhand der gesetzlichen Anforderungen, ihres Wertes, ihrer Kritikalität und ihrer Empfindlichkeit gegenüber unbefugter Offenlegung oder Veränderung klassifiziert.
A.8.2.2	Kennzeichnung von Information	*Maßnahme* Ein angemessener Satz von Verfahren zur Kennzeichnung von Information ist entsprechend dem von der Organisation eingesetzten Informationsklassifizierungsschema entwickelt und umgesetzt.
A.8.2.3	Handhabung von Werten	*Maßnahme* Verfahren für die Handhabung von Werten sind entsprechend dem von der Organisation eingesetzten Informationsklassifizierungsschema entwickelt und umgesetzt.

DIN EN ISO/IEC 27001:2017-06
EN ISO/IEC 27001:2017 (D)

A.8.3	Handhabung von Datenträgern	
Ziel: Die unerlaubte Offenlegung, Veränderung, Entfernung oder Zerstörung von Information, die auf Datenträgern gespeichert ist, wird unterbunden.		
A.8.3.1	Handhabung von Wechseldatenträgern	*Maßnahme* Verfahren für die Handhabung von Wechseldatenträgern sind entsprechend dem von der Organisation eingesetzten Informationsklassifizierungsschema umgesetzt.
A.8.3.2	Entsorgung von Datenträgern	*Maßnahme* Nicht mehr benötigte Datenträger werden sicher und unter Anwendung formaler Verfahren entsorgt.
A.8.3.3	Transport von Datenträgern	*Maßnahme* Datenträger, die Information enthalten, sind während des Transports vor unbefugtem Zugriff, Missbrauch oder Verfälschung geschützt.

A.9 Zugangssteuerung[N2)]		
A.9.1	**Geschäftsanforderungen an die Zugangssteuerung**	
Ziel: Der Zugang zu Information und informationsverarbeitenden Einrichtungen ist eingeschränkt.		
A.9.1.1	Zugangssteuerungsrichtlinie	*Maßnahme* Eine Zugangssteuerungsrichtlinie ist auf Grundlage der geschäftlichen und sicherheitsrelevanten Anforderungen erstellt, dokumentiert und überprüft.
A.9.1.2	Zugang zu Netzwerken und Netzwerkdiensten	*Maßnahme* Benutzer haben ausschließlich Zugang zu denjenigen Netzwerken und Netzwerkdiensten, zu deren Nutzung sie ausdrücklich befugt sind.
A.9.2	**Benutzerzugangsverwaltung**	
Ziel: Es ist sichergestellt, dass befugte Benutzer Zugang zu Systemen und Diensten haben und unbefugter Zugang unterbunden wird.		
A.9.2.1	Registrierung und Deregistrierung von Benutzern	*Maßnahme* Ein formaler Prozess für die Registrierung und Deregistrierung von Benutzern ist umgesetzt, um die Zuordnung von Zugangsrechten zu ermöglichen.
A.9.2.2	Zuteilung von Benutzerzugängen	*Maßnahme* Ein formaler Prozess zur Zuteilung von Benutzerzugängen ist umgesetzt, um die Zugangsrechte für alle Benutzerarten zu allen Systemen und Diensten zuzuweisen oder zu entziehen.
A.9.2.3	Verwaltung privilegierter Zugangsrechte	*Maßnahme* Zuteilung und Gebrauch von privilegierten Zugangsrechten ist eingeschränkt und wird gesteuert.
A.9.2.4	Verwaltung geheimer Authentisierungsinformation von Benutzern	*Maßnahme* Die Zuordnung von geheimer Authentisierungsinformation wird über einen formalen Verwaltungsprozess gesteuert.

N2) Nationale Fußnote: Der Zugang kann sowohl physisch als auch logisch erfolgen.

20

DIN EN ISO/IEC 27001:2017-06
EN ISO/IEC 27001:2017 (D)

| A.9.2.5 | Überprüfung von Benutzerzugangsrechten | *Maßnahme* Die für Werte Zuständigen überprüfen in regelmäßigen Abständen die Benutzerzugangsrechte. |
| A.9.2.6 | Entzug oder Anpassung von Zugangsrechten | *Maßnahme* Die Zugangsrechte aller Beschäftigten und Benutzer, die zu externen Parteien gehören, auf Information und informationsverarbeitende Einrichtungen werden bei Beendigung des Beschäftigungsverhältnisses, des Vertrages oder der Vereinbarung entzogen oder bei einer Änderung angepasst. |

A.9.3   Benutzerverantwortlichkeiten

Ziel: Benutzer sind für den Schutz ihrer Authentisierungsinformation verantwortlich gemacht.

| A.9.3.1 | Gebrauch geheimer Authentisierungsinformation | *Maßnahme* Benutzer sind verpflichtet, die Regeln der Organisation zur Verwendung geheimer Authentisierungsinformation zu befolgen. |

A.9.4   Zugangssteuerung für Systeme und Anwendungen

Ziel: Unbefugter Zugang zu Systemen und Anwendungen ist unterbunden.

A.9.4.1	Informationszugangs-beschränkung	*Maßnahme* Zugang zu Information und Anwendungssystemfunktionen ist entsprechend der Zugangssteuerungsrichtlinie eingeschränkt.
A.9.4.2	sichere Anmeldeverfahren	*Maßnahme* Soweit es die Zugangssteuerungsrichtlinie erfordert, wird der Zugang zu Systemen und Anwendungen durch ein sicheres Anmeldeverfahren gesteuert.
A.9.4.3	System zur Verwaltung von Kennwörtern	*Maßnahme* Systeme zur Verwaltung von Kennwörtern sind interaktiv sein und stellen starke Kennwörter sicher.
A.9.4.4	Gebrauch von Hilfsprogrammen mit privilegierten Rechten	*Maßnahme* Der Gebrauch von Hilfsprogrammen, die fähig sein könnten, System- und Anwendungsschutzmaßnahmen zu umgehen, ist eingeschränkt und streng überwacht.
A.9.4.5	Zugangssteuerung für Quellcode von Programmen	*Maßnahme* Zugang zu Quellcode von Programmen ist eingeschränkt.

A.10   Kryptographie

A.10.1   Kryptographische Maßnahmen

Ziel: Der angemessene und wirksame Gebrauch von Kryptographie zum Schutz der Vertraulichkeit, Authentizität oder Integrität von Information ist sichergestellt.

| A.10.1.1 | Richtlinie zum Gebrauch von kryptographischen Maßnahmen | *Maßnahme* Eine Richtlinie für den Gebrauch von kryptographischen Maßnahmen zum Schutz von Information ist entwickelt und umgesetzt. |
| A.10.1.2 | Schlüsselverwaltung | *Maßnahme* Eine Richtlinie zum Gebrauch, zum Schutz und zur Lebensdauer von kryptographischen Schlüsseln ist entwickelt und wird über deren gesamten Lebenszyklus umgesetzt. |

DIN EN ISO/IEC 27001:2017-06
EN ISO/IEC 27001:2017 (D)

A.11	Physische und umgebungsbezogene Sicherheit	
A.11.1	**Sicherheitsbereiche**	
Ziel: Unbefugter Zutritt, die Beschädigung und die Beeinträchtigung von Information und informationsverarbeitenden Einrichtungen der Organisation sind verhindert.		
A.11.1.1	physischer Sicherheitsperimeter	*Maßnahme* Zum Schutz von Bereichen, in denen sich entweder sensible oder kritische Information oder informationsverarbeitende Einrichtungen befinden, sind Sicherheitsperimeter festgelegt und werden verwendet.
A.11.1.2	physische Zutrittssteuerung	*Maßnahme* Sicherheitsbereiche sind durch eine angemessene Zutritts-steuerung geschützt, um sicherzustellen, dass nur berechtigtes Personal Zugang hat.
A.11.1.3	Sichern von Büros, Räumen und Einrichtungen	*Maßnahme* Die physische Sicherheit für Büros, Räume und Einrichtungen ist konzipiert und wird angewendet.
A.11.1.4	Schutz vor externen und umweltbedingten Bedrohungen	*Maßnahme* Physischer Schutz vor Naturkatastrophen, bösartigen Angriffen oder Unfällen ist konzipiert und wird angewendet.
A.11.1.5	Arbeiten in Sicherheitsbereichen	*Maßnahme* Verfahren für das Arbeiten in Sicherheitsbereichen sind konzipiert und werden angewendet.
A.11.1.6	Anlieferungs- und Ladebereiche	*Maßnahme* Zutrittsstellen wie Anlieferungs- und Ladebereiche sowie andere Stellen, über die unbefugte Personen die Räumlich-keiten betreten könnten, werden überwacht und sind, falls möglich, von informationsverarbeitenden Einrichtungen getrennt, um unbefugten Zutritt zu verhindern.
A.11.2	**Geräte und Betriebsmittel**	
Ziel: Verlust, Beschädigung, Diebstahl oder Gefährdung von Werten und die Unterbrechung von Organisationstätigkeiten sind unterbunden.		
A.11.2.1	Platzierung und Schutz von Geräten und Betriebsmitteln	*Maßnahme* Geräte und Betriebsmittel sind so platziert und geschützt, dass Risiken durch umweltbedingte Bedrohungen und Gefahren sowie Möglichkeiten des unbefugten Zugangs verringert sind.
A.11.2.2	Versorgungseinrichtungen[N3]	*Maßnahme* Geräte und Betriebsmittel sind vor Stromausfällen und anderen Störungen, die durch Ausfälle von Versorgungs-einrichtungen verursacht werden, geschützt.
A.11.2.3	Sicherheit der Verkabelung	*Maßnahme* Telekommunikationsverkabelung, welche Daten trägt oder Informationsdienste unterstützt, und die Stromverkabelung sind vor Unterbrechung, Störung oder Beschädigung geschützt.

N3) Nationale Fußnote: Unter Versorgungseinrichtungen werden auch Entsorgungseinrichtungen verstanden.

DIN EN ISO/IEC 27001:2017-06
EN ISO/IEC 27001:2017 (D)

A.11.2.4	Instandhalten von Geräten und Betriebsmitteln	*Maßnahme* Geräte und Betriebsmittel werden ordnungsgemäß Instand gehalten, um ihre fortgesetzte Verfügbarkeit und Integrität sicherzustellen.
A.11.2.5	Entfernen von Werten	*Maßnahme* Geräte, Betriebsmittel, Information oder Software werden nicht ohne vorherige Genehmigung vom Betriebsgelände entfernt.
A.11.2.6	Sicherheit von Geräten, Betriebsmitteln und Werten außerhalb der Räumlichkeiten	*Maßnahme* Werte außerhalb des Standorts werden gesichert, um die verschiedenen Risiken beim Betrieb außerhalb der Räumlichkeiten der Organisation zu berücksichtigen.
A.11.2.7	sichere Entsorgung oder Wiederverwendung von Geräten und Betriebsmitteln	*Maßnahme* Alle Arten von Geräten und Betriebsmitteln, die Speichermedien enthalten, werden überprüft, um sicherzustellen, dass jegliche sensiblen Daten und lizenzierte Software vor ihrer Entsorgung oder Wiederverwendung entfernt oder sicher überschrieben worden sind.
A.11.2.8	unbeaufsichtigte Benutzergeräte	*Maßnahme* Benutzer stellen sicher, dass unbeaufsichtigte Geräte und Betriebsmittel angemessen geschützt sind.
A.11.2.9	Richtlinie für eine aufgeräumte Arbeitsumgebung und Bildschirmsperren	*Maßnahme* Richtlinien für eine aufgeräumte Arbeitsumgebung hinsichtlich Unterlagen und Wechseldatenträgern und für Bildschirmsperren für informationsverarbeitende Einrichtungen werden angewendet.

A.12   Betriebssicherheit

A.12.1   Betriebsabläufe und -verantwortlichkeiten

Ziel: Der ordnungsgemäße und sichere Betrieb von informationsverarbeitenden Einrichtungen ist sichergestellt.

A.12.1.1	Dokumentierte Bedienabläufe	*Maßnahme* Die Bedienabläufe sind dokumentiert und allen Benutzern, die sie benötigen, zugänglich.
A.12.1.2	Änderungssteuerung	*Maßnahme* Änderungen der Organisation, der Geschäftsprozesse, an den informationsverarbeitenden Einrichtungen und an den Systemen werden gesteuert.
A.12.1.3	Kapazitätssteuerung	*Maßnahme* Die Ressourcennutzung/Benutzung von Ressourcen wird überwacht und abgestimmt, und es werden Prognosen zu zukünftigen Kapazitätsanforderungen erstellt, um die erforderliche Systemleistung sicherzustellen.
A.12.1.4	Trennung von Entwicklungs-, Test- und Betriebsumgebungen	*Maßnahme* Entwicklungs-, Test- und Betriebsumgebungen sind voneinander getrennt, um das Risiko unbefugter Zugriffe auf oder Änderungen an der Betriebsumgebung zu verringern.

DIN EN ISO/IEC 27001:2017-06
EN ISO/IEC 27001:2017 (D)

A.12.2	Schutz vor Schadsoftware	
Ziel: Information und informationsverarbeitende Einrichtungen sind vor Schadsoftware geschützt.		
A.12.2.1	Maßnahmen gegen Schadsoftware	**Maßnahme** Erkennungs-, Vorbeugungs- und Wiederherstellungsmaßnahmen zum Schutz vor Schadsoftware in Verbindung mit einer angemessenen Sensibilisierung der Benutzer sind umgesetzt.

A.12.3	Datensicherung	
Ziel: Daten sind vor Verlust geschützt.		
A.12.3.1	Sicherung von Information	**Maßnahme** Sicherheitskopien von Information, Software und Systemabbildern werden entsprechend einer vereinbarten Sicherungsrichtlinie angefertigt und regelmäßig getestet.

A.12.4	Protokollierung und Überwachung	
Ziel: Ereignisse sind aufgezeichnet und Nachweise sind erzeugt.		
A.12.4.1	Ereignisprotokollierung	**Maßnahme** Ereignisprotokolle, die Benutzertätigkeiten, Ausnahmen, Störungen und Informationssicherheitsvorfälle aufzeichnen, werden erzeugt, aufbewahrt und regelmäßig überprüft.
A.12.4.2	Schutz der Protokollinformation	**Maßnahme** Protokollierungseinrichtungen und Protokollinformation sind vor Manipulation und unbefugtem Zugriff geschützt.
A.12.4.3	Administratoren- und Bedienerprotokolle	**Maßnahme** Tätigkeiten von Systemadministratoren und Systembedienern werden aufgezeichnet und die Protokolle sind geschützt und werden regelmäßig überprüft.
A.12.4.4	Uhrensynchronisation	**Maßnahme** Die Uhren aller relevanten informationsverarbeitenden Systeme innerhalb einer Organisation oder eines Sicherheitsbereichs werden mit einer einzigen Referenzzeitquelle synchronisiert.

A.12.5	Steuerung von Software im Betrieb	
Ziel: Die Integrität von Systemen im Betrieb ist sichergestellt.		
A.12.5.1	Installation von Software auf Systemen im Betrieb	**Maßnahme** Verfahren zur Steuerung der Installation von Software auf Systemen im Betrieb sind umgesetzt.

A.12.6	Handhabung technischer Schwachstellen	
Ziel: Die Ausnutzung technischer Schwachstellen ist verhindert.		
A.12.6.1	Handhabung von technischen Schwachstellen	**Maßnahme** Information über technische Schwachstellen verwendeter Informationssysteme wird rechtzeitig eingeholt, die Gefährdung der Organisation durch derartige Schwachstellen wird bewertet und angemessene Maßnahmen werden ergriffen, um das dazugehörige Risiko zu behandeln.

DIN EN ISO/IEC 27001:2017-06
EN ISO/IEC 27001:2017 (D)

A.12.6.2	Einschränkung von Softwareinstallation	*Maßnahme* Regeln für die Softwareinstallation durch Benutzer sind festgelegt und umgesetzt.
A.12.7	**Audit von Informationssystemen**	
Ziel: Die Auswirkung von Audittätigkeiten auf Systeme im Betrieb ist minimiert.		
A.12.7.1	Maßnahmen für Audits von Informationssystemen	*Maßnahme* Auditanforderungen und -tätigkeiten, welche eine Überprüfung betrieblicher Systeme beinhalten, werden sorgfältig geplant und vereinbart, um Störungen der Geschäftsprozesse zu minimieren.
A.13	**Kommunikationssicherheit**	
A.13.1	**Netzwerksicherheitsmanagement**	
Ziel: Der Schutz von Information in Netzwerken und den unterstützenden informationsverarbeitenden Einrichtungen ist sichergestellt.		
A.13.1.1	Netzwerksteuerungs-maßnahmen	*Maßnahme* Netzwerke werden verwaltet und gesteuert, um Information in Systemen und Anwendungen zu schützen.
A.13.1.2	Sicherheit von Netzwerkdiensten	*Maßnahme* Sicherheitsmechanismen, Dienstgüte und Anforderungen an die Verwaltung aller Netzwerkdienste sind bestimmt und werden sowohl für interne als auch für ausgegliederte Netzwerkdienste in Vereinbarungen aufgenommen.
A.13.1.3	Trennung in Netzwerken	*Maßnahme* Informationsdienste, Benutzer und Informationssysteme in Netzwerken werden gruppenweise voneinander getrennt gehalten.
A.13.2	**Informationsübertragung**	
Ziel: Die Sicherheit von übertragener Information, sowohl innerhalb einer Organisation als auch mit jeglicher externen Stelle, ist aufrechterhalten.		
A.13.2.1	Richtlinien und Verfahren zur Informationsübertragung	*Maßnahme* Formale Übertragungsrichtlinien, -verfahren und -maßnahmen sind vorhanden, um die Übertragung von Information für alle Arten von Kommunikationseinrichtungen zu schützen.
A.13.2.2	Vereinbarungen zur Informationsübertragung	*Maßnahme* Vereinbarungen behandeln die sichere Übertragung von Geschäftsinformation zwischen der Organisation und externen Parteien.
A.13.2.3	elektronische Nachrichtenübermittlung	*Maßnahme* Information in der elektronischen Nachrichtenübermittlung ist angemessen geschützt.
A.13.2.4	Vertraulichkeits- oder Geheimhaltungsverein-barungen	*Maßnahme* Anforderungen an Vertraulichkeits- oder Geheimhaltungs-vereinbarungen, welche die Erfordernisse der Organisation an den Schutz von Information widerspiegeln, werden identifiziert, regelmäßig überprüft und sind dokumentiert.

DIN EN ISO/IEC 27001:2017-06
EN ISO/IEC 27001:2017 (D)

A.14	Anschaffung, Entwicklung und Instandhalten von Systemen	
A.14.1	**Sicherheitsanforderungen an Informationssysteme**	
Ziel: Es ist sichergestellt, dass Informationssicherheit ein fester Bestandteil über den gesamten Lebenszyklus von Informationssystemen ist. Dies beinhaltet auch die Anforderungen an Informationssysteme, die Dienste über öffentliche Netze bereitstellen.		
A.14.1.1	Analyse und Spezifikation von Informationssicherheitsanforderungen	*Maßnahme* Die Anforderungen, die sich auf Informationssicherheit beziehen, sind in die Anforderungen an neue Informationssysteme oder die Verbesserungen bestehender Informationssysteme aufgenommen.
A.14.1.2	Sicherung von Anwendungsdiensten in öffentlichen Netzwerken	*Maßnahme* Information, die durch Anwendungsdiensten über öffentliche Netzwerke übertragen wird, ist vor betrügerischer Tätigkeit, Vertragsstreitigkeiten und unbefugter Offenlegung sowie Veränderung geschützt.
A.14.1.3	Schutz der Transaktionen bei Anwendungsdiensten	*Maßnahme* Information, die an Transaktionen bei Anwendungsdiensten beteiligt ist, ist so geschützt, dass unvollständige Übertragung, Fehlleitung, unbefugte Offenlegung, unbefugte Vervielfältigung oder unbefugte Wiederholung von Nachrichten verhindert ist.
A.14.2	**Sicherheit in Entwicklungs- und Unterstützungsprozessen**	
Ziel: Es ist sichergestellt, dass Informationssicherheit im Entwicklungszyklus von Informationssystemen geplant und umgesetzt ist.		
A.14.2.1	Richtlinie für sichere Entwicklung	*Maßnahme* Regeln für die Entwicklung von Software und Systemen sind festgelegt und bei Entwicklungen innerhalb der Organisation angewendet.
A.14.2.2	Verfahren zur Verwaltung von Systemänderungen	*Maßnahme* Änderungen an Systemen innerhalb des Entwicklungszyklus werden durch formale Verfahren zur Verwaltung von Änderungen gesteuert.
A.14.2.3	technische Überprüfung von Anwendungen nach Änderungen an der Betriebsplattform	*Maßnahme* Bei Änderungen an Betriebsplattformen, werden geschäftskritische Anwendungen überprüft und getestet, um sicherzustellen, dass es keine negativen Auswirkungen auf die Organisationstätigkeiten oder Organisationssicherheit gibt.
A.14.2.4	Beschränkung von Änderungen an Softwarepaketen	*Maßnahme* Änderungen an Softwarepaketen werden nicht gefördert, sind auf das Erforderliche beschränkt und alle Änderungen unterliegen einer strikten Steuerung.
A.14.2.5	Grundsätze für die Analyse, Entwicklung und Pflege sicherer Systeme	*Maßnahme* Grundsätze für die Analyse, Entwicklung und Pflege sicherer Systeme sind festgelegt, dokumentiert, werden aktuell gehalten und bei jedem Umsetzungsvorhaben eines Informationssystems angewendet.

26

DIN EN ISO/IEC 27001:2017-06
EN ISO/IEC 27001:2017 (D)

A.14.2.6	sichere Entwicklungsumgebung	*Maßnahme* Organisationen schaffen sichere Entwicklungs-umgebungen für Systementwicklungs- und Systemintegrationsvorhaben über den gesamten Entwicklungszyklus und schützen diese angemessen.
A.14.2.7	ausgegliederte Entwicklung	*Maßnahme* Die Organisation beaufsichtigt und überwacht die Tätigkeit ausgegliederter Systementwicklung.
A.14.2.8	Testen der Systemsicherheit	*Maßnahme* Die Sicherheitsfunktionalität wird während der Entwicklung getestet.
A.14.2.9	Systemabnahmetest	*Maßnahme* Für neue Informationssysteme, Aktualisierungen und neue Versionen sind Abnahmetestprogramme und dazugehörige Kriterien festgelegt.

A.14.3 Testdaten

Ziel: Der Schutz von Daten, die für das Testen verwendet werden, ist sichergestellt.

A.14.3.1	Schutz von Testdaten	*Maßnahme* Testdaten werden sorgfältig ausgewählt, geschützt und gesteuert.

A.15   Lieferantenbeziehungen[N4)]

A.15.1 Informationssicherheit in Lieferantenbeziehungen

Ziel: Für Lieferanten zugängliche Werte des Unternehmens sind geschützt.

A.15.1.1	Informationssicherheits-richtlinie für Lieferanten-beziehungen	*Maßnahme* Die Informationssicherheitsanforderungen zur Verringerung von Risiken im Zusammenhang mit dem Zugriff von Lieferanten auf Werte der Organisation werden mit dem Zulieferer vereinbart und sind dokumentiert.
A.15.1.2	Behandlung von Sicherheit in Lieferantenvereinbarungen	*Maßnahme* Alle relevanten Informationssicherheitsanforderungen werden mit jedem Lieferanten, der Zugang zu Information der Organisation haben könnte, diese verarbeiten, speichern, weitergeben könnte oder IT-Infrastrukturkomponenten dafür bereitstellt, festgelegt und sind vereinbart.
A.15.1.3	Lieferkette für Informations- und Kommunikations-technologie	*Maßnahme* Anforderungen für den Umgang mit Informationssicherheits-risiken, die mit Informations- und Kommunikationsdienst-leistungen und der Produktlieferkette verbunden sind, werden in Vereinbarungen mit Lieferanten aufgenommen.

N4) Nationale Fußnote: Dienstleister werden hier ebenfalls als Lieferanten betrachtet.

DIN EN ISO/IEC 27001:2017-06
EN ISO/IEC 27001:2017 (D)

A.15.2	Steuerung der Dienstleistungserbringung von Lieferanten	
Ziel: Ein vereinbartes Niveau der Informationssicherheit und der Dienstleistungserbringung ist im Einklang mit Lieferantenverträgen aufrechterhalten.		
A.15.2.1	Überwachung und Überprüfung von Lieferantendienstleistungen	*Maßnahme* Organisationen überwachen, überprüfen und auditieren die Dienstleistungserbringung durch Lieferanten regelmäßig.
A.15.2.2	Handhabung der Änderungen von Lieferantendienst-leistungen	*Maßnahme* Änderungen bei der Bereitstellung von Dienstleistungen durch Lieferanten werden gesteuert. Solche Änderungen umfassen auch die Pflege und Verbesserung bestehender Informationssicherheitsrichtlinien, -verfahren und –maß-nahmen. Dabei werden die Kritikalität der betroffenen Geschäftsinformation, -systeme und -prozesse und eine erneute Risikobeurteilung beachtet.

A.16	Handhabung von Informationssicherheitsvorfällen	
A.16.1	**Handhabung von Informationssicherheitsvorfällen und Verbesserungen**	
Ziel: Eine konsistente und wirksame Herangehensweise für die Handhabung von Informations-sicherheitsvorfällen einschließlich der Benachrichtigung über Sicherheitsereignisse und Schwächen ist sichergestellt.		
A.16.1.1	Verantwortlichkeiten und Verfahren	*Maßnahme* Handhabungsverantwortlichkeiten und -verfahren sind festgelegt, um eine schnelle, effektive und geordnete Reaktion auf Informationssicherheits-vorfälle sicherzustellen.
A.16.1.2	Meldung von Informationssicherheits-ereignissen	*Maßnahme* Informationssicherheitsereignisse werden so schnell wie möglich über geeignete Kanäle zu deren Hand-habung gemeldet.
A.16.1.3	Meldung von Schwächen in der Informationssicherheit	*Maßnahme* Beschäftigte und Auftragnehmer, welche die Informationssysteme und -dienste der Organisation nutzen, werden angehalten, jegliche beobachteten oder vermuteten Schwächen in der Informations-sicherheit in Systemen oder Diensten festzuhalten und zu melden.
A.16.1.4	Beurteilung von und Entscheidung über Informationssicherheitsereignisse	*Maßnahme* Informationssicherheitsereignisse werden beurteilt, und es wird darüber entschieden, ob sie als Informationssicherheitsvorfälle einzustufen sind.
A.16.1.5	Reaktion auf Informationssicherheits-vorfälle	*Maßnahme* Auf Informationssicherheitsvorfälle wird entsprech-end den dokumentierten Verfahren reagiert.
A.16.1.6	Erkenntnisse aus Informations-sicherheitsvorfällen	*Maßnahme* Aus der Analyse und Lösung von Informationssicher-heitsvorfällen gewonnene Erkenntnisse werden dazu genutzt, die Eintrittswahrscheinlichkeit oder die Auswirkungen zukünftiger Vorfälle zu verringern.

DIN EN ISO/IEC 27001:2017-06

EN ISO/IEC 27001:2017 (D)

A.16.1.7	Sammeln von Beweismaterial	*Maßnahme*
		Die Organisation legt Verfahren für die Ermittlung, Sammlung, Erfassung und Aufbewahrung von Information, die als Beweismaterial dienen kann, fest und wendet diese an.

A.17 Informationssicherheitsaspekte beim Business Continuity Management

A.17.1 Aufrechterhalten der Informationssicherheit

Ziel: Die Aufrechterhaltung der Informationssicherheit ist in das Business Continuity Managementsystem der Organisation eingebettet.

A.17.1.1	Planung zur Aufrechterhaltung der Informationssicherheit	*Maßnahme*
		Die Organisation bestimmt ihre Anforderungen an die Informationssicherheit und zur Aufrechterhaltung des Informationssicherheitsmanagements bei widrigen Situationen, z. B. Krise oder Katastrophe.
A.17.1.2	Umsetzen der Aufrecht-erhaltung der Informations-sicherheit	*Maßnahme*
		Die Organisation legt Prozesse, Verfahren und Maßnahmen fest, dokumentiert, setzt sie um und erhält diese aufrecht, um das erforderliche Niveau an Informationssicherheit in einer widrigen Situation aufrechterhalten zu können.
A.17.1.3	Überprüfen und Bewerten der Aufrechterhaltung der Informationssicherheit	*Maßnahme*
		Die Organisation überprüft in regelmäßigen Abständen die festgelegten und umgesetzten Maßnahmen zur Aufrecht-erhaltung der Informationssicherheit, um sicherzustellen dass diese gültig und in widrigen Situationen wirksam sind.

A.17.2 Redundanzen

Ziel: Die Verfügbarkeit von informationsverarbeitenden Einrichtungen ist sichergestellt.

A.17.2.1	Verfügbarkeit von informationsverarbeitenden Einrichtungen	*Maßnahme*
		Informationsverarbeitende Einrichtungen werden mit ausreichender Redundanz zur Einhaltung der Verfügbarkeits-anforderungen realisiert.

A.18 Compliance

A.18.1 Einhaltung gesetzlicher und vertraglicher Anforderungen

Ziel: Verstöße gegen gesetzliche, regulatorische, selbstauferlegte oder vertragliche Verpflichtungen mit Bezug auf Informationssicherheit und gegen jegliche Sicherheitsanforderungen sind vermieden.

A.18.1.1	Bestimmung der anwendbaren Gesetzgebung und der vertraglichen Anforderungen	*Maßnahme*
		Alle relevanten gesetzlichen, regulatorischen, selbstaufer-legten oder vertraglichen Anforderungen sowie das Vorgehen der Organisation zur Einhaltung dieser Anforderungen sind für jedes Informationssystem und die Organisation ausdrücklich bestimmt und dokumentiert und werden auf dem neuesten Stand gehalten.
A.18.1.2	geistige Eigentumsrechte	*Maßnahme*
		Es sind angemessene Verfahren umgesetzt, mit denen die Einhaltung gesetzlicher, regulatorischer und vertraglicher Anforderungen mit Bezug auf geistige Eigentumsrechte und die Verwendung von urheberrechtlich geschützten Software-produkten sichergestellt ist.

29

DIN EN ISO/IEC 27001:2017-06

EN ISO/IEC 27001:2017 (D)

A.18.1.3	Schutz von Aufzeichnungen	**Maßnahme** Aufzeichnungen sind gemäß gesetzlichen, regulatorischen, vertraglichen und geschäftlichen Anforderungen vor Verlust, Zerstörung, Fälschung, unbefugtem Zugriff und unbefugter Veröffentlichung geschützt.
A.18.1.4	Privatsphäre und Schutz von personenbezogener Information	**Maßnahme** Die Privatsphäre und der Schutz von personenbezogener Information sind, soweit anwendbar, entsprechend den Anforderungen der relevanten Gesetze und Vorschriften sichergestellt.
A.18.1.5	Regelungen bezüglich kryptographischer Maßnahmen	**Maßnahme** Kryptographische Maßnahmen werden unter Einhaltung aller relevanten Vereinbarungen, Gesetze und Vorschriften angewandt.

A.18.2 Überprüfungen der Informationssicherheit

Ziel: Informationssicherheit ist in Übereinstimmung mit den Richtlinien und Verfahren der Organisation umgesetzt und wird entsprechend angewendet.

A.18.2.1	unabhängige Überprüfung der Informationssicherheit	**Maßnahme** Die Vorgehensweise der Organisation für die Handhabung der Informationssicherheit und deren Umsetzung (d. h. Maßnahmenziele, Maßnahmen, Richtlinien, Prozesse und Verfahren zur Informationssicherheit) werden auf unabhängige Weise in planmäßigen Abständen oder jeweils bei erheblichen Änderungen überprüft.
A.18.2.2	Einhaltung von Sicherheits-richtlinien und -standards	**Maßnahme** Leitende Angestellte überprüfen regelmäßig die Einhaltung der jeweils anzuwendenden Sicherheitsrichtlinien, Standards und jeglicher sonstiger Sicherheitsanforderungen bei der Informationsverarbeitung und den Verfahren in ihrem Verantwortungsbereich.
A.18.2.3	Überprüfung der Einhaltung von technischen Vorgaben	**Maßnahme** Informationssysteme werden regelmäßig auf Einhaltung der Informationssicherheitsrichtlinien und -standards der Organisation überprüft.

DIN EN ISO/IEC 27001:2017-06
EN ISO/IEC 27001:2017 (D)

Literaturhinweise

[1]   ISO/IEC 27002:2013, *Information technology — Security Techniques — Code of practice for information security controls*

[2]   ISO/IEC 27003, *Information technology — Security Techniques — Information security management system implementation guidance*

[3]   ISO/IEC 27004, *Information technology — Security Techniques — Information security management — Measurement*

[4]   ISO/IEC 27005, *Information technology — Security Techniques — Information security risk management*

[5]   ISO 31000:2009, *Risk Management — Principles and guidelines*

[6]   ISO/IEC Directives, Part 1, *Consolidated ISO Supplement — Procedures specific to ISO, 2012*

Prüfungsfragen mit Antworten zur ISO/IEC 27001 Foundation

Die ISO/IEC 27001 Foundation-Prüfung besteht aus 40 Multiple-Choice-Fragen, die innerhalb von 60 Minuten beantwortet werden müssen. Für jede Frage gibt es vier vorgegebene Antwortmöglichkeiten, und es ist immer genau eine dieser vier Antworten richtig. Die Prüfung besteht, wer mindestens 26 der 40 Fragen richtig beantwortet. Für nicht oder falsch beantwortete Fragen gibt es keinen Punkt, aber auch keinen Abzug.

In diesem Anhang sind zusätzlich zu den Fragen im Anschluss an die einzelnen Kapitel dieses Buches 40 weitere Fragen zusammengestellt, die vom Fragestil und Schwierigkeitsgrad her den „richtigen" Prüfungsfragen entsprechen. In Anhang C.1 sind die Antworten auf die bereits im Verlauf des Buches gestellten Prüfungsfragen zu finden, während in Anhang C.2 ein beispielhafter Prüfungsfragebogen abgedruckt ist, der ähnlich zu denen der offiziellen ISO/IEC-27001-Foundation-Prüfung ist. Die korrekten Antworten sowie Erklärungen und Querverweise zu den Prüfungsfragen sind im Anschluss an den Fragebogen ab Seite 250 zu finden.

■ C.1 Antworten auf die Prüfungsfragen zu den einzelnen Buchkapiteln

1.1 **Richtige Antwort: D**
Begründung: Der Begriff wird in ISO/IEC 27000 Abschnitt 2.12 so definiert; C beschreibt die Integrität.
Relevante Teile der Norm: ISO/IEC 27000 Abschnitt 2.12
Weiterführende Informationen in diesem Buch: Kapitel 1.2.3.1 und Anhang A

1.2 **Richtige Antwort: A**
Begründung: Der Begriff wird in ISO/IEC 27000 Abschnitt 2.9 so definiert; C definiert die Zugriffskontrolle.
Relevante Teile der Norm: ISO/IEC 27000 Abschnitt 2.9
Weiterführende Informationen in diesem Buch: Kapitel 1.2.3.3 und Anhang A

1.3 **Richtige Antwort: C**
Begründung: Der Begriff wird in ISO/IEC 27000 Abschnitt 2.54 so definiert; B defi-

niert die Verfügbarkeit und D die Verlässlichkeit.
Relevante Teile der Norm: ISO/IEC 27000 Abschnitt 2.54
Weiterführende Informationen in diesem Buch: Kapitel 1.2.3.5 und Anhang A

2.4 **Richtige Antwort: C**
Begründung: Die Norm stellt einen Leitfaden zum Aufbau eines ISMS für Telekommunikationsunternehmen durch spezielle Anpassung der ISO/IEC 27002 bereit.
Weiterführende Informationen in diesem Buch: Kapitel 2.4

2.5 **Richtige Antwort: D**
Begründung: D beschreibt die ISO/IEC 20000-Standards, die sich mit prozessorientiertem IT-Management befassen.
Weiterführende Informationen in diesem Buch: Kapitel 6.4

2.6 **Richtige Antwort: D**
Begründung: Für branchenspezifische Ergänzungen und Auditleitlinien gibt es andere Normen. ISO/IEC 27002 ist als Leitfaden konzipiert und schreibt keine verpflichtenden technischen Maßnahmen vor.
Relevante Teile der Norm: ISO/IEC 27000 Abschnitt 4
Weiterführende Informationen in diesem Buch: Kapitel 2.4.3.1

3.7 **Richtige Antwort: B**
Begründung: PDCA ist ein Akronym für *Plan-Do-Check-Act* und bezeichnet eine Methodik zur kontinuierlichen Verbesserung, basierend auf den vier Phasen Planen, Umsetzen, Überprüfen und Handeln (Verbessern).
Relevante Teile der Norm: ISO/IEC 27001 Abschnitte 6 bis 10
Weiterführende Informationen in diesem Buch: Kapitel 3.3

3.8 **Richtige Antwort: B**
Begründung: Alles, was für die Organisation von Wert ist. Eine Definition und weitere Ausführungen finden Sie auch in Kapitel 3.1.1 dieses Buches.
Weiterführende Informationen in diesem Buch: Kapitel 3.1.1

3.9 **Richtige Antwort: B**
Begründung: Nach Abschnitt 2.23 aus ISO/IEC 27000 ist eine dokumentierte Information ein Dokument, welches erreichte Ergebnisse beschreibt oder einen Nachweis für erfolgte Aktivitäten darstellt.
Relevante Teile der Norm: ISO/IEC 27000 Abschnitt 2.23
Weiterführende Informationen in diesem Buch: Kapitel 3.1.3 und Anhang A

3.10 **Richtige Antwort: C**
Begründung: Die ständige Verbesserung sollte nach der PDCA-Methodik (vgl. Kapitel 3.3) erfolgen. Deren Anwendung auf ein ISMS wird auch in der Norm ISO/IEC 27000 in Abschnitt 3.5 erläutert (vgl. Kapitel 3.2).
Relevante Teile der Norm: ISO/IEC 27000 Abschnitt 3.5
Weiterführende Informationen in diesem Buch: Kapitel 3.3

3.11   **Richtige Antwort: C**
Begründung: ISO/IEC 27000 definiert in 2.61 einen Prozess als einen „Satz von in Wechselbeziehungen stehenden Mitteln und Tätigkeiten, die Eingaben in Ergebnisse umwandeln".
Relevante Teile der Norm: ISO/IEC 27000 Abschnitt 2.61
Weiterführende Informationen in diesem Buch: Kapitel 3.1.2 und 3.2

4.12   **Richtige Antwort: A**
Begründung: Als normativer Standard enthält ISO/IEC 27001 die Mindestanforderungen an das ISMS und an die zu implementierenden Maßnahmen. Die Erfüllung der Anforderungen aus den Abschnitten 4 bis 10 und die Umsetzung der Maßnahmen aus Anhang A muss nachgewiesen werden; deren Planung allein ist nicht ausreichend. ISO/IEC 27002 ist nicht normativ und enthält somit keine Mindestanforderungen, sondern Empfehlungen und Anleitungen zur Umsetzung.
Weiterführende Informationen in diesem Buch: Kapitel 3.3.3.1

4.13   **Richtige Antwort: C**
Begründung: Nach ISO/IEC 27001 können Kriterien zur Risikoakzeptanz definiert werden. Diese dürfen aber nicht dazu führen, dass Risiken bereits bei der Identifikation schlichtweg ignoriert werden.
Relevante Teile der Norm: ISO/IEC 27001 Abschnitt 6.1.3
Weiterführende Informationen in diesem Buch: Kapitel 4.6.1

4.14   **Richtige Antwort: D**
Begründung: Risikoanalyse ist der Gebrauch von Informationen zur Identifikation von Risikoquellen und zur Abschätzung von Risiken. Eine koordinierte Leitung und Kontrolle einer Organisation in Bezug auf Risiken ist das Risikomanagement. Während der Risikobehandlung werden geeignete Maßnahmen geplant und umgesetzt, und während der Risikobewertung werden die eingeschätzten Risiken mit festgelegten Kriterien verglichen, um die Bedeutung eines Risikos zu bestimmen.
Relevante Teile der Norm: ISO/IEC 27001 Abschnitt 6.1.2.d) und ISO/IEC 27000 Abschnitt 2.70
Weiterführende Informationen in diesem Buch: Kapitel 4.6.1.2 und Anhang A

4.15   **Richtige Antwort: C**
Begründung: Das Lenken von Dokumenten und Aufzeichnungen ist generell erforderlich, aber keine der explizit von ISO/IEC 27001 vom Management geforderten Tätigkeiten.
Relevante Teile der Norm: ISO/IEC 27001 Abschnitt 7.5.3
Weiterführende Informationen in diesem Buch: Kapitel 4.7.5

4.16   **Richtige Antwort: B**
Begründung: Ein Audit ist nach ISO/IEC 19011 ein systematischer, unabhängiger und dokumentierter Prozess zur Erlangung von Auditnachweisen und zu deren objektiver Bewertung, um zu ermitteln, ob Auditkriterien erfüllt sind. Man unterscheidet dabei zwischen internen und externen Audits.

Relevante Teile der Norm: ISO/IEC 27001 Abschnitt 9 und ISO/IEC 19011
Weiterführende Informationen in diesem Buch: Kapitel 4.9.2

4.17 **Richtige Antwort: D**
Begründung: Der erste Schritt bei der Festlegung des ISMS besteht in der Definition seines Anwendungsbereichs. Budgetfragen werden im Rahmen von ISO/IEC 27001 nicht thematisiert; die Antworten B und C beziehen sich auf Aktivitäten, die erst später erfolgen.
Relevante Teile der Norm: ISO/IEC 27001 Abschnitt 4.3
Weiterführende Informationen in diesem Buch: Kapitel 4.4.3

4.18 **Richtige Antwort: B**
Begründung: A: Es können nicht alle Restrisiken beseitigt werden. C: Die (technische) Umsetzung kann nicht Aufgabe des Risikoeigentümers sein. D: Nonsens und so auch nicht in der Norm enthalten.
Relevante Teile der Norm: ISO/IEC 27001 Abschnitt 6.1.3 f)
Weiterführende Informationen in diesem Buch: Kapitel 4.6.1.3

4.19 **Richtige Antwort: D**
Begründung: Die notwendigen Schritte zur Beurteilung von Risiken werden in ISO/IEC 27001 „6.1.2 Informationssicherheitsrisikobeurteilung" erörtert. Entsprechend gehört Antwort D nicht zu den notwendigen Schritten, da eine Risikobehandlung nicht zur Beurteilung von Risiken beiträgt, sondern vielmehr in einem nachgelagerten Schritt notwendig wird.
Relevante Teile der Norm: ISO/IEC 27001 Abschnitt 6.1.2
Weiterführende Informationen in diesem Buch: Kapitel 4.6.1.2

4.20 **Richtige Antwort: B**
Begründung: Die Verantwortung dafür, dass bei Abweichung von der Standardkonformität entsprechende Maßnahmen eingeleitet werden, trägt die zuständige Leitung des auditierten Bereichs.
Relevante Teile der Norm: ISO/IEC 27001 Abschnitt 9
Weiterführende Informationen in diesem Buch: Kapitel 4.9 und insb. Kapitel 4.9.2

4.21 **Richtige Antwort: C**
Begründung: Während der Do-Phase sind konkreten Personen Verantwortlichkeiten zuzuweisen oder beispielsweise geplante Budgets freizugeben. Die anderen drei genannten Aktivitäten sind Bestandteile der Plan-Phase.
Relevante Teile der Norm: ISO/IEC 27001 Abschnitt 7 und 8
Weiterführende Informationen in diesem Buch: Kapitel 3.3.2, 4.7 und 4.8

5.22 **Richtige Antwort: D**
Begründung: Die Norm fordert diese Maßnahme, um Beeinträchtigungen des Produktivsystems zu verhindern. Die Antworten A und C beschreiben zwar sinnvolle Motivationen für die Maßnahme, die aber nicht in der Norm stehen; diese orientiert sich primär am risikogetriebenen Vorgehen.

Relevante Teile der Norm: ISO/IEC 27001 Abschnitt A.12.1
Weiterführende Informationen in diesem Buch: Kapitel 5.8.1

5.23   **Richtige Antwort: B**
Begründung: A ist Maßnahme A.11.2.1, C ist Maßnahme A.11.2.3, D ist Maßnahme A.11.2.5.
Relevante Teile der Norm: ISO/IEC 27001 Abschnitt A.11.2
Weiterführende Informationen in diesem Buch: Kapitel 5.7.2

5.24   **Richtige Antwort: B**
Begründung: Unter *Personalsicherheit* werden verschiedene Maßnahmen vor, während und bei der Beendigung von Anstellungen zusammengefasst. Die falschen Antworten C und D beziehen sich auf andere Maßnahmenziele; der Inhalt der falschen Antwort A steht so nicht in der Norm.
Relevante Teile der Norm: ISO/IEC 27001 Abschnitt A.7.2
Weiterführende Informationen in diesem Buch: Kapitel 5.3.2

5.25   **Richtige Antwort: C**
Begründung: Das Maßnahmenziel A.17.1 aus ISO/IEC 27001 verfolgt das *Aufrechterhalten der Informationssicherheit* und macht es sich zur Vorgabe, den Schutz vor Unterbrechungen von Geschäftsaktivitäten sicherzustellen.
Relevante Teile der Norm: ISO/IEC 27001 Abschnitt A.17.1
Weiterführende Informationen in diesem Buch: Kapitel 5.13.1

5.26   **Richtige Antwort: C**
Begründung: Antwort A ist Teil der physischen und umgebungsbezogenen Sicherheit, Antworten B und D sind keine Maßnahmen, die in der Norm zu finden wären.
Relevante Teile der Norm: ISO/IEC 27001 Abschnitt A.12.4.1
Weiterführende Informationen in diesem Buch: Kapitel 5.8.4

5.27   **Richtige Antwort: C**
Begründung: ISO/IEC 27001 schreibt lediglich vor, dass der Zugriff auf den Quellcode beschränkt sein muss. Konkrete Produkte, Produktkategorien oder andere Mechanismen zur Umsetzung werden nicht vorgeschrieben.
Relevante Teile der Norm: ISO/IEC 27001 Abschnitt A.9.4
Weiterführende Informationen in diesem Buch: Kapitel 5.5.4

5.28   **Richtige Antwort: C**
Begründung: Die entsprechende Anforderung wird mit Maßnahmenziel A.5.1 der Norm genannt.
Relevante Teile der Norm: ISO/IEC 27001 Maßnahmenziel A.5.1
Weiterführende Informationen in diesem Buch: Kapitel 5.1.1

5.29   **Richtige Antwort: D**
Begründung: Die Sensibilisierung und Schulung des Personals zur Informationssicherheit ist vielmehr in der Maßnahme A.7.2.2 festgehalten und dient dem Ziel der Personalsicherheit aus A.7 in ISO/IEC 27001.

Relevante Teile der Norm: ISO/IEC 27001 Abschnitte A.11 und A.7.2
Weiterführende Informationen in diesem Buch: Kapitel 5.7

5.30   **Richtige Antwort: C**
Begründung: Im Sinne der PDCA-Methodik sind eine stetige Verbesserung und ein Lernen aus dem Geschehenen unerlässlich. Entsprechend ist Antwort C „Lernen aus Informationssicherheitsvorfällen" auch eine durch Maßnahme A.16.1.6 von ISO/IEC 27001 spezifizierte Maßnahme.
Relevante Teile der Norm: ISO/IEC 27001 Abschnitt A.16.1.6
Weiterführende Informationen in diesem Buch: Kapitel 5.12.1

5.31   **Richtige Antwort: D**
Begründung: Maßnahme A.12.3.1 fordert explizit die regelmäßige Sicherung und Tests, die selbstverständlich nicht nur im Rahmen eines Zertifizierungsaudits durchgeführt werden dürfen.
Relevante Teile der Norm: ISO/IEC 27001 Abschnitt A.12.3.1
Weiterführende Informationen in diesem Buch: Kapitel 5.8.3

5.32   **Richtige Antwort: C**
Begründung: Das Ziel des Maßnahmenziels A.10.1 „kryptographische Maßnahmen" ist die Wahrung der Vertraulichkeit, Integrität und Authentizität von Informationen. Das Sammeln von Beweisen hingegen (Antwort C) ist nicht Bestandteil der kryptographischen Maßnahmen und somit die korrekte Antwort.
Relevante Teile der Norm: ISO/IEC 27001 Abschnitt A.10.1
Weiterführende Informationen in diesem Buch: Kapitel 5.6

6.33   **Richtige Antwort: B**
Begründung: Sicherheitsmanagement ist auch ein Prozess nach ISO/IEC 27000, und die Grundprinzipien von ISO 9000 gelten ebenfalls.
Relevante Teile der Norm: ISO/IEC 27001 Abschnitt 0.2
Weiterführende Informationen in diesem Buch: Kapitel 6.2 und 6.4

6.34   **Richtige Antwort: D**
Begründung: Ziel der ISO 9000 ist es, einen Standard für die Umsetzung eines Qualitätsmanagements in verschiedensten Organisationen zu schaffen.
Relevante Teile der Norm: ISO 9000
Weiterführende Informationen in diesem Buch: Kapitel 6.2

6.35   **Richtige Antwort: D**
Begründung: Da ISO/IEC 15408, ISO/IEC 20000 und ISO/IEC 27000 die IT- und Informationssicherheit direkt oder indirekt behandeln, ist Antwort D hier korrekt.
Weiterführende Informationen in diesem Buch: Kapitel 6

6.36   **Richtige Antwort: D**
Begründung: Das IT-Grundschutz-Kompendium wird vom BSI herausgegeben.
Weiterführende Informationen in diesem Buch: Kapitel 6.1

6.37 **Richtige Antwort: A**
Begründung: Die Normenreihe ISO/IEC 15408 definiert ein formales Verfahren und Evaluationskriterien für die Bewertung von Sicherheitseigenschaften von IT-Produkten.
Relevante Teile der Norm: Die Norm geht nicht direkt auf Frameworks von Dritten ein.
Weiterführende Informationen in diesem Buch: Kapitel 6.1

6.38 **Richtige Antwort: A**
Begründung: ISO/IEC 20000-1 ist der Teil der ISO/IEC 20000-Standardfamilie, in dem Anforderungen an ein SMS festgelegt werden.
Relevante Teile der Norm: ISO/IEC 20000
Weiterführende Informationen in diesem Buch: Kapitel 6.4

7.39 **Richtige Antwort: A**
Begründung: Im Kontext von ISO/IEC 27000 werden sowohl die Zertifizierung einer Organisation als auch eine Personenzertifizierung ermöglicht.
Weiterführende Informationen in diesem Buch: Kapitel 7

7.40 **Richtige Antwort: B**
Begründung: Eine Personenzertifizierung des Managements ist nicht Bestandteil eines Zertifizierungsaudits nach ISO/IEC 27001. Der typischen Ablauf eines Zertifizierungsaudits ist in Abbildung 7.2 auf Seite 166 dieses Buches illustriert.
Weiterführende Informationen in diesem Buch: Kapitel 7.1

■ C.2 Ein beispielhafter Prüfungsfragebogen zur ISO/IEC 27001-Foundation-Prüfung

 Prüfungsfrage C.1:
Zur Verfolgung welches Ziels dienen Überlegungen zu Revisionsprüfungen von Informationszielen?

A) Anschaffung, Entwicklung und Instandhaltung von Informationssystemen (A.14)

B) Handhabung von Informationssicherheitsvorfällen (A.16)

C) Sicherstellung des Geschäftsbetriebs (A.17, *Informationssicherheitsaspekte Continuity Management*)

D) Einhaltung von Vorgaben (A.18, *Compliance*)

 Prüfungsfrage C.2:
Was versteht man unter dem Anwendungsbereich eines ISMS?

A) Der Anwendungsbereich kann die gesamte Organisation, bestimmte Teile davon, wie z. B. einzelne Standorte (durch geografische Abgrenzung) oder nur einzelne Abteilungen umfassen.

B) Der Anwendungsbereich ist die Bewertung von Maßnahmen und die Auswahl von Maßnahmenzielen, zu deren Erreichung sie sinnvoll eingesetzt werden können.

C) Der Anwendungsbereich beschreibt die Werte einer Organisation und das Minimum ihres notwendigen Schutzbedarfs.

D) Der Anwendungsbereich definiert die Mindestanzahl an Mitarbeitern, die notwendig sind, um eine Zertifizierung nach ISO/IEC 27001 erlangen zu können.

 Prüfungsfrage C.3:
Im Rahmen der Überprüfungsphase des PDCA-Zyklus werden verschiedene Begrifflichkeiten einschlägig verwendet. Was bedeutet der Begriff „Effektivität" bzw. „Wirksamkeit"?

A) Ob ein Prozess, ein Verfahren oder eine Maßnahme gemäß der Planung durchgeführt bzw. umgesetzt wurde oder ob die tatsächliche Umsetzung von den Planungsvorgaben abweicht.

B) Ob durch einen Prozess, ein Verfahren oder eine Maßnahme die damit verbundenen Ziele auch tatsächlich erreicht wurden.

C) Wenn die eingesetzten Ressourcen in einem möglichst optimalen (aber mindestens vertretbaren) Verhältnis zum Ergebnis stehen.

D) Keine der oben genannten Antworten trifft zu.

Prüfungsfrage C.4:

Was ist ein entscheidender Schritt, um das Ziel der Einhaltung gesetzlicher Vorgaben zu erreichen?

A) Die Identifikation der anwendbaren Gesetze

B) Telearbeitsplätze einzurichten

C) Isolation sensibler Systeme

D) Regelwerk zur Nutzung von Netzen

Prüfungsfrage C.5:

In welchen Bereich von ISO/IEC 27001 ist die Maßnahme *System zur Verwaltung von Kennwörtern* einzuordnen?

A) Abschnitt 10 Verbesserung des ISMS

B) Anhang A.6 Organisation der Informationssicherheit

C) Anhang A.11 Physische und umgebungsbezogene Sicherheit

D) Anhang A.9 Zugangssteuerung

Prüfungsfrage C.6:

Was ist *keine* Maßnahme, die ISO/IEC 27001 in Maßnahmenziel A.6 *Organisation der Informationssicherheit* spezifiziert?

A) Kapazitätssteuerung

B) Kontakt zu Behörden

C) Kontakt zu speziellen Interessengruppen

D) Informationssicherheit im Projektmanagement

Prüfungsfrage C.7:

Welche Ziele verfolgt das Maßnahmenziel A.17.2 „Redundanzen"?

A) Die Verfügbarkeit von informationsverarbeitenden Einrichtungen sicherzustellen.

B) Alle neu zu planenden Systeme vor der Abnahme auf Sicherheitsmängel zu evaluieren.

C) Das Risiko von Systemabstürzen und Abnahmefehlern zu minimieren.

D) Die Einhaltung geltender Gesetze zu garantieren.

Prüfungsfrage C.8:
Wie verhalten sich die in Anhang A von ISO/IEC 27001 definierten Maßnahmenziele zu den Maßnahmen?

A)   Jedes Maßnahmenziel wird durch genau eine Maßnahme umgesetzt.

B)   Zu jedem Maßnahmenziel wird mindestens eine Maßnahme vorgegeben.

C)   Mit jeder Maßnahme werden verschiedene Maßnahmenziele verfolgt.

D)   Die Maßnahmen sind unverbindliche Vorschläge, die zum Erreichen der Maßnahmenziele beitragen können.

Prüfungsfrage C.9:
Was kann in begründeten Fällen im Rahmen einer Zertifizierung nach ISO/IEC 27001 ausgeschlossen werden?

A)   Anforderungen aus den Kapiteln 4 bis 10.

B)   Der gesamte Anhang A.

C)   Ausschlüsse sind generell unzulässig.

D)   Einzelne Maßnahmen aus Anhang A.

Prüfungsfrage C.10:
Welche der folgenden Maßnahmen ist von ISO/IEC 27001 in Anhang A.6 *nicht* zur Organisation der Informationssicherheit vorgesehen?

A)   Das Festlegen von Informationssicherheitsrollen und -verantwortlichkeiten.

B)   Die Pflege des Kontakts zu relevanten Behörden.

C)   Die Pflege des Kontakts mit speziellen Interessensgruppen.

D)   Die Inventarisierung der organisationseigenen Werte (Assets).

Prüfungsfrage C.11:
In welchem Zusammenhang stehen die BSI IT-Grundschutzkataloge mit der Norm ISO/IEC 27001?

A)   Die BSI IT-Grundschutzkataloge sind genauso wie ISO/IEC 27001 strukturiert, vertiefen die einzelnen Punkte aber mit konkreten technischen Aspekten.

B)   Die BSI IT-Grundschutzkataloge ergänzen genau solche Maßnahmen, die in ISO/IEC 27001 nicht berücksichtigt wurden.

C)   BSI IT-Grundschutz und ISO/IEC 27001 konkurrieren miteinander und schließen sich gegenseitig aus.

D)   Das IT-Grundschutz-Zertifikat des BSI deckt auch ISO/IEC 27001 mit ab.

Prüfungsfrage C.12:
Was muss beim Identifizieren von Risiken nach ISO/IEC 27001 berücksichtigt werden?

A) Assets, Schwachstellen und Bedrohungen.

B) Organisationseigene Werte, die Auswirkungen des Verlusts der Vertraulichkeit und das verfügbare Budget.

C) Die Einschätzung des geschäftlichen Schadens für die Organisation, der durch Sicherheitsprobleme entstehen könnte.

D) Die Risikoeinschätzung muss sicherstellen, dass subjektive Resultate geliefert werden.

Prüfungsfrage C.13:
Nach ISO/IEC 27001 Anhang A.15.1 muss die die Informationssicherheit in Lieferantenbeziehungen sichergestellt werden. Welche der folgenden Maßnahmen muss dabei umgesetzt werden?

A) Es muss sichergestellt werden, dass es Liefervereinbarungen gibt, in denen auch Sicherheitsmaßnahmen angegeben sind.

B) Die ISMS-Leitlinien der beiden beteiligten Organisationen müssen identisch sein.

C) Der Dritte muss die Gesamtverantwortung für die Informationssicherheit übernehmen.

D) Das Personal des Zulieferers muss alle Maßnahmen zur personellen Sicherheit des Auftraggebers durchlaufen.

Prüfungsfrage C.14:
Ein Unternehmen hat zur Sicherstellung des Geschäftsbetriebs einen Business Continuity Plan (BCP) erstellt. Welche Aktionen sind durchzuführen, damit der BCP erfolgreich sein kann?

A) Der BCP ist streng vertraulich zu behandeln. Die darin enthaltenen Informationen könnte ein Angreifer verwenden, um Schwachstellen zu identifizieren.

B) Pläne zur Sicherstellung des Geschäftsbetriebs müssen regelmäßig getestet und aktualisiert werden, um sicherzustellen, dass sie auf dem neuesten Stand und effektiv sind.

C) Die Mitarbeiter, die den BCP im Ernstfall umsetzen sollen, sind regelmäßig einem Stresstest zu unterziehen.

D) Der BCP muss inhaltlich stark fokussiert werden (z. B. nur auf die Behandlung von Sicherheitsvorfällen), um erfolgreich zu sein.

Prüfungsfrage C.15:
Was ist ein Maßnahmenziel der in ISO/IEC 27001 spezifizierten *Verwaltung der Werte* (A.8)?

A) Der Schutz vor unbefugtem Zutritt zu Server-Räumen.

B) Die Identifikation und das Zuweisen von Verantwortlichkeiten für Werte.

C) Das Adressieren von Sicherheit in Vereinbarungen mit Dritten.

D) Die regelmäßige Überprüfung von Informationen auf den Befall mit Schadsoftware.

Prüfungsfrage C.16:
Was ist die Zielsetzung des COBIT-Frameworks?

A) COBIT konkurriert direkt mit ISO/IEC 27000.

B) COBIT ist ein IT-Governance-Framework, das Prozesse und Maßnahmenziele definiert.

C) COBIT ist im Wesentlichen deckungsgleich mit den BSI-Grundschutzkatalogen.

D) COBIT legt die in Deutschland geltenden Gesetze zur Informationssicherheit fest.

Prüfungsfrage C.17:
Im Rahmen der Überprüfungsphase des PDCA-Zyklus werden verschiedene Begrifflichkeiten einschlägig verwendet. Was versteht man in diesem Zusammenhang unter dem Begriff „Effizienz"?

A) Ob ein Prozess, ein Verfahren oder eine Maßnahme gemäß der Planung durchgeführt bzw. umgesetzt wurde oder ob die tatsächliche Umsetzung von den Planungsvorgaben abweicht.

B) Ob durch einen Prozess, ein Verfahren oder eine Maßnahme die damit verbundenen Ziele auch tatsächlich erreicht wurden.

C) Ob die eingesetzten Ressourcen in einem möglichst optimalen (aber mindestens verhältnismäßigen) Verhältnis zum Ergebnis stehen.

D) Keine der oben genannten Antworten trifft zu.

Prüfungsfrage C.18:
Aus welchem Standard ging ISO/IEC 27001 hervor?

A) Aus dem internationalen Standard ISO 9001.

B) Aus dem internationalen Standard ISO/IEC 20000-1.

C) Aus den deutschen BSI IT-Grundschutzkatalogen.

D) Aus dem britischen Standard BS 7799-2.

Prüfungsfrage C.19:

Welcher Auslöser kann eintreten, der nach ISO/IEC 27001 zur Überprüfung der Wirksamkeit des ISMS führt?

A) Die Überprüfung der Wirksamkeit des ISMS muss in regelmäßigen Zeitabständen durchgeführt werden.

B) Jeder Informationssicherheitsvorfall überprüft die Wirksamkeit des ISMS.

C) Die Wirksamkeit des ISMS wird nur im Rahmen von Audits überprüft.

D) Eine Aktivität im Rahmen der Act-Phase des PDCA-Zyklus besteht in der Überprüfung der Wirksamkeit des ISMS.

■

Prüfungsfrage C.20:

Ein neuer Mitarbeiter beginnt ein Beschäftigungsverhältnis. Welche Maßnahmen sind im Sinne des Anhangs A.7 „Personalsicherheit" der ISO/IEC 27001 zu ergreifen?

A) Der Mitarbeiter erhält mit seinem Arbeitsvertrag auch stets ein Notebook.

B) Alle Zugangsrechte des neuen Mitarbeiters sind unverzüglich aufzuheben und alle unter seiner Kennung erzeugten Daten unverzüglich zu löschen, wenn er das Unternehmen wieder verlässt.

C) Der neue Mitarbeiter verpflichtet sich schriftlich, den Kontakt mit Behörden zu pflegen.

D) Der Mitarbeiter muss vor seiner Anstellung einer Sicherheitsprüfung unterzogen worden sein.

■

Prüfungsfrage C.21:

Welche Aussage zu den Begriffen Scoping und Anwendbarkeit ist korrekt?

A) Die Erklärung zur Anwendbarkeit (*statement of applicability*) ist ein Dokument, das die Maßnahmenziele und Maßnahmen beschreibt, die für das ISMS einer Organisation relevant und anwendbar sind.

B) Die Erklärung zum Anwendungsbereich (*scoping statement*) ist ein Dokument, das die Maßnahmenziele und Maßnahmen beschreibt, die für das ISMS einer Organisation relevant und anwendbar sind.

C) Mittels Scoping werden normative Regelungen des Standards außer Kraft gesetzt.

D) Die Anwendbarkeitserklärung legt fest, welche Standards der ISO/IEC 27000-Normenreihe für eine Organisation verpflichtend sein sollen.

■

Prüfungsfrage C.22:
Was wird im Kontext von ISO/IEC 27001 unter einem Restrisiko verstanden?

A)   Ein nach der Risikobehandlung verbleibendes Risiko.

B)   Ein Risiko, für das entschieden wurde, dass es akzeptiert werden kann.

C)   Ein inhärentes Risiko, für das es keine Risikobehandlung gibt.

D)   Ein Risiko, das im Rahmen der Risikoanalyse nicht weiter betrachtet wird.

Prüfungsfrage C.23:
In der ISMS-Leitlinie werden unter anderem Rollen und Zuständigkeiten festgelegt. Welche der folgenden Aussagen ist *falsch*?

A)   Zugewiesene Verantwortlichkeiten im Umfeld der Informationssicherheit dürfen nicht delegiert werden.

B)   In vielen Organisationen bietet es sich an, einen Gesamtverantwortlichen für die Informationssicherheit zu benennen.

C)   Eine definierte Rolle kann auch von mehreren Personen eingenommen werden.

D)   Hierarchien, die für die Informationssicherheit definiert werden, müssen sich nicht mit den Abteilungsstrukturen des Unternehmens decken.

Prüfungsfrage C.24:
Welcher der folgenden Punkte ist *keine* Eingabe für die Managementbewertung des ISMS nach ISO/IEC 27001?

A)   Ergebnisse von Messungen der Wirksamkeit des ISMS.

B)   Ein aktualisierter Risikobehandlungsplan.

C)   Empfehlungen für Verbesserungen.

D)   Der Status von Maßnahmen vorheriger Managementbewertungen.

Prüfungsfrage C.25:
Welche der folgenden Schritte sind im Rahmen der Informationssicherheitsrisikobeurteilung durchzuführen?
1. Risiken identifizieren
2. Risiken analysieren
3. Risiken bewerten

A)   Nur 1 und 2 sind richtig.

B)   Nur 1 und 3 sind richtig.

C)   Alle Schritte sind richtig.

D)   Keiner der Schritte gehört zur Informationssicherheitsrisikobeurteilung.

Prüfungsfrage C.26:
Welcher der folgenden Standards der ISO/IEC 27000-Familie ist normativ?

A)   ISO/IEC 27002

B)   ISO/IEC 27006

C)   ISO/IEC 27007

D)   ISO/IEC 27011

Prüfungsfrage C.27:
Welche der folgenden Rollen sind im Rahmen des Informationssicherheitsmanagementsystems in großen Unternehmen unmittelbar relevant?
1. Gesamtsicherheitsverantwortlicher
2. Management
3. Mitarbeiter
4. Zulieferer
5. Sales Manager

A)   Nur 1, 2, 3 und 4.

B)   Nur 1, 2, 3 und 5.

C)   Nur 2, 3, 4 und 5.

D)   Alle Rollen sind relevant.

Prüfungsfrage C.28:
Was versteht man allgemein unter einem normativen Standard?

A)   Ein normativer Standard enthält detaillierte Beschreibungen, die es bei der Umsetzung eines Standards zu berücksichtigen gilt.

B)   Ein normativer Standard enthält verbindliche Vorgaben, die zu erfüllen sind, wenn Konformität mit dem Standard beansprucht wird.

C)   Ein normativer Standard wird ausschließlich im Rahmen von Zertifizierungsaudits verwendet und enthält Prüfkriterien.

D)   Verbindliche Vorgaben, die ein normativer Standard definiert, müssen organisationsweit umgesetzt werden. Eine Einschränkung auf Teile oder einzelne Geschäftsprozesse einer Organisation ist nicht möglich.

Prüfungsfrage C.29:
Im Zuge der Verbesserung des ISMS werden neben reaktiven Maßnahmen auf Nichtkonformitäten auch proaktive Schritte gefordert. Welcher Schritt gehört dabei *nicht* zu den Vorbeugungsmaßnahmen nach ISO/IEC 27001?

A)   Die notwendigen Fähigkeiten des Personals, das Tätigkeiten ausübt, die das ISMS beeinflussen, müssen ermittelt werden.

B)   Identifizierung möglicher Nichtkonformitäten und ihrer Ursachen.

C)   Beurteilung des Handlungsbedarfs zur Vermeidung des Auftretens von Nichtkonformitäten.

D)   Ermittlung und Umsetzung der erforderlichen Vorbeugungsmaßnahmen.

Prüfungsfrage C.30:
Welche der folgenden Aussagen trifft auf den Begriff *Standardisierung* zu?

A)   Standardisierung von IT-Systemen erhöht die IT-Gesamtkosten eines Unternehmens um ca. 30%.

B)   Bei dem Begriff *Standardisierung* handelt es sich um einen rein technischen Begriff.

C)   Unter Standardisierung versteht man allgemein Vereinheitlichung.

D)   Der Wettbewerb verschiedener Hersteller eines Produktes wird durch Standardisierung negativ beeinflusst.

Prüfungsfrage C.31:
In welchen Mindestabständen müssen gemäß der Norm ISO/IEC 27001 interne Audits durchgeführt werden?

A)   Interne Audits müssen mindestens in jährlichen Intervallen durchgeführt werden.

B)   Interne Audits sind nur vor einem Zertifizierungsaudit durchzuführen.

C)   Nur bei Änderungen am Anwendungsbereich des ISMS sind gemäß ISO/IEC 27001 interne Audits durchzuführen.

D)   Die Durchführung interner Audits muss in geplanten Abständen erfolgen. Die Häufigkeit wird im Rahmen eines Auditprogramms festgelegt.

Prüfungsfrage C.32:
Was gehört zu den Schwerpunkten des COBIT-Frameworks?

A)   Prozesse und Maßnahmenziele für die IT-Governance.

B)   Verschiedene Methoden für das Risikomanagement.

C)   Maßnahmen und Maßnahmenziele für das Compliance Management.

D)   Technische Bausteine zur Umsetzung der Maßnahmen aus ISO/IEC 27001.

Prüfungsfrage C.33:
Was ist nach ISO/IEC 27000 ein Managementsystem?

A) Ein Managementsystem ist nach ISO/IEC 27000 ein Rahmenwerk von Leitlinien, Verfahren, Regelungen sowie zugehörigen Ressourcen, die dazu dienen, die Ziele der Organisation zu erreichen.

B) Der Begriff des Managementsystems wird in ISO/IEC 27000 nicht verwendet.

C) Ein Managementsystem bezeichnet ein System, das die Sicherheit eines Unternehmens garantiert.

D) Keine der Antworten trifft zu.

Prüfungsfrage C.34:
Welcher erste Schritt ist bei der Informationssicherheitsrisikobeurteilung nach ISO/IEC 27001 erforderlich?

A) Das Risikoniveau muss eingeschätzt werden.

B) Es muss eine Leitlinie erstellt werden, die die generelle Richtung sowie die Grundsätze für Aktionen im Rahmen der Risikoeinschätzung festlegt.

C) Die Bedrohungen für organisationseigene Werte (Assets) müssen identifiziert werden.

D) Es muss ein Prozess zur Informationssicherheitsrisikobeurteilung festgelegt und angewendet werden.

Prüfungsfrage C.35:
Welche Maßnahme muss nach ISO/IEC 27001 in Bezug auf Telearbeit ergriffen werden?

A) Die Telearbeit muss im Rahmen von ISMS-Audits überwacht und verbessert werden.

B) Telearbeiter müssen von sensiblen Systemen mittels Firewalls vollständig isoliert werden.

C) Über die Telearbeit muss eine Aufzeichnung angefertigt werden, die im Rahmen von ISMS-Audits zur Bewertung der mit ihr verbundenen Risiken herangezogen wird.

D) Es müssen Regelungen und Betriebsanweisungen für Telearbeit entwickelt und implementiert werden.

Prüfungsfrage C.36:

Welche Maßnahmen sind laut ISO/IEC 27001 *nicht* zur Zugangssteuerung für Systeme und Anwendungen notwendig?

A)   Sichere Anmeldeverfahren

B)   Richtlinie zum Gebrauch von kryptographischen Maßnahmen

C)   System zur Verwaltung von Kennwörtern

D)   Zugangssteuerung für Quellcode von Programmen

Prüfungsfrage C.37:

ISO/IEC 27000 definiert den Begriff Informationssicherheitsvorfall. Welche der folgenden Aussagen ist *kein* Beispiel für einen Informationssicherheitsvorfall im Sinne dieser Definition?

A)   Genau ein informationssicherheitsspezifisches Ereignis, bei dem eine erhebliche Wahrscheinlichkeit besteht, dass Geschäftsabläufe kompromittiert werden.

B)   Eine Reihe von unerwarteten Informationssicherheitsereignissen, durch die die Informationssicherheit faktisch bedroht wird.

C)   Eines oder mehrere unerwünschte Ereignisse, bei denen eine erhebliche Wahrscheinlichkeit besteht, dass sowohl die Geschäftsabläufe kompromittiert als auch die Informationssicherheit bedroht werden.

D)   Eines oder mehrere unerwartete Ereignisse, bei denen eine minimale Wahrscheinlichkeit besteht, dass die Informationssicherheit bedroht wird.

Prüfungsfrage C.38:

Welche Aussage zur Informationssicherheitsleitlinie ist *nicht korrekt*?

A)   Das Management muss die Informationssicherheitsleitlinie genehmigen.

B)   Die Informationssicherheitsleitlinie spezifiziert verschiedene Sicherheitszonen und Zutrittsrechte innerhalb einer Organisation.

C)   In einer Informationssicherheitsleitlinie muss ihr Geltungsbereich festgelegt werden.

D)   Die Informationssicherheitleitlinie muss in regelmäßigen Abständen überprüft werden, um ihre Eignung, Angemessenheit und Wirksamkeit auf Dauer sicherzustellen.

Prüfungsfrage C.39:

Welche Maßnahmen müssen nach ISO/IEC 27001 *nicht* im Rahmen der Sicherheit in Entwicklungs- und Unterstützungsprozessen (A.14.2) realisiert werden?

A)   Schutz personenbezogener Information sicherstellen

B)   Richtlinie für sichere Entwicklung festlegen und anwenden

C)   Ausgegliederte Entwicklungen beaufsichtigen und überwachen

D)   Systemabnahmetests und dazugehörige Kriterien festlegen

Prüfungsfrage C.40:

Das COSO Enterprise Risk Management (COSO ERM) definiert ein unternehmensweit gültiges Risikomanagementmodell. Welche der folgenden Aussagen zu COSO ERM ist korrekt?

A) COSO ERM bewertet unter Einbeziehung abgeschlossener Aktivitäten die Entscheidungen von Führungskräften eines Unternehmens.

B) Gemäß COSO ERM ist Risikomanagement ein fortwährender Prozess, in den nur Führungskräfte und deren Entscheidungen eingebunden sind.

C) Das in ISO/IEC 27001 geforderte Risikomanagement berücksichtigt alle Arten von Risiken, die eine Organisation betreffen. COSO ERM berücksichtigt im Gegensatz dazu nur finanzielle Risiken.

D) Gemäß COSO ERM besteht ein direkter Zusammenhang zwischen Unternehmenszielen und den zur Zielerreichung notwendigen Komponenten des Risikomanagements, das als mehrdimensionaler Würfel dargestellt wird.

◼ C.3   Antworten auf den Prüfungsfragebogen zur ISO/IEC 27001-Foundation-Prüfung

C.1   **Richtige Antwort: D**
Begründung: Das Maßnahmenziel A.18.2 aus ISO/IEC 27001 stellt Überlegungen zu Überprüfungen der Informationssicherheit an. Dazu werden insgesamt drei Maßnahmen herangezogen.
Relevante Teile der Norm: ISO/IEC 27001 Abschnitt A.18.2
Weiterführende Informationen in diesem Buch: Kapitel 5.14.2

C.2   **Richtige Antwort: A**
Begründung: Bei Einführung eines ISMS sind also Anwendungsbereich und Grenzen des ISMS zu definieren. Der Anwendungsbereich kann die gesamte Organisation, bestimmte Teile davon, wie z. B. einzelne Standorte (durch geografische Abgrenzung) oder nur einzelne Abteilungen umfassen. Bei der Wahl des Anwendungsbereichs ist darauf zu achten, dass dieser abgeschlossen ist, d. h. wesentliche Komponenten, die Auswirkungen auf das ISMS haben könnten, dürfen nicht fehlen.
Relevante Teile der Norm: ISO/IEC 27001 Abschnitt 4.3
Weiterführende Informationen in diesem Buch: Kapitel 4.4.3

C.3   **Richtige Antwort: B**
Begründung: A bezeichnet den Begriff der Konformität, B die Effektivität und C die Effizienz. Antwort D ist falsch.
Relevante Teile der Norm: ISO/IEC 27000 Abschnitt 2.24
Weiterführende Informationen in diesem Buch: Kapitel 3.3.3.2

C.4   **Richtige Antwort: A**
Begründung: Nach Maßnahme A.18.1.1 aus ISO/IEC 27001 sind zur Einhaltung gesetzlicher Vorgaben selbstverständlich in erster Instanz die geltenden Gesetze zu identifizieren, die es zu erfüllen gilt.
Relevante Teile der Norm: ISO/IEC 27001 Abschnitt A.18.1
Weiterführende Informationen in diesem Buch: Kapitel 5.14.1

C.5   **Richtige Antwort: D**
Begründung: Die Maßnahme ist unter A.9.4.3 in Anhang A.9 der Norm eingeordnet. Die in Abschnitt 10 der Norm beschriebenen Vorbeugungsmaßnahmen beziehen sich auf die Act-Phase im Rahmen der kontinuierlichen ISMS-Verbesserung.
Relevante Teile der Norm: ISO/IEC 27001 Abschnitt A.9.4
Weiterführende Informationen in diesem Buch: Kapitel 5.5.4

C.6   **Richtige Antwort: A**
Begründung: Kapazitätsplanung ist eine Maßnahme aus dem Bereich „Betriebs-

sicherheit" aus ISO/IEC 27001, A.12.1. Diese Maßnahme gehört nicht zur Organisation der Informationssicherheit, die sich durch die beiden Maßnahmenziele „Interne Organisation" und „Mobilgeräte und Telearbeit" untergliedert.
Relevante Teile der Norm: ISO/IEC 27001 Abschnitt A.6
Weiterführende Informationen in diesem Buch: Kapitel 5.2

C.7   **Richtige Antwort: A**
Begründung: Die Definition des Maßnahmenziels entspricht A.
Relevante Teile der Norm: ISO/IEC 27001 Abschnitt A.17.2
Weiterführende Informationen in diesem Buch: Kapitel 5.13.2

C.8   **Richtige Antwort: B**
Begründung: Die richtige Antwort ist B, da für jedes in Anhang A spezifizierte Maßnahmenziel eine oder mehrere Maßnahmen angegeben sind. Zudem ist Anhang A normativ, also verbindlich.
Relevante Teile der Norm: Einleitung von ISO/IEC 27001 Anhang A
Weiterführende Informationen in diesem Buch: Kapitel 5

C.9   **Richtige Antwort: D**
Begründung: Einzelne Maßnahmen aus Anhang A dürfen mit einer ordentlichen Begründung im Rahmen einer Zertifizierung nach ISO/IEC 27001 ausgeschlossen werden. So kann z. B. eine Firma, die keine Telearbeitsplätze vorsieht, entsprechende Maßnahmen ausschließen.
Relevante Teile der Norm: ISO/IEC 27001 Abschnitte 1 und 6.1.3 c)
Weiterführende Informationen in diesem Buch: Kapitel 4.1 und 4.6.1.3

C.10   **Richtige Antwort: D**
Begründung: Die Inventarisierung der Assets ist zwar auch eine von der Norm geforderte Maßnahme, allerdings im Kontext des Managements organisationseigener Werte (A.6). Unter der *Organisation der Informationssicherheit* werden generell Maßnahmen zusammengefasst, die mit Personen, persönlichen Kontakten und Zuständigkeiten sowie Mobilgeräten und Telearbeit zusammenhängen.
Relevante Teile der Norm: ISO/IEC 27001 Abschnitt A.6
Weiterführende Informationen in diesem Buch: Kapitel 5.2

C.11   **Richtige Antwort: D**
Begründung: Der BSI IT-Grundschutz wurde explizit so angepasst, dass er auch ISO/IEC 27001 mit abdeckt.
Relevante Teile der Norm: Die Norm geht nicht direkt auf Frameworks von Dritten ein.
Weiterführende Informationen in diesem Buch: Kapitel 6.1

C.12   **Richtige Antwort: A**
Begründung: ISO/IEC 27001 geht nicht auf das verfügbare Budget ein, so dass Antwort B falsch ist. Die Einschätzung der Folgen von Risiken ist Bestandteil der Analyse und Bewertung, aber nicht der Identifikation von Risiken. Subjektive Einschätzungen sollen bewusst vermieden werden; ISO/IEC 27001 fordert vergleich-

bare und reproduzierbare Resultate.
Relevante Teile der Norm: ISO/IEC 27001 Abschnitt 6.1
Weiterführende Informationen in diesem Buch: Kapitel 4.6.1

C.13   **Richtige Antwort: A**
Begründung: ISO/IEC 27001 schreibt vor, dass Sicherheitsmaßnahmen und Leistungsbeschreibungen in Form einer Liefervereinbarung festgehalten werden, die von Dritten umgesetzt, durchgeführt und eingehalten werden müssen.
Relevante Teile der Norm: ISO/IEC 27001 Abschnitt A.15.1
Weiterführende Informationen in diesem Buch: Kapitel 5.11.1

C.14   **Richtige Antwort: B**
Begründung: Ein regelmäßiger Test der Pläne stellt sicher, dass sie im Fall des Falles auch funktionieren. Eine inhaltliche Fokussierung nur auf den Sicherheitsbereich wäre im Sinne der Norm deutlich zu eng.
Relevante Teile der Norm: ISO/IEC 27001 Abschnitt A.17.1.3
Weiterführende Informationen in diesem Buch: Kapitel 5.13

C.15   **Richtige Antwort: B**
Begründung: Die Identifikation und das Zuweisen von Verantwortlichkeiten für Werte ist mit dem Maßnahmenziel A.8.1 aus ISO/IEC 27001 festgelegt. Das Ziel wird durch die insgesamt vier Maßnahmen durchgesetzt.
Relevante Teile der Norm: ISO/IEC 27001 Abschnitt A.8.1
Weiterführende Informationen in diesem Buch: Kapitel 5.4.1

C.16   **Richtige Antwort: B**
Begründung: Wie man auch Kapitel 6.4 entnehmen kann, ist COBIT (*Control Objectives for Information and Related Technology*) ein IT-Governance-Framework, das Prozesse und Maßnahmenziele definiert und somit stärker steuerungs- als umsetzungsspezifisch konzipiert ist.
Weiterführende Informationen in diesem Buch: Kapitel 6.4

C.17   **Richtige Antwort: C**
Begründung: A bezeichnet den Begriff der Konformität, B die Effektivität und C die Effizienz. Antwort D ist falsch.
Weiterführende Informationen in diesem Buch: Kapitel 3.3.3.3

C.18   **Richtige Antwort: D**
Begründung: ISO/IEC 27001 ist aus dem britischen Standard BS 7799-2 hervorgegangen und ist der normative Standard, der für Organisationen, die sich ihr ISMS zertifizieren lassen möchten, relevant ist.
Weiterführende Informationen in diesem Buch: Kapitel 2.4.2.1

C.19   **Richtige Antwort: A**
Begründung: ISO/IEC 27001 sieht vor, dass die Wirksamkeit des ISMS in regelmäßigen Abständen überprüft wird. Die Einordnung in den PDCA-Zyklus muss offensichtlich in der Check-, aber nicht in der Act-Phase erfolgen. Die Wirksam-

keit des ISMS kann auch, aber nicht nur im Rahmen eines Audits überprüft werden, und nicht jeder Sicherheitsvorfall lässt Aussagen über die Wirksamkeit des ISMS zu.
Relevante Teile der Norm: ISO/IEC 27001 Abschnitt 9
Weiterführende Informationen in diesem Buch: Kapitel 4.9

C.20 **Richtige Antwort: D**
Begründung: Nicht jeder Mitarbeiter benötigt auch zwingend ein Notebook, was natürlich auch nicht durch ISO/IEC 27001 festgeschrieben ist. Das Löschen aller vom Mitarbeiter erzeugten Daten würde mit großer Wahrscheinlichkeit Unternehmenswerte vernichten und ist somit auch nicht sinnvoll. Der Kontakt zu Behörden ist zwar in Maßnahmenziel A.6.1 festgelegt, muss aber selbstverständlich nicht von jedem neuen Mitarbeiter gepflegt werden, sondern von der Organisation bzw. einem entsprechend dafür verantwortlichen Mitarbeiter.
Relevante Teile der Norm: ISO/IEC 27001 Abschnitt A.7
Weiterführende Informationen in diesem Buch: Kapitel 5.3

C.21 **Richtige Antwort: A**
Begründung: B: Die Erklärung zum Anwendungsbereich definiert Umfang und Grenzen des ISMS, sie definiert nicht die anzuwendenden oder auszuschließenden Maßnahmen. C: Um Standardkonformität zu erlangen, ist ein Ausschluss normativer Regelungen nicht zulässig. D: Die Anwendbarkeitserklärung legt keine Standards fest.
Relevante Teile der Norm: ISO/IEC 27001 Abschnitt 4.3
Weiterführende Informationen in diesem Buch: Kapitel 4.4.3

C.22 **Richtige Antwort: A**
Begründung: Der Begriff Restrisiko ist so in ISO/IEC 27000 Abschnitt 2.64 definiert.
Relevante Teile der Norm: ISO/IEC 27000 Abschnitt 2.64
Weiterführende Informationen in diesem Buch: Kapitel A

C.23 **Richtige Antwort: A**
Begründung: Die richtige Antwort ist A, da die entsprechende Aussage falsch ist: Verantwortlichkeiten in Bezug auf die Informationssicherheit können prinzipiell auf andere Personen übertragen werden, sofern dieses Vorgehen in einem Unternehmen vorgesehen ist.
Relevante Teile der Norm: ISO/IEC 27001 Abschnitt 5
Weiterführende Informationen in diesem Buch: Kapitel 3.1.4

C.24 **Richtige Antwort: B**
Begründung: Ein aktualisierter Risikobehandlungsplan ist eines der Ergebnisse der Managementbewertung, aber keine Eingabe hierfür.
Relevante Teile der Norm: ISO/IEC 27001 Abschnitt 9.3
Weiterführende Informationen in diesem Buch: Kapitel 4.9.3

C.25   **Richtige Antwort: C**
Begründung: ISO/IEC 27001 definiert die Informationssicherheitsrisikobeurteilung genau so, wie sie in den zur Wahl stehenden Schritten beschrieben ist.
Relevante Teile der Norm: ISO/IEC 27001 Abschnitt 6.1.2 c) bis e)
Weiterführende Informationen in diesem Buch: Kapitel 4.6.1.2

C.26   **Richtige Antwort: B**
Begründung: ISO/IEC 27002 und 27007 sind informativ und gehören zu den „allgemeinen Leitlinien". ISO/IEC 27011 ist ebenfalls informativ, zählt aber zu den „branchenspezifischen Leitfäden".
Relevante Teile der Norm: ISO/IEC 27000 Abschnitt 4
Weiterführende Informationen in diesem Buch: Kapitel 2.2

C.27   **Richtige Antwort: A**
Begründung: Die Rollen 2, 3 und 4 werden unmittelbar von Maßnahmen in ISO/IEC 27001 abgedeckt. Darüber hinaus ist es üblich, einen Gesamtsicherheitsverantwortlichen (Chief Information Security Officer) zu benennen.
Relevante Teile der Norm: ISO/IEC 27001 Abschnitte 5.1, A.7.2 und A.15
Weiterführende Informationen in diesem Buch: Kapitel 4.5, 5.3.2 und 5.11

C.28   **Richtige Antwort: B**
Begründung: Ein normativer Standard enthält verbindliche Vorgaben (Mindestanforderungen) unter Berücksichtigung des definierten Anwendungsbereichs (Scope).
Weiterführende Informationen in diesem Buch: Kapitel 2.3

C.29   **Richtige Antwort: A**
Begründung: Die Vorbeugemaßnahmen bei der Verbesserung des ISMS werden in ISO/IEC 27001 Abschnitt 10.1 spezifiziert. Entsprechend gehört Antwort A nicht dazu.
Relevante Teile der Norm: ISO/IEC 27001 Abschnitt 10.1
Weiterführende Informationen in diesem Buch: Kapitel 4.10.1

C.30   **Richtige Antwort: C**
Begründung: Standardisierung bedeutet Vereinheitlichung und Harmonisierung. IT-Landschaften, die einem Standard folgen, sind meist billiger. Der Wettbewerb wird nicht eingeschränkt. In vielen Teilen begegnet man dem Begriff Standardisierung, es handelt sich also nicht um einen rein technischen Begriff.
Weiterführende Informationen in diesem Buch: Kapitel 2.1

C.31   **Richtige Antwort: D**
Begründung: ISO/IEC 27001 schreibt das Mindestintervall nicht explizit vor, sondern spricht allgemein von *regelmäßig* und *in geplanten Abständen*. Die Häufigkeit wird in einem Auditprogramm festgelegt.
Relevante Teile der Norm: ISO/IEC 27001 Abschnitt 9.2
Weiterführende Informationen in diesem Buch: Kapitel 4.9.2

C.32   **Richtige Antwort: A**
Begründung: COBIT ist ein IT-Governance-Framework, das u. a. diverse Prozesse und Maßnahmenziele vorgibt.
Relevante Teile der Norm: Die Norm geht nicht direkt auf Frameworks von Dritten ein.
Weiterführende Informationen in diesem Buch: Kapitel 6.4

C.33   **Richtige Antwort: A**
Begründung: Nach ISO/IEC 27000 ist ein Managementsystem ein „Satz zusammenhängender und sich gegenseitig beeinflussender Elemente einer Organisation, um Politiken, Ziele und Prozesse zum Erreichen dieser Ziele festzulegen".
Relevante Teile der Norm: ISO/IEC 27000 Abschnitt 2.46
Weiterführende Informationen in diesem Buch: Kapitel 3.1

C.34   **Richtige Antwort: D**
Begründung: Das Festlegen und Anwenden eines Prozesses zur Risikobeurteilung ist nach ISO/IEC 27001 Abschnitt 6.1.2 der Ausgangspunkt für die Informationssicherheitsrisikobeurteilung. Die falschen Antworten A und C beziehen sich auf nachgelagerte Schritte bei der Risikobeurteilung. Antwort B vermischt die von ISO/IEC 27001 vorgegebenen Mindestanforderungen bezüglich der ISMS-Leitlinie mit der Risikoeinschätzung und findet sich so nicht in der Norm.
Relevante Teile der Norm: ISO/IEC 27001 Abschnitt 6.1.2
Weiterführende Informationen in diesem Buch: Kapitel 4.6.1.2

C.35   **Richtige Antwort: D**
Begründung: ISO/IEC 27001 schreibt bezüglich Telearbeit nur vor, dass es Regelungen und Betriebsanweisungen geben muss. Konkrete technische Schutzmaßnahmen werden nicht vorgegeben; ebenso wenig schreibt ISO/IEC 27001 vor, dass über Telearbeit Buch geführt werden muss bzw. dass die Inhalte der Telearbeit im Rahmen von ISMS-Audits analysiert werden sollen.
Relevante Teile der Norm: ISO/IEC 27001 Abschnitt A.6.2
Weiterführende Informationen in diesem Buch: Kapitel 5.2.2

C.36   **Richtige Antwort: B**
Begründung: Das Erstellen und Umsetzen einer Richtlinie zum Gebrauch von kryptographischen Maßnahmen gehört zum Maßnahmenziel A.10.1 „kryptographische Maßnahmen", während Antworten A, C und D zum Maßnahmenziel A.9.4 „Zugangssteuerung für Systeme und Anwendungen" gehören.
Relevante Teile der Norm: ISO/IEC 27001 Abschnitt A.9.4
Weiterführende Informationen in diesem Buch: Kapitel 5.5.4

C.37   **Richtige Antwort: D**
Begründung: Die richtige Antwort ist D, da die entsprechende Aussage falsch in Bezug auf die Definition in ISO/IEC 27000 Abschnitt 2.36 ist: Die Norm setzt für einen Informationssicherheitsvorfall eine *erhebliche* Wahrscheinlichkeit der negativen Auswirkungen voraus.

Relevante Teile der Norm: ISO/IEC 27000 Abschnitt 2.36
Weiterführende Informationen in diesem Buch: Kapitel A

C.38 **Richtige Antwort: B**
Begründung: In ISO/IEC 27001 Abschnitt A.11 „Physische und umgebungsbezogene Sicherheit" werden u. a. auch Sicherheitsbereiche behandelt, womit Antwort B hier nicht in den Kontext der Informationssicherheitsleitlinie passt. Somit ist Antwort B die korrekte Antwort auf diese Frage.
Relevante Teile der Norm: ISO/IEC 27001 Abschnitte 4.3 und A.5
Weiterführende Informationen in diesem Buch: Kapitel 5.1

C.39 **Richtige Antwort: A**
Begründung: Antwort A gehört in den Bereich A.18 „Compliance" und ist somit hier die richtige Antwort.
Relevante Teile der Norm: ISO/IEC 27001 Abschnitt A.14.2
Weiterführende Informationen in diesem Buch: Kapitel 5.10.2

C.40 **Richtige Antwort: D**
Begründung: COSO ERM stellt den Zusammenhang von Unternehmenszielen und Komponenten des Risikomanagements als Würfel dar. Risikomanagement ist ein fortwährender Prozess, in den alle Mitarbeiter einer Organisation eingebunden sind. COSO ERM definiert ein unternehmensweit gültiges Risikomanagement, in das z. B. das Risikomanagement von ISO/IEC 27001 eingebettet wird. COSO zielt auf die Bewertung von Risiken ab, deren Auswirkungen erst in Zukunft sichtbar sein werden.
Weiterführende Informationen in diesem Buch: Kapitel 6.3

Literaturverzeichnis

[APM14]   APMG (Hrsg.): *ISO/IEC 27001 Foundation: A new qualification to help you understand this information security standard.* APM Group Ltd. APMG, 2014. *https://www.apmg-cyber.com/products/isoiec-27001*

[Bay14]   BAYERISCHER IT-SICHERHEITSCLUSTER E.V. (Hrsg.): *ISIS12 – Katalog.* Version 1.3. Regensburg. Bayerischer IT-Sicherheitscluster e.V., 2014

[Bay16]   BAYERISCHER IT-SICHERHEITSCLUSTER E.V. (Hrsg.): *Handbuch zur effizienten Gestaltung von Informationssicherheit im Mittelstand.* Version 1.8. Regensburg. Bayerischer IT-Sicherheitscluster e.V., 2016

[BL73]   BELL, D.E. ; LAPADULA, L. J.: Secure Computer Systems: Mathematical Foundations and Model / MITRE Corp. 1973. – Forschungsbericht

[BSI08]   BSI (Hrsg.): *BSI-Standard 100-4: Notfallmanagement.* Version 1.0. Bundesamt für Sicherheit in der Informationstechnik. BSI, 2008

[BSI17a]   BSI (Hrsg.): *BSI-Standard 200-1: Managementsysteme für Informationssicherheit (ISMS).* Version 1.0. Bundesamt für Sicherheit in der Informationstechnik. BSI, 2017

[BSI17b]   BSI (Hrsg.): *BSI-Standard 200-2: IT-Grundschutz-Methodik.* Version 1.0. Bundesamt für Sicherheit in der Informationstechnik. BSI, 2017

[BSI17c]   BSI (Hrsg.): *BSI-Standard 200-3: Risikoanalyse auf der Basis von IT-Grundschutz.* Version 1.0. Bundesamt für Sicherheit in der Informationstechnik. BSI, 2017

[BSI17d]   BSI (Hrsg.): *Leitfaden zur Basis-Absicherung nach IT-Grundschutz.* Oktober 2017. Bundesamt für Sicherheit in der Informationstechnik. BSI, 2017

[BSI18]   BSI (Hrsg.): *Prüfgrundlage für Zertifizierungen nach ISO 27001 auf der Basis von IT-Grundschutz.* Version 4.1. Bundesamt für Sicherheit in der Informationstechnik. BSI, 2018

[BSI19]   BSI (Hrsg.): *IT-Grundschutz-Kompendium.* Edition 2019. Bundesamt für Sicherheit in der Informationstechnik. BSI, Februar 2019

[Bun15]   *Gesetz zur Erhöhung der Sicherheit informationstechnischer Systeme (IT-Sicherheitsgesetz).* Bundesgesetzblatt Jahrgang 2015 Teil I Nr. 31, Juli 2015

[Bun16]   BUNDESNETZAGENTUR (Hrsg.): *Konformitätsbewertungsprogramm zur Akkreditierung von Zertifizierungsstellen für den IT-Sicherheitskatalog gemäß § 11 Absatz 1a Energiewirtschaftsgesetz auf der Grundlage der ISO/IEC 27006.* Bundesnetzagentur für Elektrizität, Gas, Telekommunikation, Post und Eisenbahnen. Bundesnetzagentur, 2016. *https://www.bundesnetzagentur.de*

[Dem86]   DEMING, W. E.: *Out of the Crisis.* Cambridge: Massachusetts : Cambridge: Massachusetts Institute of Technology Center for Advanced Engineering Study, 1986

[DIN09]   DIN (Hrsg.): *DIN EN ISO 9004:2009 – Leiten und Lenken für den nachhaltigen Erfolg einer Organisation – Ein Qualitätsmanagementansatz.* Deutsches Institut für Normung. DIN, 2009. – Dreisprachige Fassung EN ISO 9004:2009

[DIN15a]   DIN (Hrsg.): *DIN EN ISO 9000:2015-11 – Qualitätsmanagementsysteme – Grundlagen und Begriffe.* Deutsches Institut für Normung. DIN, 2015

[DIN15b]   DIN (Hrsg.): *DIN EN ISO 9001:2015 Qualitätsmanagementsysteme – Anforderungen.* Deutsches Institut für Normung. DIN, 2015. – Deutsche und englische Fassung EN ISO 9001:2015

[DIN15c]   DIN (Hrsg.): *DIN EN ISO/IEC 17021-1:2015 (D/E) – Konformitätsbewertung – Anforderungen an Stellen, die Managementsysteme auditieren und zertifizieren – Teil 1: Anforderungen.* Deutsches Institut für Normung. DIN, 2015

[DIN17]   DIN (Hrsg.): *DIN ISO/IEC 27001:2017 (D) – Informationstechnik – IT-Sicherheitsverfahren – Informationssicherheits-Managementsysteme – Anforderungen (ISO/IEC 27001:2013 + Cor. 1:2014 + Cor. 2:2015).* Deutsches Institut für Normung. DIN, 2017

[DIN18]   DIN (Hrsg.): *DIN EN ISO 19011:2018-10 – Leitfaden zur Auditierung von Managementsystemen.* Deutsches Institut für Normung. DIN, 2018

[DSG16]   *Verordnung (EU) 2016/679 des Europäischen Parlaments und des Rates vom 27. April 2016 zum Schutz natürlicher Personen bei der Verarbeitung personenbezogener Daten, zum freien Datenverkehr und zur Aufhebung der Richtlinie 95/46/EG (Datenschutz-Grundverordnung).* Amtsblatt der Europäischen Union. *https://eur-lex.europa.eu/legal-content/DE/TXT/PDF/?uri=CELEX: 02016R0679-20160504&qid=1551779795482&from=en.* Version: April 2016

[ICO17]   ICO (Hrsg.): *Ausbildungsschema ISMS nach ISO/IEC 27000.* International Certification Organization. ICO, 2017. *http://ico-cert.org*

[ISO09]   ISO (Hrsg.): *ISO 31000:2009-11 – Risk management – Principles and guidelines.* International Organization for Standardization. ISO, 2009

[ISO10a]   ISO/IEC (Hrsg.): *Information technology – Security techniques – Key management – Part 1: Framework (ISO/IEC 11770-1:2010).* International Organization for Standardization & International Electrotechnical Commission. ISO/IEC, 2010

[ISO10b]   ISO/IEC (Hrsg.): *ISO/IEC 27033:2010 – Information technology – Security techniques – Network security.* International Organization for Standardization & International Electrotechnical Commission. ISO/IEC, 2010

[ISO11a] ISO / IEC (Hrsg.): *ISO/IEC 27005:2011 – Information technology – Security techniques – Information security risk management.* International Organization for Standardization & International Electrotechnical Commission. ISO / IEC, 2011

[ISO11b] ISO / IEC (Hrsg.): *ISO/IEC 27007:2011 – Information technology – Security techniques – Guidelines for information security management systems auditing.* International Organization for Standardization & International Electrotechnical Commission. ISO/IEC, 2011

[ISO11c] ISO / IEC (Hrsg.): *ISO/IEC 27031:2011 – Information technology – Security techniques – Guidelines for information and communication technology readiness for business continuity.* International Organization for Standardization & International Electrotechnical Commission. ISO/IEC, 2011

[ISO11d] ISO / IEC (Hrsg.): *ISO/IEC 27034:2011 – Information technology – Security techniques – Application security.* International Organization for Standardization & International Electrotechnical Commission. ISO/IEC, 2011

[ISO11e] ISO / IEC (Hrsg.): *ISO/IEC TR 27008:2011 – Information technology – Security techniques – Guidelines for auditors on information security controls.* International Organization for Standardization & International Electrotechnical Commission. ISO/IEC, 2011

[ISO12a] ISO / IEC (Hrsg.): *ISO/IEC 27032:2012 – Information technology – Security techniques – Guidelines for cybersecurity.* International Organization for Standardization & International Electrotechnical Commission. ISO/IEC, 2012

[ISO12b] ISO / IEC (Hrsg.): *ISO/IEC 27037:2012 – Information technology – Security techniques – Guidelines for identification, collection, acquisition and preservation of digital evidence.* International Organization for Standardization & International Electrotechnical Commission. ISO/IEC, 2012

[ISO13a] ISO / IEC (Hrsg.): *ISO/IEC 27001:2013 – Information technology – Security techniques – Information security management systems – Requirements.* International Organization for Standardization & International Electrotechnical Commission. ISO/IEC, 2013

[ISO13b] ISO / IEC (Hrsg.): *ISO/IEC 27002:2013 – Information technology – Security techniques – Code of practice for information security controls.* International Organization for Standardization & International Electrotechnical Commission. ISO/IEC, 2013

[ISO13c] ISO / IEC (Hrsg.): *ISO/IEC 27014:2013 – Information technology – Security techniques – Governance of information security.* International Organization for Standardization & International Electrotechnical Commission. ISO/IEC, 2013

[ISO14a] ISO / IEC (Hrsg.): *ISO/IEC 27018:2014 – Information technology – Security techniques – Code of practice for protection of personally identifiable information (PII) in public clouds acting as PII processors.* International Organization for Standardization & International Electrotechnical Commission. ISO/IEC, 2014

[ISO14b]   ISO / IEC (Hrsg.): *ISO/IEC 27036:2014 – Information technology – Security techniques – Information security for supplier relationships.* International Organization for Standardization & International Electrotechnical Commission. ISO/IEC, 2014

[ISO14c]   ISO / IEC (Hrsg.): *ISO/IEC 27038:2014 – Information technology – Security techniques – Specification for digital redaction.* International Organization for Standardization & International Electrotechnical Commission. ISO/IEC, 2014

[ISO14d]   ISO / IEC (Hrsg.): *ISO/IEC TR 27016:2014 – Information technology – Security techniques – Organisational economics.* International Organization for Standardization & International Electrotechnical Commission. ISO/IEC, 2014

[ISO15a]   ISO / IEC (Hrsg.): *ISO/IEC 27006:2015 – Information technology – Security techniques – Requirements for bodies providing audit and certification of information security management systems.* International Organization for Standardization & International Electrotechnical Commission. ISO/IEC, 2015

[ISO15b]   ISO / IEC (Hrsg.): *ISO/IEC 27010:2015 – Information technology – Security techniques – Information security management for inter-sector and inter-organizational communications.* International Organization for Standardization & International Electrotechnical Commission. ISO/IEC, 2015

[ISO15c]   ISO / IEC (Hrsg.): *ISO/IEC 27013:2015 – Information technology – Security techniques – Guideline on the integrated implementation of ISO/IEC 27001 and ISO/IEC 20000-1.* International Organization for Standardization & International Electrotechnical Commission. ISO/IEC, 2015

[ISO15d]   ISO / IEC (Hrsg.): *ISO/IEC 27017:2015 – Information technology – Security techniques – Code of practice for information security controls based on ISO/IEC 27002 for cloud services.* International Organization for Standardization & International Electrotechnical Commission. ISO/IEC, 2015

[ISO15e]   ISO / IEC (Hrsg.): *ISO/IEC TR 27023:2015 – Information technology – Security techniques – Mapping the revised editions of ISO/IEC 27001 and ISO/IEC 27002.* International Organization for Standardization & International Electrotechnical Commission. ISO/IEC, 2015

[ISO16a]   ISO / IEC (Hrsg.): *ISO/IEC 27004:2016 – Information technology – Security techniques – Information security management – Monitoring, measurement, analysis and evaluation.* International Organization for Standardization & International Electrotechnical Commission. ISO/IEC, 2016

[ISO16b]   ISO / IEC (Hrsg.): *ISO/IEC 27011:2016 – Information technology – Security techniques – Code of practice for Information security controls based on ISO/IEC 27002 for telecommunications organizations.* International Organization for Standardization & International Electrotechnical Commission. ISO/IEC, 2016

[ISO16c]   ISO / IEC (Hrsg.): *ISO/IEC 27035:2016 – Information technology – Security techniques – Information security incident management.* International Organization for Standardization & International Electrotechnical Commission. ISO/IEC, 2016

[ISO16d]   ISO / IEC (Hrsg.): *ISO/IEC TR 27009:2016 – Information technology – Security techniques – Sector-specific application of ISO/IEC 27001 – Requirements.* International Organization for Standardization & International Electrotechnical Commission. ISO/IEC, 2016

[ISO17a]   ISO / IEC (Hrsg.): *ISO/IEC 27003:2017 – Information technology – Security techniques – Information security management systems – Guidance.* International Organization for Standardization & International Electrotechnical Commission. ISO/IEC, 2017

[ISO17b]   ISO / IEC (Hrsg.): *ISO/IEC 27019:2017 – Information technology – Security techniques – Information security controls for the energy utility industry.* International Organization for Standardization & International Electrotechnical Commission. ISO/IEC, 2017

[ISO18]   ISO / IEC (Hrsg.): *ISO/IEC 27000:2018 (E) – Information technology – Security techniques – Information security management systems – Overview and vocabulary.* Fifth edition. International Organization for Standardization & International Electrotechnical Commission. ISO/IEC, 2018. – *http://standards.iso.org/ittf/PubliclyAvailableStandards/*

[ISO19]   ISO / IEC (Hrsg.): *Management System Standards.* International Organization for Standardization & International Electrotechnical Commission. ISO/IEC, 2019. *https://www.iso.org/management-system-standards.html*

[ITE16]   ITEMO (Hrsg.): *Standards for lightweight IT service management – Part 1: Requirements.* 2016 – Version 2.1. IT Education Management Organization. ITEMO, 2016. *http://fitsm.itemo.org*

[NIS14]   NIST (Hrsg.): *Framework for Improving Critical Infrastructure Cybersecurity.* Version 1.0. National Institute of Standards and Technology. NIST, 2014. *https://www.nist.gov/cyberframework*

[OEC15]   OECD (Hrsg.): *Digital Security Risk Management for Economic and Social Prosperity – OECD Recommendation and Companion Document.* Organisation for Economic Co-operation and Development. OECD, 2015. – *http://www.oecd.org/sti/ieconomy/digital-security-risk-management.pdf*

[TÜV14]   TÜV SÜD AKADEMIE (Hrsg.): *Foundation in Information Security Management Systems – Zertifizierungsprüfung – Foundation Level.* München. TÜV Süd Akademie, 2014. *http://www.tuev-sued.de/akademie-de/examination-institute*

Index

A

Abhören 103
Access Control 5
Accountability 6
Act-Phase 32, 35, 66
Änderungssteuerung 106
Akkreditierung 16, **164**
Anforderung 186
Angriff 175
Anschaffung von Systemen 119
Anwendungsbereich 14, 38, 42, 51, 163, 167
APMG 170
Asset *siehe* Wert
Audit 18, 66, 127, 163, 165, 175
– Bericht 65
– externes 63
– Informationssysteme 113
– internes 63
– Nachweise 64
– Programm 64
– Protokoll 65
– Umfang 167, 175
Auditor 64
Aufgabe des Managements 26
Aufgabentrennung 78
Aufgeräumte Arbeitsumgebung 104
Aufzeichnung **25**
ausgliedern 185
Authentication 5
Authenticity 5
Authentisierung **5**, 176
Authentizität **5**, 176
Availability 4
AXELOS 155

B

Bayerischer IT-Sicherheitscluster e.V. 147
Bedrohung 191
Befugnisse 45

Benutzerverantwortlichkeiten 93
Benutzerzugangsverwaltung 91
Beschäftigung 81
Best Practices 17
Betrieb 58
Betriebs- und Kommunikationsmanagement
– Netzsicherheit 115
Betriebsablauf-Verantwortung 105
Betriebsmanagement
– Überwachung 109
Betriebsmittel 101
Betriebssicherheit 105
Beweismaterial 132
Bewusstsein 55
Bildschirmsperre 104
BSI *siehe* Bundesamt für Sicherheit in der
  Informationstechnik
BSI-Standards 146
BS 7799 17
Bundesamt für Sicherheit in der
  Informationstechnik 145
– IT-Grundschutz-Kompendium 145
– IT-Grundschutz-Standards 146
Business Continuity Management 133

C

CENELEC 158
CERT *siehe* Computer Emergency Response
  Team
Chancen 46
Check-Phase 31, 35, 60
Chief Information Security Officer 27
CISO *siehe* Chief Information Security Officer
COBIT 158
Committee of Sponsoring Organizations of the
  Treadway Commission
– ERM 154
Compliance 136
Computer Emergency Response Team 78

Computer Security Incident Response Team 128
Confidentiality *siehe* Vertraulichkeit
Control Objectives 35
Controls 35
COSO *siehe* Committee of Sponsoring Organizations of the Treadway Commission
COSO ERM 154
CSIRT *siehe* Computer Security Incident Response Team
Cybersecurity Framework 147

D
DAkkS *siehe* Deutsche Akkreditierungsstelle
Daten
– personenbezogene 9
– Richtigkeit 9
– Speicherbegrenzung 9
Datenminimierung 9
Datenschutz
– Folgenabschätzung 9
Datenschutz-Folgeabschätzung 9
Datenschutz-Grundverordnung 8
Datenschutzbeauftragter 26
Datensicherung 108
Datenträger 87
Definitionsebene 25
Deming-Kreislauf 30, 35
Deutsche Akkreditierungsstelle 164
Dienstleistungserbringung 126
Do-Phase 31, 35, 54, 58
Dokument 25
Dokumentation 25, 56
Dokumentenaudit **64**, 165
Dokumentenlenkung 26, **57**, 57
Dokumentenvorlage 58
DoS-Angriff 5
DSGVO *siehe* Datenschutz-Grundverordnung
Durchführungsebene 25

E
Effektivität 32, **65**
Effizienz 32, **65**
Elementarmessgröße 176
EN 50600 158, 159
Entsorgung von Datenträgern 88
Entwicklung 119
– ausgegliederte 122
Entwicklungsprozess 120
Entwicklungsumgebung 122
Ereignis 179
Ereignismeldung 130

Ereignisprotokollierung 109
Examination Institute 168
Externes Audit **63**, 163
Externe Mitarbeiter 26

F
FitSM 157
Folge 177
Fortbildungsprogramme 26
Foundation-Zertifikat 169, 171
– Prüfungsspezifikation 171
– Prüfungsvorbereitung 172
Führung 43

G
Geheimhaltungsvereinbarung 118
Gesamtverantwortung 26

H
Hilfsprogramme mit privilegierten Rechten 95

I
ICO 170
IEC *siehe* International Electrotechnical Commission
Indikator 25, 180
Information 2, 178
– Übertragung von 116
– Handhabung 87
– Kennzeichnung 86
– Klassifizierung 86
Information Security Officer 27
Information Systems Audit and Control Association 158
informationsaustauschende Gemeinschaft 181
Informationsbedarf 180
Informationsklassifizierung 86
Informationssicherheit 2, 180
– Aufrechterhaltung 180
– Organisation 77
– Steuerung 179
Informationssicherheitsereignis 130, 180
Informationssicherheitsmanagementsystem **23**, 43
– Audit 18
– Dokumentation 25
– Kernbestandteile 23
Informationssicherheitsrichtlinie 75
Informationssicherheitsrisikobehandlung 51
Informationssicherheitsrisikobeurteilung 48
Informationssicherheitsvorfall 128, 181
– Handhabung 181

Informationssysteme 181
– Audit 113
– Schwachstellenmanagement 111
– Sicherheitsanforderungen 119
Informationsveranstaltungen 26
informationsverarbeitende Einrichtungen 180
Informationszugangsbeschränkung 94
Informativer Standard 14
Installation 111
Instandhaltung 103, 119
Integrität 4, 9, 181
Integrity *siehe* Integrität
Interessierte Partei 182
International Electrotechnical Commission 1
International Organization for Standardization 1
Internes Audit 63
Interne Organisation 77
Inventar 84
Inventarisierung der Werte 85
ISACA *siehe* Information Systems Audit and Control Association
ISIS12 147
ISMS *siehe* Informationssicherheitsmanagementsystem
ISO *siehe* International Organization for Standardization, *siehe* Information Security Officer
ISO/IEC 15408 148
ISO/IEC 17020 153
ISO/IEC 17021 16, 17, 153, 164, 166
ISO/IEC 17024 153
ISO/IEC 17025 153
ISO/IEC 17799 17, 73, 163
ISO/IEC 20000 28, 156
ISO/IEC 27000 14
ISO/IEC 27001 16
ISO/IEC 27002 17
ISO/IEC 27003 17
ISO/IEC 27004 18
ISO/IEC 27005 18
ISO/IEC 27006 16, 153, 166, 167
ISO/IEC 27007 18
ISO/IEC 27008 18
ISO/IEC 27009 16, 17
ISO/IEC 27010 20
ISO/IEC 27011 20
ISO/IEC 27013 18
ISO/IEC 27014 18
ISO/IEC 27016 18
ISO/IEC 27017 20
ISO/IEC 27018 19, 20

ISO/IEC 27019 20
ISO/IEC 27032 21
ISO/IEC 27034 21
ISO/IEC TR 27023 19
ISO 19011 152, 166
ISO 31000 154
ISO 9000 14, 28, 151
ISO 9001 151
ISO 9004 152
IT Service Management 106
IT-Grundschutz-Kompendium 145
IT-Sicherheitsgesetz 6
ITEMO e.V. 157
ITIL *siehe* IT Infrastructure Library, 155
ITSM *siehe* IT Service Management

K
Kapazitätssteuerung 106
Kategorien von Werten 24
Kennwort 94
Kennzeichnung von Information 86
Kernbestandteile eines ISMS 23
Klassifizierung von Information 86
Kommunikation 55
Kompetenz 54, 176
Konformität 16, **31**, 65, 66, 164, 177
Kontext 179
– der Organisation 40
– interner 182
Kontinuierliche Verbesserung 29
Korrektur 178
Korrekturmaßnahme 178
Kryptographie 96

L
Leistung 185
Leitfaden 17
Leitung 43, 191
Lieferantenbeziehungen 125
Lizenzmanagement 137
Löschung 88, 104

M
Management der Netzsicherheit 115
Management Review 65
Managementbewertung 65
Managementsystem **23**, 183
Maßnahme **27**, 73–139, 177
– Betriebsmanagement 111
– Organisation der Informationssicherheit 77
– Personalsicherheit 80

– Physische und umgebungsbezogene
  Sicherheit 98
– Sicherheitsrichtlinie 75
– Verwaltung der Werte 84
– Zugangssteuerung 90
Maßnahmenziele 27, 73–139, 177
Measurement 18
Messfunktion 183
Messgröße 178, 183
Messmethode 184
Messung 18, 60, 183
Mobilgeräte 79

N
NAC *siehe* Network Access Control
Nachvollziehbarkeit 25
National Institute of Standards and Technology
– Cybersecurity Framework 147
Network Access Control 115
Network Time Protocol 111
Netzsicherheit 115
Netzsicherheitsmanagement 115
Netztrennung 116
Netzzugang 91
Nichtabstreitbarkeit 5, 184
Nichtkonformität 184
NIM *siehe* Netzwerk für
  Informationssicherheit im Mittelstand
NIST *siehe* National Institute of Standards and
  Technology
Non-repudiation 5
Norm 14
Normative Verweisungen 39
Normativer Standard 14
Notfallmanagement 133
NTP *siehe* Network Time Protocol

O
Organisation 185
Organisation der Informationssicherheit 77
– Interne Organisation 77
– Mobilgeräte 79
– Telearbeit 79
Organisationszertifizierung 163

P
Passwort 94
PCI-DSS 149
PDCA 29, 35
PDCA-Methodik 23, **29**
Personalsicherheit 80
– Änderung der Beschäftigung 83

– Beendigung der Beschäftigung 83
– vor der Beschäftigung 81
– während der Beschäftigung 82
Personenbezogene Daten 9
Personenzertifizierung 163, **168**
Physische Sicherheit 98
– Sicherheit von Betriebsmitteln 101
– Sicherheitsbereiche 98
PKI *siehe* Public-Key-Infrastructure
Plan 46
Plan-Phase 30, 35, 46
Planung 30, 46
Politik 44, 186
Privilegierte Rechte 95
Privilegierte Zugangsrechte 92
Protokollierung 109
Prozess 24, 28, 186
Prozessmanagement 29
Prozessorientierung **28**
Public-Key-Infrastructure 97

Q
Qualifizierungsprogramm 168
Qualitätsmanagement 29
Quellcode 95

R
Rahmenwerk 145
Rechtsprechung 26
Redundanz 135
Registrierung und Deregistrierung von
  Benutzern 91
Reliability 5
RESILIA 156
Ressourcen 30, 54
Restrisiko 186
Rezertifizierung 167
Richtigkeit 9
Richtlinie 24, 75
– themenspezifisch 76
Risiko 187
– Absprachen 188
– Akzeptanz 49, 188
– Analyse 50, 188
– Behandlung 51, 190
– Beurteilung 49, 59, 188
– Bewertung 50, 189
– Eigentümer 190
– Identifizierung 189
– Kommunikation 188
– Kriterien 189
– Management 18, 85

Risikomanagement 46, 84, 154, 189
– Prozess 190
Risikoniveau 182
Rollen 26, 27
Rückgabe von organisationseigenen Werten 85
Rückverfolgbarkeit 25

S
Schadsoftware 107
Schutzniveau 27
Schutzziel **3**
Schwachstellen 111, 130, 191
Schwachstellenmanagement 111
Scope *siehe* Anwendungsbereich
Scoping 14, 163
Scoping statement 163
Security Incident Coordinator 128
Security Incident Response 128
Security Information & Event Management 109
SIC *siehe* Security Incident Coordinator
Sichere Anmeldeverfahren 94
Sicherheit
– Betriebsmittel 101
– physische und umgebungsbezogene 98
– Umgebungsbezogene 98
Sicherheitsanforderung 3
Sicherheitsbereiche 98
Sicherheitsrichtlinie *siehe*
    Informationssicherheitsrichtlinie
Sicherheitsvorfälle 128
Sicherheitsziele 53
Sicherung 108
SIEM *siehe* Security Information & Event
    Management
SIR *siehe* Security Incident Response
Software 111
Speicherbegrenzung 9
Standard 14
– informativer 14
– normativer 14
Standardfamilie 13
Standardisierung 13
Statement of applicability 163
Steuerung 179
Steuerungsebene 25
Steuerungsgremium 179
Support 54
System zur Verwaltung von Kennwörtern 94
Systemabnahmetest 123

T
TÜV Süd 169

Telearbeit 79
Terminologie 14
Testdaten 123
Testen 122

U
Überblicksdokument 14
Überprüfung 31, 60, 127, 187
– Ziel der 187
Überprüfung von Benutzerzugangsrechten 92
Übertragung von Informationen 116
Überwachung 60, 109, 127, 184
Überwachungsaudit 167
Uhrensynchronisation 110
Umgebungsbezogene Sicherheit *siehe*
    Physische Sicherheit
Umsetzung 31, 54, 58
Unterstützungsprozess 120
Urheberrecht 137

V
VDA ISA (TISAX) 150
VDE 159
Verantwortlichkeit **26**, 45, 76
Verantwortung 77, 82, 84
– von Benutzern 93
Verbesserung **32**, 66, 177
Verbesserungsmaßnahmen 32
Verbindlichkeit 5
Verfahren 24
Verfahrensanweisung 25
Verfügbarkeit 4, 176
Verkabelung 102
Verlässlichkeit 5, 186
Verschlüsselung 103
Versorgungseinrichtungen 102
Vertrauenswürdige Einheit 191
Vertraulichkeit 3, 9, 176
Vertraulichkeitsvereinbarung 118
Verwaltung
– geheimer Authentisierungsinformation von
    Benutzern 92
– privilegierter Zugangsrechte 92
– von Kennwörtern 94
Verwaltung der Werte 84
– Datenträger 87
– Entsorgung von Datenträgern 88
– Handhabung von Werten 87
– Informationsklassifizierung 86
– Inventar 85
– Kennzeichnung von Information 86
– Klassifizierung von Information 86

– Rückgabe von Werten 85
– Verantwortung 84
– Wechseldatenträger 87
– zulässiger Gebrauch 85
– Zuständigkeit 85
Verwaltung geheimer
    Authentisierungsinformation von Benutzern
    92
Verwaltung privilegierter Zugangsrechte 92
Verwandte Standards 145
– Auditierung 151
– Governance 155
– IT- und Informationssicherheit 145
– Management der IT 155
– Qualitätsmanagement 151
– Risikomanagement 154
– Zertifizierung 151
Verwertungsrecht 137
Vorgaben 75
Vorstand 26

W
Wahrscheinlichkeit 183
Wechseldatenträger 87
Wert 24, 84
– Handhabung 87
– Inventar 85
– Kennzeichnung 86
– Klassifizierung 86
– Management 84
– Rückgabe 85
– Verantwortung 84
– zulässiger Gebrauch 85
– Zuständigkeit 85
Wiederholungsaudit 167
Wirksamkeit 178
Wirkungsgrad 32

Z
Zeitpunkte 30
Zertifikat 167
Zertifizierung 163
– Ablauf 165
– Akkreditierung 164
– Organisationszertifizierung 163
– Personenzertifizierung 163, 168

– Rezertifizierung 167
Zertifizierungsaudit 16, **165**
Zertifizierungsprüfung 231
Zertifizierungsstelle **16**, 165
Ziel 184
Zugang 90
Zugang zu Netzwerken und Netzwerkdiensten
    91
Zugangssteuerung 90, 175
– Überprüfung von Benutzerzugangsrechten
    92
– Benutzerverantwortlichkeiten 93
– Benutzerzugangsverwaltung 91
– Gebrauch von Hilfsprogrammen mit
    privilegierten Rechten 95
– Geschäftsanforderungen 90
– Informationszugangsbeschränkung 94
– Quellcode von Programmen 95
– Registrierung und Deregistrierung von
    Benutzern 91
– Sichere Anmeldeverfahren 94
– System zur Verwaltung von Kennwörtern 94
– Systeme und Anwendungen 93
– Verwaltung geheimer
    Authentisierungsinformation von
    Benutzern 92
– Verwaltung privilegierter Zugangsrechte 92
– Zugang zu Informationen 90
– Zugang zu Netzwerken und
    Netzwerkdiensten 91
– Zugangssteuerungsrichtlinie 90
– Zuteilung von Benutzerzugängen 92
Zugangssteuerungsrichtlinie 90
Zugriff 90
Zugriffskontrolle 5
Zugriffssteuerung 5
Zulässiger Gebrauch von Werten 85
Zurechenbarkeit 6
Zuständigkeit
– organisationseigener Werte 85
Zuteilung von Benutzerzugängen 92
Zutritt 90
Zuweisung
– Rollen 26
Zweckbindung 9